utb 5592

Eine Arbeitsgemeinschaft der Verlage

Brill | Schöningh – Fink · Paderborn
Brill | Vandenhoeck & Ruprecht · Göttingen – Böhlau Verlag · Wien · Köln
Verlag Barbara Budrich · Opladen · Toronto
facultas · Wien
Haupt Verlag · Bern
Verlag Julius Klinkhardt · Bad Heilbrunn
Mohr Siebeck · Tübingen
Narr Francke Attempto Verlag – expert verlag · Tübingen
Psychiatrie Verlag · Köln
Ernst Reinhardt Verlag · München
transcript Verlag · Bielefeld
Verlag Eugen Ulmer · Stuttgart
UVK Verlag · München
Waxmann · Münster · New York
wbv Publikation · Bielefeld
Wochenschau Verlag · Frankfurt am Main

Ilse Schrittesser ist Professorin für Schulforschung und Lehrer*innenbildung am Zentrum für Lehrer*innenbildung und an der Fakultät für Philosophie und Bildungswissenschaft der Universität Wien.
Julia Köhler ist Senior Lecturer am Zentrum für Lehrer*innenbildung der Universität *Wien.*
Michael Holzmayer ist Hochschullehrender an der Kirchlichen Pädagogischen Hochschule Wien/Krems.

Ilse Schrittesser
Julia Köhler
Michael Holzmayer

Lernen verstehen - Unterricht gestalten

Lernen und Lehren in pädagogischer Perspektive

Verlag Julius Klinkhardt
Bad Heilbrunn • 2022

Online-Angebote oder elektronische Ausgaben zu diesem Buch
sind erhältlich unter utb.de und elibrary.utb.de

Die Deutsche Bibliothek – CIP-Einheitsaufnahme
Die Deutsche Nationalbibliothek verzeichnet diese Publikation in der Deutschen Nationalbibliografie; detaillierte bibliografische Daten sind im Internet über http://dnb.d-nb.de abrufbar.

Satz: Kay Fretwurst, Spreeau.
Abbildung Umschlagseite 1: mediamodifier / pixabay.
Einbandgestaltung: Atelier Reichert, Stuttgart.

Druck und Bindung: Friedrich Pustet, Regensburg.
Printed in Germany 2022.
Gedruckt auf chlorfrei gebleichtem alterungsbeständigem Papier.

utb-Band-Nr.: 5592
ISBN 978-3-8385-5592-8 digital
ISBN 978-3-8252-5592-3 print

Inhaltsverzeichnis

1 Einleitung 7

2 Prolog: 10 Mythen über Lernen und Unterrichten – Thesen zu viel diskutierten Begriffen und Annahmen 11

I Lernen verstehen …

3 Was sagen uns Erkenntnisse der Lernforschung? 19
- 3.1 Behavioristische Ansätze 19
- 3.2 Kognitivistische Ansätze 21
  - 3.2.1 Die Computermetapher – Lernen als Informationsverarbeitung 24
  - 3.2.2 Motivation 25
- 3.3 Konstruktivistische Ansätze 28
- 3.4 Sozio- oder moderater Konstruktivismus 31
- 3.5 Lernen aus neurowissenschaftlicher Perspektive 32
- 3.6 Was wissen wir von der Lernforschung: eine erste Zusammenfassung 35

4 Lernen – Der pädagogische Blick 39
- 4.1 Lernen als Handlung – die subjektwissenschaftliche Lernforschung 39
- 4.2 Lernen braucht Gründe 40
- 4.3 Partizipatives Lernen 41
- 4.4 Lernen als Erfahrung 43
- 4.5 Lernen als soziale Praxis 45
- 4.6 Lernen als theatrale Praxis 46

Resümee Teil I: Lernanlässe schaffen 49

II … Unterricht gestalten

5 Unterricht gestalten 53
- 5.1 Vom didaktischen Dreieck zur didaktischen Pyramide 55
- 5.2 Unterricht in einer digital geprägten Welt 58

6 Unterrichtsqualität 63

7 Lernen beobachten als Impuls für Unterrichtsgestaltung 77
- 7.1 Habitus und Kapital – zur Voraussetzung der Reflexion bei der Beobachtung von Unterricht und Schüler:innen 79
- 7.2 Beobachtungen im Klassenzimmer 83

8 Diversität in der Schule – von der Verschiedenheit der Köpfe, heterogenen Lerngruppen und inklusiver Pädagogik 87
8.1 Das Diversitätsrad als Hilfsmittel der Reflexion des eigenen Standortes 88
8.2 Die Fiktion der homogenen Lerngruppe 91
8.3 Inklusive Pädagogik als Gesamtkonzept in der inklusiven Schule 93

9 Zur Bedeutung der Überprüfung von Lernleistungen im Unterricht 97
9.1 Leistungsüberprüfbarkeit im internationalen Kontext 98
9.2 Assessment „as an episode of learning" 99
9.3 Feedback im Unterricht 105
9.4 Die Bedeutung von Fehlerkultur für Lernen und Unterricht 108

10 Kooperation mit Eltern und Erziehungsberechtigung 113
10.1 Erziehungs- und Bildungspartnerschaft – Elternkooperation 114
10.2 Voraussetzungen für eine gelungene Kooperation 115
10.3 Herausforderungen in der Zusammenarbeit mit Eltern/Erziehungsberechtigten 117
10.4 Formen gelungener Kooperation 122

Resümee Teil II: Unterricht gestalten 125

11 EPILOG: Lehrer:innen sind Expert:innen für Lernen und Lehren 127
11.1 Das EPIK-Modell. 5 Domänen von Lehrer:innenprofessionalität 130
11.2 Professionalisierung – eine besondere Form des Lernens? Einige abschließende Überlegungen zum Theorie-Praxisverhältnis in der Lehrer:innenbildung 133

12 Kinderrechtliches im Kontext von Lernen und Unterricht 141
12.1 Kindeswohlvorrangigkeitsprinzip 142
12.2 Einige wesentliche Artikel der Kinderrechte 142

Verzeichnisse 145
Literaturverzeichnis 145
Abbildungsverzeichnis 157

Über die Autor:innen 159

Im Rahmen der Gestaltung des vorliegenden Bandes wurden Interviews und Fokusgruppen mit Lehrer:innen aus allen Schularten geführt. Diese dienten als Vorlage zur Erstellung des Bandes. An dieser Stelle bedanken wir uns vielmals für die Expertise und den spannenden Austausch mit den Lehrer:innen.
Ganz besonderer Dank gilt Käte Meyer-Drawe für ihre wertvollen Anregungen.

1 Einleitung

Zentrale Voraussetzung für Lernen ist das persönliche Interesse, die Betroffenheit und die Begeisterung für ein Thema. Die Unterstützung und Förderung von Lernprozessen ist dabei die Hauptaufgabe von Lehrer:innen. Die damit verbundenen Herausforderungen auf sozioökonomischer, politischer, gesellschaftlicher und individueller Ebene sind immens. Deshalb sollte auf Handlungsebene immer wieder die Frage gestellt werden, was Lernprozesse ausmacht, wie Lernen gelingen kann und wie möglichst alle Schüler:innen einen positiven Zugang zum Lernen erhalten, um als mündige Bürger:innen an demokratischen gesellschaftlichen Prozessen partizipieren und eigenverantwortlich handeln zu können.

Der vorliegende Band handelt von der pädagogischen Perspektive auf das Phänomen Lernen. Die pädagogische Lern- und Unterrichtsforschung geht der Frage nach, wie Schulunterricht bildende Erfahrungen ermöglichen kann. Damit sind Erfahrungen gemeint, die von Erkenntnis und Verstehen der Sache, aber auch von individuellen Zugängen begleitet werden, die eigenständiges Denken ebenso anregen, wie Selbstreflexion und Urteilsvermögen fördern. Lernen wird dabei nicht nur als individuelles, sondern auch als soziales Phänomen bestimmt, als grundlegende Erfahrung, die – wenn man sich auf sie einlässt – eine Erweiterung von Verstehens- und Handlungsfähigkeit vor dem Hintergrund sozialer Eingebundenheit eröffnet. Die Lehrenden spielen eine zentrale Rolle, wenn es darum geht, Lernen als (über-) lebenswichtiges Phänomen anzuregen, anzuleiten und zu fördern.

Betrachtet man Lernen in diesem Sinne als eine sich den Routinen und Selbstverständlichkeiten entgegenstellende Erfahrung, stellt sich die Frage nach dem Auslöser, nach dem *Gegenstand des Lernens.* Dieser habe nach Käte Meyer-Drawe Aufforderungscharakter, sei die Quelle einer produktiven Störung, die Lernen als einen Prozess des Umlernens in Gang bringt. (vgl. Meyer-Drawe 2012a, 179) Lernen sei daher weder vorrangig selbstbezüglich noch vorrangig fremdbestimmt zu verstehen, sondern:

> „Es widerfährt einem etwas. Das Ich wird in den Dativ gesetzt: Dies meint ein Ereignis, das sich nicht nach aktiv oder passiv bzw. nach innen oder außen sortieren lässt. Lernen als Erfahrung meint eine eigentümliche Verwicklung in eine Welt, auf die wir antworten, indem wir ihre Artikulationen aufnehmen." (Meyer-Drawe 2012a, 16)

Gelingende Lernprozesse im schulischen Kontext zu ermöglichen, liegt in der Verantwortung der Lehrkräfte. Um diese Verantwortung in vollem Umfang wahrneh-

men zu können, braucht es lernförderliche Strukturen und Rahmenbedingungen, ein motivierendes soziales Umfeld und nicht zuletzt eine interessierte Einstellung der Lernenden selbst.
Der Lehrperson kommt dabei eine Doppelfunktion zu: Lehrer:innen sind sowohl Expert:innen für Lehren, als auch für Lernen. (vgl. Bromme, 2014) Für gelingenden Unterricht sind daher nicht nur die Gestaltung des Unterrichts und der Lernumgebung in den Blick zu nehmen, sondern vor allem dem Lernen der Schüler:innen und letztlich ebenso dem eigenen Lernen der Lehrperson Aufmerksamkeit zu schenken.
Das Studienbuch ist in zwei Abschnitte geteilt. Der erste Teil widmet sich dem Thema Lernen, im zweiten Teil wird das Thema Unterrichten beleuchtet.
Nach einer kurzen Einführung zu gängigen Mythen über Lernen und Unterrichten, wird ein Einblick in einflussreiche pädagogisch-psychologische und kognitionswissenschaftliche Lerntheorien gewährt. Anschließend rückt die pädagogische Perspektive ins Zentrum der Überlegungen. Lernen wird dabei als konstitutives Moment menschlicher Praxis und als soziales Phänomen in den Blick genommen, das sich im Zusammenspiel von gesellschaftlicher Integration und individuellen Interessen und Ansprüchen ergibt/bildet. Der Bogen spannt sich von Lernen als einer Handlung und der Frage, welche individuellen Lerngründe zu diesen Lernhandlungen führen können über die partizipative Dimension des Lernprozesses hin zu Lernen als Erfahrung und als soziale Praxis. Ein Exkurs zu theatralem Lernen beleuchtet die Möglichkeiten ästhetischer und leiblicher bzw. körpersprachlicher Erfahrung im Zuge des Lernprozesses. Im Resümee zu diesem ersten Abschnitt wird abschließend jenes Wissen über Lernen zusammengefasst, das aus pädagogischer Perspektive für die Gestaltung von Unterricht relevante Entscheidungshilfen bietet.
Der Lehrperson kommt im Zuge der Vermittlung des neuen Wissens und Könnens nicht nur die Verantwortung für die Gestaltung von Unterricht, sondern auch eine Rolle als Entwicklungshelferin für die Initiierung von bildenden Erfahrungen zu.
Auf Basis der Analysen des ersten Teils des Bandes gibt der zweite Teil Einblicke in jene brennenden Fragen des Unterrichtens, die sich ergeben, wenn der Anspruch im Mittelpunkt steht, gelingende Lern- und Bildungsprozesse im institutionellen Setting der Schule zu ermöglichen und zu fördern. Das Thema Unterrichtsqualität drängt sich in diesem Zusammenhang ebenso auf, wie Anregungen zur Unterrichtsbeobachtung als Impuls für die Evaluation und Reflexion des sich zeigenden Unterrichtsgeschehens. Die Herausforderungen einer zunehmend digital verfassten Welt, die nun auch die Schule unverkennbar erreicht haben, werden ebenso diskutiert, wie auch der Frage eines förderlichen Umgangs mit Diversität im Klassenzimmer und einem an Anerkennung orientierten Konzept von Diversität Raum gegeben wird. Formen einer pädagogisch legitimierbaren Leistungsrückmeldung und -überprüfung werden der gesellschaftlichen Funktion von Leistungsbeurteilung gegenübergestellt, um pädagogische Spielräume auszuloten. Schließlich wird

auch die Gestaltung gelingender Kooperationen mit Eltern und Erziehungsberechtigten als Voraussetzung erfolgreicher Lernerfahrungen von Heranwachsenden in der schulischen Lebenswelt in den Blick genommen.
Abschließend wird die Rolle der Lehrer:innenprofession im Spannungsfeld von gesellschaftlichen Aufträgen und Erwartungen einerseits und professionellem pädagogischem Ethos andererseits beleuchtet. Das Buch schließt mit einem Epilog zur pädagogischen Professionalisierung und Hinweisen zur Notwendigkeit einer stets begleitenden Beachtung der Kinderrechte.

> „Eine Lehrerin oder ein Lehrer sollte nie aufhören zu lernen, um dieses Gefühl an die Schüler:innen weitergeben zu können." (Lehrer:in in Fokusgruppe)

2 Prolog: 10 Mythen über Lernen und Unterrichten – Thesen zu viel diskutierten Begriffen und Annahmen

Lernen gehört für uns zu den vertrautesten Phänomenen. Damit verbunden zirkulieren die verschiedensten Anschauungen, Blickwinkel und Überzeugungen, was unter Lernen zu verstehen ist und wie die Prozessstrukturen von Lernen aussehen oder wie Lernleistungen auszusehen haben.
Im Folgenden finden sich einige gängige Thesen bzw. Narrative, die im Zusammenhang mit Lernen und Unterrichten immer wieder diskutiert werden, deren Gehalt allerdings jeweils überprüft werden muss.

! Der *Mythos-Begriff* wird verwendet, um aufzuzeigen, dass gängige Meinungen von Lernen zu *Mythen des Alltags* (vgl. Barthes, 1970) werden – Aussagen, die sich von selbst verstehen, naturalisiert und im Laufe der Zeit für wahr gehalten werden.
Diese aus pädagogischer Perspektive auf ihre Schlüssigkeit hin zu überprüfen, dient als Auftakt zu unseren weiterführenden Überlegungen. ◂

Mythos 1: Der Lernerfolg ist unter Druck größer

Verstehendes Lernen ist unter Zeitdruck nicht gut möglich. Einzelheiten und meist unzusammenhängendes Faktenwissen können zwar auf diese Weise z. B. für einen unmittelbar bevorstehenden Prüfungstermin behalten werden, vertieftes Verstehen und das Herstellen von Zusammenhängen bleiben dabei jedoch meist auf der Strecke.

Mythos 2: Lernen ist wie das Füllen eines Gefäßes, in dem sich das angeeignete Wissen ansammelt

Lernprozesse kann man sich nicht wie das Füllen eines Behälters vorstellen, in dem sich Wissen als Besitz, als materielles Eigentum, als fertiges Produkt anhäuft. Demgemäß kann Lernen nicht wie ein Produkt verpackt und weitergereicht werden, sondern braucht das Herstellen von Zusammenhängen zwischen Vorwissen und neuem Wissen. Erfahrungen werden gemacht, indem auf bereits Bekanntes zurückgegriffen wird und dieses erweitert und verändert wird. Eine Sichtweise, die Lernen als das Füllen eines Gefäßes begreift, hätte als Konsequenz, dass wir scheinbar bereits Gelerntes nicht mehr kritisch hinterfragen, sondern als etwas Feststehendes oder Gegebenes hinnehmen. Solch eine Perspektive erschwert eine Weiterentwicklung und wehrt sich gegen Kritik. (vgl. Breinbauer 2008, 59)

Ein Grundprinzip des Lernens ist demnach, dass nicht einfach Neues hinzukommt, sondern dass Überkommenes verlernt, Neues in Bekanntes eingeordnet und miteinander verknüpft wird. Laut Meyer-Drawe wird das Neue „dem Alten abgerungen und nicht lediglich hinzugefügt“. (Meyer-Drawe 2005, 28) Lernen beinhaltet daher immer auch ein krisenhaftes Moment. Aufgabe der Lehrperson ist – und das unterscheidet schulisches von außerschulischem Lernen – den Lernenden Anregungen und Hilfestellungen zu geben, wie sie mit diesen krisenhaften Momenten erfolgreich umgehen und das dabei Erlernte für weitere Lernprozesse nutzen können.

Ein Ziel von Schule sollte sein, die Bereitschaft zu fördern, sich auf das Krisenhafte in jedem Lernprozess einzulassen und eine Einstellung zum lebenslangen Hinterfragen von und zur kritischen Auseinandersetzung mit scheinbar gegebenen Gewissheiten anzuregen.

Weiterführende Literatur

Mitgutsch, K., Sattler, E., Westphal, K. & Breinbauer, I. M. (Hrsg.) (2008): Dem Lernen auf der Spur. Die pädagogische Perspektive. Stuttgart: Klett-Cotta.

Mythos 3: Lernen ist planbar

> „Mag das Lehren des Lehrers planbar sein, das Lernen des Lernenden ist es nicht.“ (Breinbauer 2008, 55)

Lernen wird zumeist aus der Sicht der Lehrenden festgemacht, wobei die Innensicht der Lernenden unbeachtet bleibt. Die Gestaltung der Lernumgebung ist zwar durchaus planbar. Man kann für eine ruhige Arbeitsatmosphäre sorgen, Pausen und Wiederholungsphasen einplanen und Übungsmöglichkeiten eröffnen. Nicht planbar ist aber die Erfahrung des Lernens selbst, die sich einstellt, ohne zunächst bemerkt zu werden – Vertrautes wird ungewiss, eine Irritation oder ein Staunen drängen sich auf. Lernen, so verstanden, ist eine „Gratwanderung zwischen Konvention und Aufbruch“. (Meyer-Drawe 2008, 214; siehe *Kapitel 4.3 Partizipatives Lernen)*

Mythos 4: Es gibt begabte und unbegabte Schüler:innen

Wenn Kinder in die Schule kommen, haben sie schon Jahre der Sozialisation und des Lernens hinter sich, haben bestimmte Interessen entwickelt und bringen individuelle und ganz unterschiedliche Potenziale mit. Diese Tatsache verführt zu der Annahme, dass Begabung etwas ist, dass man besitzt oder eben auch nicht besitzt. Demgegenüber steht die pädagogische Einstellung, dass alle Kinder auf unterschiedliche Weise *begabt* sind bzw. unterschiedliche Interessen und Potenziale aufweisen, die es personalisiert zu fördern gilt. Nicht alle Kinder haben das Glück, von ihren Eltern/Erziehungsberechtigten, ihrer Familie angemessen gefördert zu werden.

Die Aufgabe der Schule und Ziel guten Unterrichts wären, die bereits entwickelten Potenziale zu erkennen und deren Weiterentwicklung begleitend zu unterstützen.

Darüber hinaus gilt es, neue Interessen und Fähigkeiten anzuregen und die Lernenden in noch unbekanntes, anregungsreiches Terrain zu führen. (Schrittesser 2019; Borland 2005; Ericsson et al. 2007)

Weiterführende Literatur

Schrittesser, I. (Hrsg.) (2019): Begabungsförderung Revisited. Begabungsförderung als Kinderrecht im Kontext von Diversität. Bad Heilbrunn: Julius Klinkhardt.

Mythos 5: Je nach Lerntyp wird anders gelernt

Der Glaube an Lerntypen bzw. Lernstile – visuelle, auditive, kinästhetische – hält sich hartnäckig. Eine 2014 in fünf Ländern (UK, die Niederlande, Türkei, Griechenland und China) durchgeführte Untersuchung hatte zum Ergebnis, dass offenbar 90 % der befragten Lehrkräfte an die Existenz von *Lerntypen* glauben und Lernende solchen Typen zuordnen. (Willingham et al. 2015) Dementsprechend sollen Lehrkräfte identifizieren, welcher Lerntyp (visuell, auditiv, kinästhetisch) eine Schülerin oder ein Schüler ist, um dann ihren Unterricht danach maßzuschneidern. Dafür gibt es jedoch kaum Evidenzen. Viel sinnvoller, als die Frage nach den Lerntypen oder Lernstilen zu stellen, wäre die Frage, welche Ziele eine Unterrichtsstunde verfolgt und nach welcher Art der Vermittlung diese Ziele verlangen. Danach sollte die Unterrichtsmethode ausgerichtet werden. So wird etwa, wenn man lernen will, wie ein Wort auszusprechen ist, das Hören und Zuhören im Mittelpunkt stehen. Wenn man hingegen ein Bild beschreiben soll, werden wohl das Sehen und das genaue Betrachten im Vordergrund stehen. Alles in allem geht es auch darum, jene allgemein lernförderlichen Aspekte im Blick zu haben, die für den Großteil der Lernenden als erfolgversprechend gelten können. (Willingham et al. 2015)

Weiterführende Literatur

Willingham, D.T., Hughes, E.M. & Dobolyi, D.G. (2015): The Scientific Status of Learning Styles Theory. *Teaching Psychology 42*(3), 266-271. DOI: 10.1177/0098628315589505 top.sagepub.com.

Mythos 6: Lernen beruht auf Beobachtung und Imitation

Dieser „Mythos“ bedarf einer längeren Erläuterung.
Im pädagogischen Diskurs spielt im Zusammenhang mit Beobachtung und Imitation der Begriff der Mimesis eine relevante Rolle. Mimesis wird als Fähigkeit verstanden, im Rahmen von kulturellen, gesellschaftlichen und historischen Kontexten Handlungen nachzuahmen und/oder darzustellen oder auch durch kreatives Handeln Neues entstehen zu lassen. In seinem Werk Πολιτεία (Politeia, der Staat; Platon 1982) geht Platon (428/427-348/347 v. Chr.) davon aus, dass Erziehung vor allem durch mimetische Prozesse erfolgt. In der aktuellen pädagogischen Forschung zu mimetischem Lernen wird diesem frühen Verständnis von Mimesis

jedoch widersprochen. Beobachtung und Nachahmung werden zwar als Dimensionen im Lernprozess anerkannt und insofern ist dieses Narrativ teilweise richtig. (Wulf 2014, 250f.) Das mimetische Lernen ist dabei aber nicht als pure Imitation zu verstehen, sondern als ein Akt der Inkorporierung und Weiterentwicklung des Fremden oder Anderen. Wir übernehmen durch Vorbilder Haltungen und Handlungsweisen und machen sie in individuellen Interpretationen zu unseren eigenen. Dieser Argumentation folgend, können Vorbilder für viele Dimensionen des Lernens gewinnbringend sein, jedoch auch zu einer vertieften Auseinandersetzung anregen, um sich gegen deren Macht zu „immunisieren". (Wulf 2007, 93)
Lernen am Modell oder Lernen durch Beobachtung spielt auch in der sozial-kognitiven Lerntheorie von Albert Bandura (1977) eine entscheidende Rolle. Allerdings wird es auch hier nicht als bloßes Imitationslernen entworfen, sondern kann vielmehr Verhaltensmöglichkeiten eröffnen, die je nach individueller Lerngeschichte von den Lernenden aufgegriffen werden oder nicht.

Weiteführende Literatur:

Wulf, C. (2007): Mimetisches Lernen. In: M. Göhlich, C. Wulf & J. Zirfas (Hrsg.): Pädagogische Theorien des Lernens. Weinheim & Basel: Beltz, 91-101.

Mythos 7: Unterrichten kann eigentlich nicht gelernt werden – dafür ist man geeignet oder auch nicht

Erkenntnisse der Forschung zur Lehrer:innenbildung weisen wiederholt und seit etlichen Jahren darauf hin, dass es keine Evidenzen für *die geborene Lehrerin oder den geborenen Lehrer* gibt. Der Lehrerberuf ist eine zu erlernende Profession. Unterricht ist eine komplexe und durch vielfältige Dimensionen ausgewiesene Tätigkeit, die dann erfolgreich ist, wenn solides Fachwissen, ein tiefgreifendes Verständnis für die Vermittlung des Fachs und dessen Bildungssinn erworben und pädagogisches Wissen und Können angeeignet wurden und laufend weiterentwickelt werden. Aus der Expertiseforschung wissen wir, dass zu den genannten Aspekten auch ausreichend Praxiserfahrungen erforderlich sind, die aber nicht bloß aus Einübung in Praxis bestehen, sondern erst fruchtbar werden, wenn Praxiserfahrungen kontinuierlich reflektiert und kritisch analysiert werden. In der Expertiseforschung ist in diesem Zusammenhang von *deliberate practice* (bewusstes bzw. reflektiertes Üben) die Rede als Voraussetzung dafür, Expertise im Unterrichten zu erreichen. (Ericsson et al. 1993; Ericsson 2006)

Weiterführende Literatur

Ericsson, K.A. (2006): The Influence of Deliberate Practice on the Development of Superior Expert Performance. In: K.A. Ericsson, N. Charness, P.J. Feltovich & R.R. Hoffmann (Hrsg.): The Cambridge Handbook of Expertise. Expertise and Expert Performance. Cambridge: University Press, 685-705.

Mythos 8: Lehrpersonen gehören zu den wirkungsvollsten Einflüssen beim Lernen

Der wirkungsvollste Einfluss beim Lernen ist nicht die Qualität der Lehrperson per se, sondern die Qualität der Effekte des Unterrichts auf das Lernen der Schüler:innen. (Hattie 2014, 151) Die Lehrperson gestaltet den Unterricht und kann damit Lerngelegenheiten eröffnen, sie kann aber auch, etwa indem ihr „professionelle Kunstfehler" (Prengel & Winkelhofer 2014, 171) unterlaufen, Lernen empfindlich stören. Als lernförderliche Faktoren gelten eine anregende und motivierende Unterrichtsgestaltung, klar kommunizierte Unterrichtsziele, angemessene Interventionen in Hinblick auf das Verhalten der Lernenden, Erkennen von Förderbedarf und Gestalten eines passenden Angebots, zielgerichtetes Feedback, laufendes formatives Assessment und der Aufbau einer positiven, auf gegenseitiger Anerkennung beruhender Lehrer:innen-Schüler:innenbeziehung. (Hattie 2014)

Weiterführende Literatur

Hattie, J. (2017): Lernen sichtbar machen für Lehrpersonen. 3. Aufl. Baltmannsweiler: Schneider Verlag Hohengehren.

Mythos 9: Man muss nur das Lernen lernen, dann kann man sich alles Wissen aneignen

Laut John Hattie können zwar einfache Lernstrategien ohne bestimmten Bezug zu Inhalten unterrichtet werden (Hattie 2017, 116), die meisten Strategien sind aber an einen Inhalt gebunden. Das bedeutet, sie bedürfen der kontextuellen Einbindung. „Es ist wahrscheinlich, dass Programme zum „Lernen Lernen", die nicht in den Kontext des zu lernenden Stoffes eingebettet sind, von geringem Wert sind". (Hattie 2017, 116)

Das Konzept, das Lernen zu lernen lässt sich mit der gegenwärtige dominanten Output-Orientierung der Bildungssysteme in Verbindung bringen – ein gesellschaftlicher Trend, der auch im Schulsystem an Boden gewinnt. Schule, Unterricht, Lehrer:innen, Curricula müssen in ihrer Effektivität und Effizienz gesteigert und messbar gemacht werden. Zentralisierte Abschlussprüfungen (Matura/Abitur) und standardisierte Testungen sind Belege für diese Denkweise. Schule müsse, so wird suggeriert, bloß das Lernen lehren, um die Schüler:innen für das Leben zu wappnen, alles andere können sie sich dann später selbst beibringen, falls sie es brauchen. Damit geht einher, dass die Lerninhalte völlig aus dem Blick rücken. Bloß das Lernen an sich steht im Zentrum. Das Lernen an sich aber gibt es nicht. Meyer-Drawe formuliert in diesem Zusammenhang: „Lernen bedeutet aber stets das Lernen von etwas durch *jemanden* bzw. durch *etwas*." (Meyer-Drawe 2012a, 187) Lernen benötigt einen Anstoß und einen Gegenstand. „Die Forderung nach dem Lernen des Lernens ähnelt dem Vorschlag, ohne Zutaten zu kochen." (Liessmann 2008, 35)

Weiterführende Literatur

Meyer-Drawe, K. (2012a): Diskurse des Lernens. München: Wilhelm Fink.

Mythos 10: Lernprozesse werden durch die entsprechende Belohnung bzw. Bestrafung verstärkt

Weder Strafen noch Belohnungen fördern Lernprozesse, die ein vertieftes Verstehen der Sache zum Ziel haben. Der abträgliche Effekt von Strafen auf Lernen lässt sich noch gut nachvollziehen, dass aber auch Belohnungen oder ständiges Lob nicht immer förderlich für Lernen sind, mag überraschend sein. Lernen als ein Verstehen der Sache und ein Erkennen von Zusammenhängen und damit auch als ein kontinuierliches Verlernen bisheriger Gewissheiten lässt sich durch Strafen und Belohnung nicht erzwingen. Vielmehr wird – wenn Strafen und Belohnung oder auch ständiges Lob als Strategien eingesetzt werden, um Lernen zu motivieren an der Sache vorbei navigiert und ein zunehmend selbstbestimmtes Lernen, das sich nicht durch Strafen, Belohnungen, Lob oder anderen Steuerungsstrategien beeinflussen oder irritieren lässt, eher verhindert. (Deci et al. 2012; Deci 1992; Ryan & Deci 2000; Hattie 2014)

Weiterführende Literatur

Hattie, J. (2014): Lernen sichtbar machen. Baltmannsweiler: Schneider Verlag Hohengehren.

I Lernen verstehen …

In diesem Teil wird ein Einblick in die verschiedenen Theorien des Lernens gegeben. Beginnend mit einem Überblick über die herkömmlichen, meist psychologisch geprägten Lerntheorien – von Behaviorismus bis zu den Neurowissenschaften – rückt schließlich der Lernbegriff aus einer pädagogischen Perspektive ins Zentrum.

3 Was sagen uns Erkenntnisse der Lernforschung?

Psychologie, Neurowissenschaften, Phänomenologie – sie alle haben unterschiedliche Begriffe vom Lernen. Aus der Perspektive der Psychologie – speziell der kognitivistischen Ansätze – wird Lernen als Informationsverarbeitung und als Gedächtnisleistung gedacht. Die neurowissenschaftliche Lernforschung betrachtet Phänomene des Lernens aus der Perspektive der plastischen Vernetzung von Neuronenverbänden im Gehirn. Die Phänomenologie wiederum versteht Lernen als Erfahrung.
Im Folgenden geben wir einen Überblick über herkömmliche Lerntheorien, die unser Verständnis vom Lernen geprägt haben oder noch prägen.
Die verschiedenen Lerntheorien beschäftigen sich mit dem Phänomen Lernen unter jeweils unterschiedlichen Voranahmen und Menschenbildern. Wir greifen die historisch bedeutendsten und meist diskutierten heraus und nehmen sie kritisch in den Blick. Damit wollen wir sichtbar machen, wie unterschiedlich Lernen verstanden werden kann und welche weitreichenden Konsequenzen diese Unterschiede für pädagogisches Handeln nach sich ziehen. (De Corte, 2010)

3.1 Behavioristische Ansätze

Im Grunde gibt es nicht *die* behavioristische Lerntheorie, vielmehr liegen unterschiedliche Ansätze und deren Weiterentwicklung vor. Ziel ist, die wesentlichen Eckpunkte dieser Ansätze darzustellen und auf ihre pädagogischen Konsequenzen hin weiter zu denken.
Einer der wesentlichen Eckpunkte behavioristischen Denkens besteht in der Feststellung, dass für die Erforschung von Lernprozessen in erster Linie die Lernergebnisse, die auf bestimmte Anregungen hin sichtbar werden, im Fokus des Interesses stehen. Der Behaviorismus ist als *SR-(Stimulus-Response)-Theorie* zu verstehen. *Reiz (Stimulus)* und *Reaktion (Response)* gelten als kleinste Einheiten von Verhalten – tierischem oder menschlichem. Reiz und Reaktion werden als miteinander verknüpft gedacht. Es kommt nach einem Reiz zur Assoziationsbildung in Form einer Reaktion.
Die behavioristischen Ansätze zählen bis weit in die zweite Hälfte des 20. Jahrhunderts zu den einflussreichsten Theorien des Lernens. (Göhlich & Zirfas 2007; Künkler 2011; ebenso Braat, Engelen, van Gemert & Verhaegh 2020) Was machte diese Theorie so erfolgreich?

Der Behaviorismus präsentierte sich als rein naturwissenschaftliche Methode und grenzte sich damit von jedem Versuch innerpsychischer Analysen ab. Der Gegenstand der behavioristisch orientierten Forschung ist auf das *beobachtbare Verhalten (behavior)* beschränkt. Jede Form spekulativer Schlussfolgerungen wird abgelehnt. Die Lernforschung wird unter ein naturwissenschaftliches Paradigma gestellt.

Die *behavioristische Wende* in der Lernforschung war folgenreich. Elemente behavioristischen Denkens finden sich nach wie vor auch in aktuellen Lerntheorien und in den *Alltagstheorien* des Lernens. Beispiele hierfür sind alltägliche Belohnungsstrategien oder die gelegentlich zu hörende Vorstellung, man könne erwünschtes Verhalten durch gezielte positive Stimuli *verstärken*. Auch die vorrangige Bedeutung, die – etwa seitens der Lehr-Lernforschung – den *Lernergebnissen* gegenüber den *Lernprozessen* beigemessen wird, spiegelt noch einiges an behavioristisch gefärbter Einstellung wider.

Wir greifen die zwei prominentesten Vertreter dieser Theorierichtung heraus: John B. Watson (1878-1956) und Burrhus F. Skinner (1904-1990). Watson entwickelt die Versuche des russischen Physiologen Iwan P. Pawlow weiter, der für seine in Tierversuchen durchgeführten physiologischen Studien 1904 den Nobelpreis erhielt. In der Rede vom „Pawlow'schen Hund", sind Pawlows Versuche auch im alltagssprachlichen Diskurs noch präsent. Auf Basis der Pawlow'schen Studien formuliert Watson, der auch den Begriff *Behaviorism* prägte, seine Vorstellungen über menschliches Verhalten und die Möglichkeiten dieses wissenschaftlich zu erforschen. Seine These lautet: Ein bestimmter Reiz löst eine bestimmte, vorhersagbare Reaktion aus. Demnach kann, so Watson, Verhalten konditioniert werden:

Abb. 1: Behaviorismus

Watson betont damit die Bedeutung der *Umwelteinflüsse* auf menschliches Verhalten und stellt sich gegen die Vererbungslehre seiner Zeit – eine Position, die er mit seiner oft zitierten, polemisch formulierten *„healthy infant"-Aussage* zu unterstreichen versucht:

> "Give me a dozen healthy infants, well-formed, and my own specified world to bring them up in and I'll guarantee to take any one at random and train him to become any type of specialist I might select – doctor, lawyer, artist, merchant-chief and, yes, even beggar-man and thief, regardless of his talents, penchants, tendencies, abilities, vocations, and race of his ancestors." (Watson 1924, 104)

Skinners zentrale These lautet, dass das Erfassen von Stimulus-Response Prozessen ein wesentliches Moment außer Acht lässt: die Reaktion der Umwelt auf den Response. Erst diese Reaktion löse Verhaltensänderung bzw. Lernprozesse aus.
Diese These legt die Grundlage für das so genannte *operante Konditionieren*. Skinner führt dazu die Begriffe der positiven Verstärker, die erwünschtes Verhalten hervorbringen, und der negativen Verstärker ein, die ein Auftreten unerwünschten Verhaltens reduzieren sollen. (Skinner 1953)
Es sind demnach nicht nur die gesetzten Reize, sondern auch die Reaktionen der Umwelt, die laut Skinner das Verhalten steuern. Skinner propagiert auch den Einsatz von Lehrmaschinen – d. h. von *programmiertem Lernen* –, die Schüler:innen individuell differenzierte Aufgaben stellen und eine Rückmeldung über Erfolg bzw. Misserfolg unmittelbar nach Bearbeitung der Aufgabenstellung geben sollen.
Behavioristische Ansätze gehen von einem *Tier-Mensch-Kontinuum* aus. Tierversuche werden auf menschliches Lernen übertragen. Der Mensch wird dabei als von physiologischen Gesetzen gesteuerter Organismus gesehen, dessen Verhalten durch entsprechende Stimuli kontrollierbar ist und dadurch vorhersagbar wird.

Für den Lehrer:innenberuf bedeutet das
Pädagogische Theorien gehen davon aus, dass das Verhalten des Menschen zwar einer gewissen Wahrscheinlichkeit folgt, da es in eine soziale und kulturelle Praxis eingebettet ist und die sozialen und kulturellen Praktiken der Umwelt aufnimmt. Dennoch ist es nicht beliebig steuerbar und prognostizierbar, denn ein und dieselbe Ausgangssituation kann immer wieder überraschende Reaktionen hervorrufen. Das bedeutet, dass das Moment der *Ungewissheit* konstitutiv für die pädagogische Beziehung und für pädagogisches Handeln ist.
Schüler*innen können zwar angeleitet und begleitet werden, allerdings kann nicht genau vorhergesagt werden, wie sich letztendlich neues Wissen und neue Erfahrungen mit den bestehenden individuellen Dispositionen vernetzen und sich zukünftig weiter entfalten. Daher ist es wichtig, Schüler:innen möglichst früh bei der Entwicklung von *Selbstbestimmung und Eigeninteresse* zu unterstützen.

3.2 Kognitivistische Ansätze

Mit den Studien zur künstlichen Intelligenz in den 50er und 60er Jahren des 20. Jahrhunderts mehrt sich die Kritik an den behavioristischen Positionen. Die *kognitive Wende* wird eingeläutet. Lernen wird als *aktive Informationsverarbeitung* und als Konstruktionsleistung des Individuums bestimmt. Das Interesse an den *inneren, mentalen Lern- und Denkvorgängen* erwacht wieder. Der Vorwurf des Spekulativen wird zurückgewiesen. Die Computermetapher, die besagt, dass die menschlichen Denkvorgänge wie Prozesse der Informationsverarbeitung in Computern konzeptualisiert werden, dass Geist und Gehirn sich in Analogie zu Software und Hardware zueinander verhalten, wird zum Modell für das menschliche Denken und Lernen.

Jean Piaget (1896-1980), einer der bedeutendsten Referenzautoren pädagogischer und psychologischer Forschung, kritisiert das *Reiz-Reaktionsschema des Behaviorismus* und entwickelt ein eigenes *Konzept von Erkenntnisentwicklung und Lernen.* Seine Forschungsmethode beruht auf Beobachtung und Interpretation, z. B. der konsequenten und systematischen Beobachtung und Dokumentation von Kindern und ihrer Auseinandersetzung mit ihrer Umwelt beim Bewältigen von Aufgaben. Seine Referenzwissenschaften sind die Entwicklungspsychologie, die Pädagogik und die Biologie. Er promovierte übrigens in Zoologie.

Seine Theorie dreht sich um die Frage, wie sich Erkenntnis entfaltet und wie es dabei zu Erkenntniszuwachs kommt. Sein zentrales theoretisches Konzept ist der Strukturbegriff, d. h. es geht ihm um die Strukturiertheit von Erkennen im Zusammenspiel mit der strukturierenden und strukturierten Welt. Erkenntnis erwächst lt. Piaget weder nur aus dem Objekt, also durch bloßes Registrieren von Informationen, noch ausschließlich aus dem Subjekt, sondern aus den ineinandergreifenden Interaktionen zwischen Objekt und Subjekt. (Piaget 2003, 44f.)

Die für diese Interaktionen erforderlichen, allgemeinen, dynamischen Handlungsstrukturen, die sich auf verschiedene Situationen anwenden lassen bezeichnet Piaget als *Schemata*. Diese sind als Ordnungsstrukturen zu verstehen, die sich von Geburt an herausbilden. Das Schema der *Assimilation* bedeutet, dass externe Elemente wie Wahrnehmungen, Informationen etc. in die vorhandene Erkenntnisstruktur einverleibt werden. Das heißt, dass das Schema der Assimilation „die Kontinuität der Strukturen und die Integration neuer Elemente in diese Strukturen garantiert". (Piaget 2003, 55) Wäre jedoch nur Assimilation an der Entwicklung des Kindes beteiligt, würden in seinen Strukturen des Verhaltens und Erkennens keine Variationen entstehen, da jede Abweichung in den bestehenden Strukturen aufginge. Erst durch das Gegenstück zur Assimilation, der Akkomodation werden Variationsmöglichkeiten eröffnet. Die kognitive Entwicklung wird demnach aus einem *Zusammenspiel von Assimilation und Akkomodation* vorangetrieben, die immer gemeinsam auftreten und eine deutliche Tendenz zur *Äquilibration*, also ein Streben nach Gleichgewicht aufweisen, das mit fortschreitender Entwicklung zunehmend stabil wird. Übertrifft das Schema der Assimilation die Akkomodation, so entwickelt sich das Denken in eine egozentrische Richtung. Dominiert die Akkomodation so schlägt das Pendel in Richtung Nachahmung aus.

> „Allgemein gesprochen, ist [das] zunehmende Gleichgewicht zwischen Assimilation und Akkomodation ein Beispiel für einen grundlegenden Prozess in der kognitiven Entwicklung, der sich als Zentrierung und Dezentrierung beschreiben lässt. Die systematisch verzerrenden Assimilationen der sensomotorischen oder ersten Repräsentationsstadien – die verzerren, weil sie nicht von angemessenen Akkomodationen begleitet sind – bedeuten, dass das Subjekt auf die eigenen Handlungen und den eigenen Standpunkt zentriert

> bleibt. Auf der anderen Seite ist das sich allmählich herausbildende Gleichgewicht zwischen Assimilation und Akkomodation das Ergebnis einer Reihe von Dezentrierungen, die es dem Subjekt ermöglichen, den Blickwinkel anderer Subjekte oder den Standpunkt von Objekten einzunehmen. Früher haben wir diesen Prozess lediglich als Egozentrismus und Sozialisation beschrieben. Aber er betrifft weitaus genereller und fundamentaler die Erkenntnis in all ihren Erscheinungsformen. Denn kognitiver Fortschritt ist nicht nur Assimilation von Information; er enthält auch einen systematischen Dezentrierungsprozess, der eine notwendige Bedingung von Objektivität überhaupt ist.“ (Piaget 2003, 61f.)

Lernen ist mit Piaget als aktiver, entdeckender Prozess zu verstehen, der einer dynamischen kognitiven Struktur folgt, die ihrerseits durch die jeweilige Lernumgebung wesentlich geprägt wird.

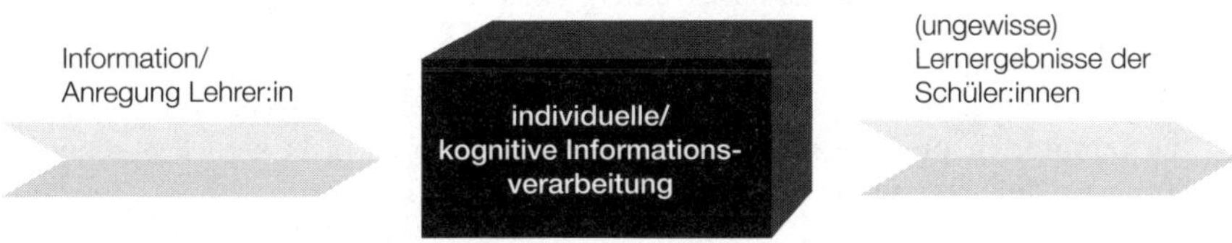

Abb. 2: Kognitivismus

Weiterführende Literatur

Piaget, J. (2003): Meine Theorie der geistigen Entwicklung. Weinheim, Basel & Berlin: Beltz.

Für den Lehrer:innenberuf bedeutet das

Pädagogisch relevant ist an diesem Verständnis von Lernen nicht nur der Verweis auf den Dezentrierungsprozess, der eine Entwicklung von Erkenntnis erst ermöglicht, sondern auch, dass diese Entwicklung besonders durch *dosierte Diskrepanzerlebnisse* angeregt wird. Das bedeutet, die Diskrepanz zum Vorwissen und zur Vorerfahrung darf nicht zu groß sein, da das neue Wissen dadurch nicht andocken kann. Es darf aber auch nicht zu vertraut sein, da in diesem Fall kein Lerneffekt ausgelöst würde. Ziel wäre einen *mittleren Grad an Ungleichgewicht* beim Lernenden hervorzurufen.

Dazu müssen Lehrkräfte beim Einstieg in ein neues Thema nicht nur die themenrelevanten Vorkenntnisse der Lernenden erfassen, sondern auch immer wieder ihre eigenen Erwartungen an das Vorwissen ihrer Schüler:innen auf ihre Tragfähigkeit überprüfen.

An Jean Piagets Theorie der Erkenntnisentwicklung knüpfen sowohl kognitivistische als auch konstruktivistische Lerntheorien an. Ein prominenter Vertreter kognitiver Lerntheorien ist Jerome S. Bruner, den wir hier stellvertretend für zahlreiche andere anführen.

3.2.1 Die Computermetapher – Lernen als Informationsverarbeitung

Für Bruner ist, wie für Piaget, Lernen ein aktiver, entdeckender Vorgang, initiiert durch eine anregende Umwelt. Zum besseren Verstehen des Lernvorgangs ist lt. Bruner die Computermetapher hilfreich, da sie anschauliche Scripts liefert – z. B. zur Rolle des Vorwissens, das Anknüpfungspunkte und Grundlage für weitere Wissens- und Skillaneignung darstellt; oder zur Rolle des konzeptiv ausgerichteten Ordnens, des konzeptuellen Verstehens, das die nachhaltige Aneignung und Speicherung von Wissen sicherstellt. Allerdings weist Bruner darauf hin, dass die Computermetapher für einige wesentliche Aspekte nicht ausreichend aussagekräftig sei. So könnten mit ihr die ungeordneten (messy), regelwidrigen, widersprüchlichen Facetten des Lernprozesses wie etwa emotionale Einflüsse, spontane Lernsprünge oder Lernhemmungen nicht erklärt werden. (Bruner 1996, 1ff.)

> „Eine entsprechende Umgebung mit Aufforderungscharakter, ein Klima, wo das Kind Fehler machen darf […] Es ist also wichtig, eher darüber nachzudenken wie kann ich die Lernprozesse provozieren, mit dem Wissen, dass wir sie nicht herstellen können." (Lehrer:in in Fokusgruppe)

Für den Unterricht schlägt Bruner ein *Spiralcurriculum* (1965, 52f.) vor. Das bedeutet, dass Inhalte auf verschiedenen Niveaustufen in immer komplexerer Ausprägung immer wieder aufgegriffen werden. So kann an Vorwissen angeknüpft und dieses vertieft werden. Das Wiederaufgreifen der Thematiken in zunehmend differenzierter und komplexer Form sollte über Jahre hinweg immer wieder verfolgt werden. Für diese schrittweise Vertiefung bedarf es Klarheit darüber, in welche Zusammenhänge eine Sache eingebettet ist. Das bedeutet, dass es laut Bruner ein Wissen um die *basic ideas* eines Gegenstandsbereichs braucht.

> „If earlier learning is to render later learning easier, it must do so by providing a general picture in terms of which the relations between things encountered earlier and later are made as clear as possible." (Bruner 1965, 12)

Pädagogisch relevant an diesen Überlegungen ist einmal mehr die wiederholte Betonung des *Vorwissens, der Vorerfahrung* und deren zentrale Bedeutung für gelingendes Lernen.

> „Und nicht der Lehrer wird fragen, sondern die Kinder stellen die Fragen aus Neugier und ich frage das Vorwissen der Kinder ab, sonst quatsche ich sie voll und die Kinder wissen es eh schon." (Lehrer:in in Fokusgruppe)

Neben diesen Faktoren spielt – gemäß den kognitivistischen Lerntheorien – auch die *Motivation* eine zentrale Rolle im Lernprozess. Lernsprünge und -erfolge hängen eng mit ihr zusammen. Allerdings ist Motivation nichts, was sich einfach erzeugen oder hervorrufen lässt, sondern hängt eng mit Gründen – *den persönlichen Motiven* – zusammen, warum sich Lernende für eine Sache interessieren oder auch nicht. Aus pädagogischer Sicht eröffnet das von den Psychologen Edward L. Deci und Richard M. Ryan entwickelte Konzept der Selbstbestimmungstheorie (self-determination theory) interessante Einblicke in die Entstehung und mögliche Förderung von Motivation.

3.2.2 Motivation

> To be „motivated means to be moved to do something". (Ryan & Deci 2000, 54)

Deci und Ryan betonen, dass Menschen von Geburt an neugierige und spielerische Naturen sind, die ihre Umgebung aus einem *inneren Antrieb* heraus erforschen. Das heißt, Interesse wird als zentraler Faktor von Motivation herausgestellt. Das Erwachen von Interesse wiederum lässt sich maßgeblich auf zwei Faktoren zurückführen: auf *novelty*, den Neuigkeitsfaktor und auf *optimal challenge*, das heißt das Gefühl des Gefordert-Seins ohne sich überfordert zu fühlen. (Deci 1992, 50)

> "[P]eople tend to freely seek and be interested in those activities or inputs that are optimally challenging, in other words, that are not fully mastered but are not so discrepant as to be frustrating." (Deci 1992, 51)

Diese Formulierung erinnert an Piagets Rede von den *dosierten Diskrepanzerlebnissen*, die er als anregend für Erkenntnisprozesse beschreibt.
Deci und Ryan gehen von unterschiedlichen qualitativen Ausprägungen der Motivation aus. Mit Bezug auf die herkömmliche Differenzierung zwischen intrinsischer und extrinsischer Motivation – wobei die intrinsische, wie wir oft hören, im Alltagsverständnis positiv besetzt ist, während die extrinsische schlechtere Karten hat – betonen sie die Verwobenheit der beiden Konstrukte. Ihr Konzept der intrinsischen Motivation kommt dem nahe, was der ungarische Psychologe, Mihály Csíkszentmihályi (1975) mit einem *Flow-Erlebnis* umschreibt:

> "a state in which a person is completely immersed in an activity and experiences a flow of awareness." (Deci 1992, 45)

Demgegenüber kommt der extrinsischen Motivation mehr lebensweltliche Bedeutung zu, und zwar keineswegs ausschließlich im Sinne von Fremdbestimmung. Extrinsische Motivation sei zwar zunächst *instrumentell auf ein externes Ziel ausgerichtet*, entwickle sich aber in Differenzierungsstufen. Die instrumentellste Ausprägung finde man in *externen Regulierungsstratgien*, die z. B. auf externen Druck hin, wie etwa Noten, entwickelt würden.
Schon die nächsten Differenzierungsstufen, die *Introjektion und Identifikation* gingen aber zur Übernahme von Werten, Zielen und Überzeugungen anderer über und beruhten auf einem Gefühl der Nachvollziehbarkeit – z. B. wenn Lernende verstehen, warum sie etwas lernen sollen. Die Stufe der *Integration* bezieht sich schließlich auf die individuell begründbare Einbeziehung von Werten, Zielen und Überzeugungen ins eigene Denken und Handeln, z. B. die Übernahme von Verantwortung für das eigene Lernen. Integrierte Handlungsregulation und Motivation

sind einander ähnlich und bilden die Basis für selbstbestimmtes Handeln. (Deci & Ryan 1993, 228)

> „Es gibt so viele Unterschiede, manche Kinder sind *gut verankert in sich*. Sie lernen unter allen Umständen. Aber eben nicht alle Kinder. Wir müssen die Rahmenbedingungen schaffen, indem bereits im Studium klargestellt wird, dass die Motivation und die Freude für das Vermitteln da sein muss. Interesse am Menschen und an sich selbst muss da sein und auch an Literatur und Theorie, dann kann ich motivieren." (Lehrer:in in Fokusgruppe)

Von besonderer Bedeutung für Motivation sind die *menschlichen Grundbedürfnisse*, physiologische, psychologische Bedürfnisse und Emotionen. (Deci & Ryan 1993, 229) Im Rahmen der Selbstbestimmungstheorie – und das ist eine zentrale Botschaft dieses Ansatzes – wird der Fokus auf drei *psychologische Grundbedürfnisse* gelegt, die für Motivation relevant sind. Sie tragen maßgeblich dazu bei, dass sich Motivation, also ein Motiv, ein Grund etwas zu tun, einstellt. (vgl. Ryan & Deci 2000; 2017)

1. Kompetenzförderung (*support of competence*):
Der hier angesprochene Kompetenzbegriff bezieht sich auf das Gefühl der eigenen Wirkmächtigkeit und umfasst das Bedürfnis innerhalb der eigenen Lebenskontexte effektiv agieren zu können. Dieses Bedürfnis äußert sich als ein inhärentes Streben, das von Neugier und den unterschiedlichsten epistemischen Motiven getragen wird. Es kann jedoch auch leicht durch überfordernde Ansprüche, negatives Feedback oder verletzende Kritik durchkreuzt werden.

> "Competence energizes myriad behaviors, from people in leisure moments playing mobile video games to scientists discovering the laws of the universe. It wanes in contexts in which challenges are too difficult, negative feedback is pervasive, or feelings of mastery and effectiveness are diminished or undermined by interpersonal factors such as person-focused criticism and social comparisons." (Ryan & Deci 2017, 11)

Lernende übernehmen demnach eher extern gesetzte Ziele, wenn sie sich diesen Zielen gewachsen fühlen. Dazu gehören *optimal challenge* und *effectance-relevant feedback*, also ein dem Lernstand angepasstes Anspruchsniveau ebenso wie auf Verbesserung des Lernstandes ausgerichtetes Feedback (siehe *Kapitel 9.3, Feedback im Unterricht)*. In diesem Zusammenhang ist auch der Bezug zum Vorwissen der Lernenden maßgeblich.

2. Autonomieförderung (*autonomy support*):
Dieser Aspekt des zunehmend selbstbestimmten Aneignens und Einsetzens neuer Fähigkeiten und Fertigkeiten stellt das entscheidende Moment in der Integration extern gesetzter Ziele im Gegensatz zu deren bloßer Verinnerlichung dar. Das von Deci und Ryan verfolgte Konzept der Autonomie meint jedoch nicht einfach Unabhängigkeit

(independence), sondern vielmehr Freiwilligkeit (voluntariness) und das Gefühl, in Übereinstimmung mit den eigenen Interessen und Werten handeln zu können.

> “The hallmark of autonomy is [...] that one’s behaviors are self-endorsed, or congruent with one’s authentic interests and values. When acting with autonomy, behaviors are engaged wholeheartedly, whereas one experiences incongruence and conflict when doing what is contrary to one’s volition.” (Ryan & Deci 2017, 10)

3. Beziehung und soziale Eingebettetheit (*relatedness*):
„Relatedness“ entspricht dem Bedürfnis nach sozialer Zugehörigkeit, „socially connected“ zu sein:

> “People feel relatedness most typically when they feel cared for by others. Yet relatedness is also about belonging and feeling significant among others. Thus, equally important to relatedness is experiencing oneself as giving or contributing to others.” (Ryan & Deci 2017, 11)

Die Bezogenheit auf die Umwelt und die damit verbundene gegenseitige *Anerkennung* fördert eine schrittweise Übernahme externer Zielsetzungen, die jedoch in einem laufenden Zusammenspiel mit dem Streben nach Selbstbestimmung steht. (Ryan & Deci 2000, 64)
Diese Ausführungen zeigen, dass *Motivation ein komplexes Konstrukt* ist, dessen Differenziertheit häufig nicht mitbedacht wird, wenn in der Alltagssprache von Motivation die Rede ist. Besonders die alltagssprachlichen Prägungen von intrinsischer vs. extrinsischer Motivation spiegeln oft ein verkürztes Verständnis dieses Konstrukts wider. Wesentlich ist in diesem Zusammenhang auch ein Wissen darüber, welch zentrale Rolle die menschlichen Grundbedürfnisse für Motivation und Interesse spielen. Folgt man Decis und Ryans Ausführungen, so ist anzunehmen, dass die Berücksichtigung der genannten Grundbedürfnisse bei der Anregung und Begleitung von Lernprozessen durch die Lehrpersonen wesentlich zum Lernerfolg der Schüler:innen beiträgt.

Weiterführende Literatur

Ryan, R. M. & Deci, E. L. (2000): Intrinsic and Extrinsic Motivation. Classic Definitions and New Directions. In: Contemporary Educational Psychology, 25. Jg., 54-67. Verfügbar unter: http://www.selfdetermin- ationtheory.org/theory [21.07.2021].

Für den Lehrer:innenberuf bedeutet das

Motivation wird weniger als eine Einwirkung von außen auf den oder die Lernenden mit dem Ziel der Motivierung verstanden. Vielmehr ist pädagogisch relevant, welchen Grund, welches Motiv jemand hat, etwas lernen zu wollen (siehe *Kapitel 4.2, Lernen braucht Gründe).* Dass sich Lehrende für einen Inhalt, eine Sache interessieren, spielt eine wesentliche Rolle im Aufbau des so bedeutsamen Beziehungsgefüges zwischen Lehrenden und Lernenden. Sich dabei auch vom Wissen um die psychologischen Grundbedürfnisse und deren Wirkungsmacht leiten zu lassen, kann entscheidend für erfolgreiche Lernbegleitung sein.

Pädagogisch anschlussfähig sind die kognitivistischen Ansätze dort, wo das Ziel des Unterrichtens nicht nur in möglichst geschickt verpackter Vermittlung von Kompetenzen besteht, sondern Lernende durch diese Vermittlung zunehmend in die Lage versetzt werden, selbstbestimmt und eigenverantwortlich ihren eigenen Zielen nachgehen zu können.
Aus pädagogischer Sicht kritisch anzumerken ist, dass im lerntheoretischen Diskurs die Computermetapher als Modell für menschlichen Erkenntnisgewinn überholt ist, da sie diesen auf quasi-technische Abläufe reduziert und dabei die unberechenbaren, nicht kalkulierbaren und nicht steuerbaren Momente im Lernprozess ausblendet. ◂

3.3 Konstruktivistische Ansätze

Während für die behavioristischen Lerntheorien sich *Lernen in der black box* vollzieht und die kognitivistischen Theorien Lernen als *innerpsychischer Prozess* bestimmen, legen die (radikal-)konstruktivistischen Ansätze den Fokus auf die Aktivitäten der Lernenden und machen die *Welt zur black box.*
Zunächst ist darauf hinzuweisen, dass es nicht *den* Konstruktivismus sondern etliche Varianten gibt, die nur teilweise Gemeinsamkeiten aufweisen. Sowohl Begriff und Konzept bleiben terminologisch mehrdeutig. Das beginnt schon bei den verschiedenen Referenztheorien, die von William James über John Dewey, Jean Piaget und Thomas Kuhn bis Ernst von Glasersfeld reichen – eine Liste, die lt. Phillips (1995, 6) durchaus erweiterbar ist und auch mehrere Disziplinen (Philosophie, Soziologie, Geschichte etc.) umfasst. Pörksen (2014) verweist etwa in seiner medienethisch motivierten Analyse konstruktivistischer Positionen auch auf die prägende Rolle Heinz von Foersters, auf Humberto Maturana und Francisco Varela sowie auf die Schule von Palo Alto rund um Paul Wazlawick, die wesentliche Aspekte zur Vielfalt konstruktivistischen Denkens beigetragen haben.
Erkenntnistheoretische Ansätze, wie sie hier angeführt werden, sind jedoch von deren lerntheoretischen Ableitungen zu unterscheiden. Hattie betont diese Unterscheidung, wenn er darauf hinweist, dass sich der Konstruktivismus auf eine Form der Erkenntnis bezieht, aber keine Theorie des Lehrens anbieten könne. (Hattie 2012, 287) De Corte (2010, 50) räumt in seiner Analyse prominenter lerntheoretischer Diskurse zudem ein, dass es bislang keine voll ausgearbeitete konstruktivistische Lerntheorie gibt. Auch zehn Jahre nach dieser Feststellung scheint diese Diagnose durchaus treffsicher zu sein.
Jene beiden lerntheoretischen Ansätze, die im Konstruktivismus-Diskurs den breitesten Raum einnehmen, werden in der Folge näher beleuchtet: der radikalkonstruktivistische Ansatz im Zuschnitt Glasersfelds und der moderate bzw. Sozio-Konstruktivismus. Gemeinsam ist beiden die Gegenüberstellung von Konstruktion und

Instruktion im Lehr-Lernprozess und eine mehr oder weniger deutliche Absage an die Instruktion.
Die radikal konstruktivistische Variante bestimmt den Menschen als *informationell geschlossenes, autopoietisches bzw. selbstreferentielles kognitives System*. Das Nervensystem erzeugt seine Informationen selbst. Wahrnehmen, Lernen und Erkennen sind in diesem Sinn keine Informationsverarbeitungsprozesse, sondern Konstruktionsprozesse. Folglich hat gemäß diesen Ansätzen der *Mensch keinen Zugang zu einer objektiven Realität*. Eine reale Außenwelt kann nur unterstellt werden, weil diese unzugänglich bleibt.

Abb. 3: Konstruktivismus

Lernen wird zum selbstgesteuerten Vorgang, der sich auf die Wirklichkeit nur in Form eines subjektiven Abbilds bezieht. Die Existenz der Welt wird nicht geleugnet, ist jedoch *nur subjektiv erfassbar*. Als Grundannahmen konstruktivistischer Theorien gelten demnach:

1. Die informationelle Geschlossenheit des Nervensystems:
Die neuronale Einheitssprache besteht aus elektrischen Impulsen, die sich in der Quantität, aber nicht der Qualität unterscheiden. Das menschliche Gehirn muss die Deutungskriterien selbst entwickeln.

2. Autopoiesis:
Alle Lebewesen sind autopoietische selbstreferentielle Systeme, selbsterhaltend und selbststeuernd. Das autopoietische System ist an die Umwelt gekoppelt. Aber die Umwelt kann nicht so einfach auf die Steuerung Einfluss nehmen.
Wir greifen in der Folge Glasersfelds Aussagen zum konstruktivistischen Denken exemplarisch für den radikalen Konstruktivismus und die ihmzufolge zu ziehenden Schlussfolgerungen für Lehren und Lernen heraus. Glasersfeld (1997, 202) betont die strenge Trennung von „metaphysischem Wissen“ und Erfahrungswissen.

> „Wissen ist kein Bild oder keine Repräsentation der Realität, es ist vielmehr eine Landkarte dessen, was die Realität uns zu tun erlaubt. Es ist das Repertoire an Begriffen, begrifflichen Beziehungen und Handlungen oder Operationen, die sich in der Verfolgung unserer Ziele als viabel erwiesen haben.“ (Glasersfeld 1997, 202)

Abb. 4: Die blinden Menschen und der Elefant

Glasersfeld (1997, 204ff.) spricht von drei pädagogisch relevanten Aspekten:

1. Lehren sei von Training zu unterscheiden. Training bedeute Abrichtung, während Lehren auf Verstehen abziele. Verstehen in konstruktivistischer Sicht ist jedoch seinerseits eine Konstruktion, die auf Passung bzw. Viabilität zu überprüfen ist.
2. Wissen kann durch Sprache nicht einfach übertragen werden, da Sprache vom Empfänger auf seine Weise interpretiert werde. Lernen bestehe daher nicht aus passiver Aufnahme, sondern im individuellen Aufbau von Begriffen und Bedeutungen.
3. Lehren sei keine soziale, Lernen jedoch eine private Tätigkeit. Lehrende machen sich eine Arbeitshypothese von ihren Schüler:innen, konstruieren sich diese gleichsam als Modell. Schüler:innen wiederum kommen ebenfalls mit modellhaften Vorstellungen in den Unterricht. Diese modellhaften Vorstellungen als Voreingenommenheiten ab- und neu aufzubauen, sei Aufgabe der Lehrer:innen.

Die Rolle der Lehrkraft ist eine begleitende, anregende, jedoch keine im engeren Sinn anleitende. Wie deren Angebote jeweils bei den Lernenden ankommen, bleibt außerhalb der pädagogischen Reichweite.

Für den Lehrer:innenberuf bedeutet das

Lehren zielt auf Verstehen ab und steht im Einklang mit dem pädagogischen Blick auf Unterricht. Auch das Interesse für das Vorwissen und die Vorerfahrungen (den *Voreingenommenheiten*) ist aus pädagogischer Sicht ein wesentlicher Aspekt. Die pädagogische Arbeit am Vorwissen und den Vorerfahrungen dient dazu, Zusammenhänge herzustellen und Neues an schon Bekanntes anzubinden bzw. Vertrautes und scheinbar Plausibles auch zu hinterfragen.

Dass aber Lernen eine private Tätigkeit sein soll, widerspricht der pädagogischen Sicht, in der Lernen als soziales Phänomen, als Vorgang der Aneignung von Kultur und damit als soziales, interaktives Tun begriffen wird, das unauflöslich zur menschlichen Lebenspraxis gehört. Werden Lebewesen als informationell geschlossene Einheiten gedacht, die keine Informationen austauschen, sondern sich nur wechselseitig zu individuellen Konstruktionen anregen, die eventuell *viabel* sein können, so drängt sich die Frage auf, wo pädagogisches Handeln ansetzen kann. ◂

3.4 Sozio- oder moderater Konstruktivismus

Lernen wird in diesem Ansatz verstanden als situierter, kollaborativer Vorgang; als *Ko-Konstruktionsprozess*, der unmittelbar von kulturellen und Umweltsettings beeinflusst wird. (Sawyer, 2006; 2008) Die Außenwelt wird als gegebene Realität angenommen, die jedoch widerständig bleibt. Der Fokus liegt auf der Gestaltung der so genannten Lernumgebung. Lernende, Lehrende, Ressourcen und Inhalte bzw. der Lerngegenstand sind gleichberechtigt und gleich wirksam im Rahmen der Lernumgebung. Instruktion nimmt eine untergeordnete Rolle ein, der Schwerpunkt liegt auf der eigenständigen Erarbeitung von Wissen und Können, etwa in Formaten des „Offenen Lernens" und auf Basis einer entsprechend konfigurierten Lernumgebung. Wie jedoch die folgende Anmerkung einer Lehrperson zeigt, ist eine pädagogische Situation, in der die Anleitung nur als Randerscheinung vorkommt, kaum vorstellbar. Es ist die Lehrkraft, die sich überlegen muss, welche Fragen sie stellen soll, um überhaupt erst einmal den entdeckenden Blick der Lernenden zu stimulieren und es ist die Lehrkraft, die mit ihren Rückmeldungen und ihrem Nachfragen den gerade in Gang gekommenen Lernprozess weiter anfeuert.

> „Das ist erforschendes und entdeckendes Lernen. Wie begleite ich Kinder, dass ich überhaupt diesen Prozess auslöse? Welche Fragen muss ich stellen? Welche Fragen führen mich dort hin? Auch wenn's dann nicht funktioniert, warum hat der Prozess nicht funktioniert?" (Lehrer:in in Fokusgruppe)

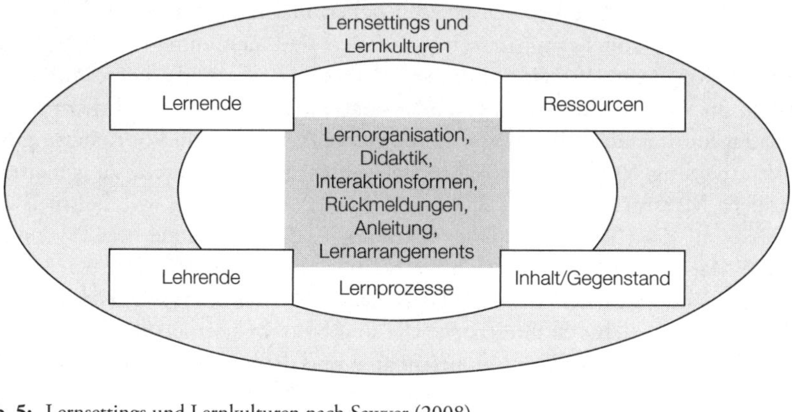

Abb. 5: Lernsettings und Lernkulturen nach Sawyer (2008)

In diesem Ansatz wird die Rolle der Lehrperson jedoch vor allem als Gestalter:in einer Lernumgebung verstanden, in der kollaborativ mit anderen Lernenden gelernt werden kann und in der alle Beteiligten und Gestaltungsmomente als gleich relevant gelten.

Weiterführende Literatur

Schrittesser, I. (2012): Lernen pädagogisch gewendet. Annäherungsversuche mit Nebenwirkungen. In: I. Schrittesser, A. Fraundorfer & M. Krainz-Dürr (Hrsg.): Innovative Learning Enviroments. Fallstudien zu pädagogischen Innovationsprozessen. Wien: facultas.wuv, 25-57. ◀

Für den Lehrer:innenberuf bedeutet das

Die Betonung der Situiertheit und der kollaborativen Dimension des Lernens ist ein für das Lehren relevanter Aspekt. Die Rolle der Pädagogin, des Pädagogen jedoch als bloß Begleitende (als „facilitator") in einer gestalteten Lernumgebung zu betrachten, scheint die pädagogische und professionelle Verantwortung für die Gestaltung von Unterricht auf die Moderation von Lernarrangements zu reduzieren.

Hattie stellt dem Modell des „facilitator" ein Modell der Lehrperson als „activator" gegenüber und konstatiert in diesem Zusammenhang, dass man den „Aufbau konzeptuellen Wissens nicht mit der aktuellen Modeerscheinung des Konstruktivismus" verwechseln möge. Selbst wenn man von den Vorannahmen des Konstruktivismus aus der Perspektive der Lernenden ausginge, wären, so Hattie „die direkteren und aktiveren Methoden des Lehrens optimal", da sie, wie die Meta-Analysen gezeigt hätten, bei den Lernenden und bei den Lehrpersonen „zu einem starken Gefühl der Handlungsfähigkeit (‚sense of agency')" führen. (Hattie 2014, 287) ◀

3.5 Lernen aus neurowissenschaftlicher Perspektive

Vertreter:innen der Neurowissenschaften haben in letzter Zeit an Bedeutung für die Erforschung von Lernprozessen gewonnen und sich zunehmend Beachtung für ihre Beiträge zum Verständnis von Lernprozessen verschafft. Diese Ansätze beinhalten im Wesentlichen den Versuch aus naturwissenschaftlichen Erkenntnissen, Erklärungsmuster für Lernprozesse als bewusste Aufnahme und Speicherung bzw. als Verarbeitung lern- und gedächtnisrelevanter Hirnstrukturen, zu generieren. (Brand & Markowitsch 2006, 22) Nicht wenige Disziplinen, wie beispielsweise die Medizin, die (Neuro-, und Sozio-)Biologie, die Biochemie, die Psychologie und die Mathematik bemühen sich hierbei mit Hilfe verschiedenster Forschungsmethoden und empirischer Verfahren Aussagen zur Funktionsweise des Gehirns und des Nervensystems zu tätigen. Sie alle sind bestrebt „Lernen als einen solitären Prozess kognitiver Entwicklung zu beleuchten und diesen in experimentell gestalteten Kontexten zu simulieren – ausgehend von der Annahme, dass das menschliche

Denken im menschlichen Gehirn identisch abbildbar sei (vgl. zur Kritik an dieser Interpretation u. a. Winch 1998, 64ff.) – immer auch mit dem Nebeneffekt, dass für die Optimierung von Lernprozessen Empfehlungen und Prognosen abgegeben werden." (Schrittesser 2012, 26f.)

Dabei werden die Grenzen zwischen neurobiologischen und erkenntnistheoretischen Forschungsperspektiven oft vermischt. So weist Gerhard Roth darauf hin, dass „eine philosophische Erkenntnistheorie nicht ohne empirische Basis auskommen kann, genauso wenig wie empirisches Forschen ohne erkenntnistheoretische Grundlage möglich ist. Beide Bereiche bedingen sich gegenseitig, und keiner ist dem anderen vorgeordnet." (Roth 2001, 24)

Im neurowissenschaftlichen Kontext wird angestrebt, der herkömmlichen Lernforschung neben den bereits üblichen empirischen Methoden eine weitere empirische Basis zu verleihen. So beschreibt Joachim Bauer (2008) beispielsweise, dass maßgebliche Bedingungen für die biologische Funktionstüchtigkeit unserer Motivationssysteme das Interesse, soziale Anerkennung und persönliche Wertschätzung seien. (vgl. Bauer 2008, 21) Durch die Erfassung so genannter zentral-nervöser Indikatoren sollen mithilfe neurowissenschaftlicher Untersuchungen hirnphysiologische Aktivitäten beobachtet, gemessen und in Bezug zu Phänomenen wie Aufmerksamkeit oder emotionalen Prozessen gebracht werden.

Stark vereinfacht formuliert könnte man sagen, dass Lernen innerhalb neurowissenschaftlicher Zugänge als Modifikation bzw. Kommunikation synaptischer Verbindungen und deren Übertragungsstärke definiert wird.

> „Auf Ebene der Neuroanatomie bzw. der Beschreibung von Hirnstrukturen, die Lernen und Gedächtnis vorrangig gewährleisten, gilt es, das Zusammenspiel zwischen Hirnregionen einerseits und deren über Gedächtnis hinausgehende Funktionen andererseits zu betrachten, um z. B. neuropsychologische Mechanismen zur Verbesserung von Lern- und Gedächtnisleistungen eruieren zu können." (Brand & Markowitsch 2006, 40)

Ganz allgemein geht es um die Erfassung neuronaler Korrelate, die Auskunft über typische kognitive Muster bzw. auch über Störungen kognitiver Prozesse geben sollen.

Das Versprechen der Neurowissenschaften lautet demnach – und wird von etlichen Vertreter:innen der Disziplin auch so formuliert –, dass neurowissenschaftliche Erkenntnisse für die Entwicklung von Verfahren zur Optimierung von Lernen und Unterricht angewandt werden können. Kernaussagen in diesem Zusammenhang beziehen sich auf die Plastizität des Gehirns, die allen Lernprozessen zugrunde liegt sowie auf die besondere Relevanz positiver Erfahrungen und die Bedeutung positiver sozialer Beziehungen für geglückte Lernprozesse.

Diese Erkenntnisse sind allerdings weder aus pädagogischer und bildungswissenschaftlicher noch aus psychologischer und kognitionswissenschaftlicher Sicht neu. Sie werden nun aber jenseits von herkömmlichen Methoden wie Beobachtung oder

Testungen durch technologisch hochentwickelte Instrumente untermauert und erfahren daher jedenfalls im populärwissenschaftlichen Bereich erstaunliche Anerkennung.

„*Summa summarum,*" schreibt Nicole Becker (2014, 216), „erwarten die Autoren von den Neurowissenschaften theoretisch und praktisch relevante Einsichten, zu denen die Pädagogik nicht gelangen könne, weil sie „lediglich" Verhalten beobachten und Leistungen messen, nicht jedoch die Ebene der neuronalen Korrelate erfassen könne." Allerdings würde keiner der Autor:innen begründen, weshalb die Kenntnis von hirnanatomischen Grundlagen verlässlichere und überzeugendere Erkenntnisse liefere als die sozialwissenschaftliche und psychologisch-experimentelle Forschung (ebd.).

Um komplexe Lernprozesse zu analysieren und handfeste Schlussfolgerungen daraus ziehen zu können, braucht es sowohl den Blick auf die methodischen Axiome der jeweiligen Disziplinen als auch die jeweiligen biographischen und kulturellen Voraussetzungen der Lernenden. Dass neurowissenschaftliche Analysen nützlich sein können, um körperliche Gründe psychischer Zustände zu interpretieren, wird in der Rezeption neurowissenschaftlicher Forschung ebenso anerkannt, wie deren Beitrag zu einem erweiterten Verständnis von Vorgängen, die im Gehirn ablaufen, wenn Lern- und Gedächtnisleistungen erbracht werden. Aufgrund der Komplexität des Gehirns erscheint es laut Michael Göhlich und Jörg Zirfas (2007) jedoch fragwürdig, Lernen auf synaptische Verbindungen zu reduzieren. Ebenso ist zu bedenken, dass neurowissenschaftliche Erkenntnisse auf Modellen gründen, die oft durch Laborversuche generiert wurden.

> „Die pädagogische Relevanz der bisherigen neurowissenschaftlichen Erkenntnisse wird, im öffentlichen wie im wissenschaftlichen Diskurs, tendenziell überschätzt. Insbesondere deren didaktische Wendung ist problematisch, und zwar zum einen, weil ihnen in der Mehrzahl kaum rekonstruierbare Ableitungskaskaden zugrunde liegen und zum anderen, weil sie häufig mit einer reduktionistischen Deutung menschlichen Lernens als hirnphysiologisches Geschehen einhergeht." (Becker 2006, 195)

Zusammenfassend kann gesagt werden, dass die neurowissenschaftliche Forschung zwar die aktuell geltenden Erkenntnisse der Lernforschung stützt, bislang aber noch keine neuen Erkenntnisse über Lernen gebracht hat. Ob und wie sich diese Disziplin für die Lernforschung in Zukunft über die bisher erbrachten Befunde hinaus fruchtbar erweist und welches zukunftsträchtige Potenzial sie noch entwickelt, wird auch davon abhängen, welche Qualität die interdisziplinäre Kooperation zwischen Pädagogik, Psychologie und Neurowissenschaften erreicht. Deutlich zu unterscheiden ist jedenfalls die eher mediale Aufmerksamkeit erregende Variante populärwissenschaftlicher Aussagen von Vertreter:innen der Neurowissenschaften von einer forschungsbasierten, auf interdisziplinär tragfähige Erkenntnisse abzielende Auseinandersetzung der beteiligten Disziplinen.

Weiterführende Literatur

Göhlich, M. & Zirfas, J. (2007): Lernen. Ein pädagogischer Grundbegriff. Stuttgart: Kohlhammer.

Für den Lehrer:innenberuf bedeutet das

Prinzipiell ist die Frage zu stellen, ob durch die Ergebnisse neurowissenschaftlicher Forschung Lernen oder lediglich die mit dem Lernen verbundenen physischen oder biologischen Prozesse in den Blick geraten oder anders formuliert, ob es möglich ist, durch objektivierbare Daten subjektiv Erlebtes zu erklären. Auch ist empfehlenswert, populärwissenschaftliche Versionen neurowissenschaftlicher Erkenntnisse gründlich auf ihre pädagogische Legitimierbarkeit zu überprüfen.

3.6 Was wissen wir von der Lernforschung: eine erste Zusammenfassung

Lernen ist der erfahrungsreflexive Prozess, der Veränderungen im Kontext der Wissensgenerierung und des Verhaltens bewirkt. Im Lernen entfalten sich die Erkenntnisse über die Welt. Die damit verbundenen Konsequenzen wirken sich auf die Lebensfähigkeit und Lebensweise aus. Der Prozess des Lernens vollzieht sich auf unterschiedlichste Art und Weise. Dabei handelt es sich um Formen „eines fragilen Dialogs mit der Wirklichkeit, der von Umwegen und Irrwegen ebenso durchdrungen ist wie von Momenten tragfähiger und fruchtbarer Erkenntnis und Ent-Täuschung im ursprünglichen Wortsinn". (Schrittesser 2012, 26) Lernen ist häufig mit Irritation, Widerstand oder zumindest Verunsicherung verbunden.

> „Lernen beginnt in dieser Hinsicht dort und dann, wo und wenn das Vertraute seinen Dienst versagt und das Neue noch nicht zur Verfügung steht." (Meyer-Drawe 2012a, 15)

Folgende Aspekte in Hinblick auf Erkenntnisse über Lernen lassen sich von den verschiedenen Vertreter:innen und Disziplinen als weitgehend konsensuell herausfiltern:

- Vorwissen und Vorerfahrung

Eine besondere Aufmerksamkeit gilt dem von den Lernenden mitgebrachten *Vorwissen*. Schüler:innen kommen aus unterschiedlichen sozialen, sprachlichen, ökonomischen und kulturellen Lebenswelten, bringen unterschiedliche Erfahrungen und Interessen mit und haben unterschiedliche Lerntempi (siehe *Kapitel 8, Diversität).* Daher ist dem Vorwissen und den Vorerfahrungen besondere Aufmerksamkeit zu widmen, da nicht von Standardsituationen bzw. Standardschüler:innen ausgegangen werden kann.

- Belohnung und Bestrafung

Belohnung und Bestrafung kann Einfluss auf unser Lernverhalten haben, insofern als gewisse Reize aus der Umgebung das Lernen als erfreuliches oder unerfreuliches

Ereignis prognostizieren können. Die Assoziationen, die wir mit gewissen Gedanken oder Konzepten verbinden, können Auswirkungen auf unser Lernverhalten haben. Sowohl belohnende als auch bestrafende Maßnahmen im Kontext des Lernens werden kontrovers diskutiert und sind aus pädagogischer Sicht eher fragwürdig, da diese sich zumeist auf die ganze Person beziehen und nicht auf das konkrete Fehlverhalten. (siehe hierzu auch Mägdefrau 2013, 350ff.) In pädagogischer Einstellung geht es um authentische Anerkennung von erbrachtem Erfolg bzw. Kritik inakzeptablen Verhaltens (besonders unter der Perspektive der sozialen Kompetenzen) und die daraus folgenden, für die Heranwachsenden nachvollziehbaren Konsequenzen.

- Motivation

Motivation spielt eine zentrale Rolle im Lernprozess. Lernsprünge, Erfolge und Misserfolge hängen eng mit ihr zusammen. Allerdings ist Motivation nichts, was sich einfach erzeugen oder hervorrufen lässt, sondern hängt eng mit Gründen – den persönlichen Motiven – zusammen, warum sich Lernende für eine Sache interessieren oder auch nicht (siehe *Kapitel 4.2, Lernen braucht Gründe).*

- Die Relevanz von Reflexion

Die Relevanz von Reflexion bzw. Metakognition für einen bedeutungsvollen Lernprozess ist hervorzuheben. Dazu wären etwa Schüler:innen immer wieder nach ihren Denkwegen zu befragen, wie sie an eine Sache herangegangen und zu einer Lösung gekommen sind, und aufzufordern, diese zu erläutern.

- Konzeptives Verstehen

Auch ist von Bedeutung, die Tiefenstrukturen eines Inhalts erkennen, das erworbene Wissen in größere Zusammenhänge einordnen und auf neue Situationen übertragen zu können.
Die Notwendigkeit des tieferen, konzeptiven Verstehens gilt als Voraussetzung für anschlussfähiges, bedeutungsvolles Lernen.

- Die Qualität des Transfers

Besondere Aufmerksamkeit gilt auch der Qualität des Transfers von bereits Gewusstem bzw. Gekonntem auf neue Probleme:

> „When knowledge transfers, that means [students] have successfully applied old knowledge to a new problem." (Willingham 2009, 97)

Damit verändert sich auch das bereits Gewusste und Gekonnte, also dieses alte Wissen grundlegend. Laut Transferforschung gelingt jedoch genau das viel weniger oft, als man annehmen möchte. (Mandl, Prenzel & Gräsel, 1992) Begründet wird dies unter anderem dadurch, dass sich Menschen nicht so gern auf Neues einlassen. Unser Denken versucht alles Neue im Licht des schon Bekannten zu deuten. Dabei gelingt oft nicht, die reichhaltige „Tiefenstruktur" des Neuen in den Blick zu bekommen. (Willingham 2009, 100) Das heißt, alles Neue wird unter der Per-

spektive des schon vorhandenen Hintergrundwissens interpretiert und damit in seiner Reichhaltigkeit häufig auch verkürzt (vgl. Piagets Begriff der Assimilation in *Kapitel 3.2, Kognitivistische Ansätze).*
Der Transfer wird daher umso besser gelingen, je reichhaltiger schon das Vorwissen und je tiefer das konzeptive Verstehen ist, da es auf diese Weise reichhaltige Anschlussmöglichkeiten gibt, um Zusammenhänge herzustellen.

Für den Lehrer:innenberuf bedeutet das
Lernen ist ein Prozess, bei dem möglichst viele Sinne der Lernenden zur gleichen Zeit angeregt werden, um Inhalte und Erfahrungen für spätere Anwendungen/Umsetzungen zu verarbeiten. Eine reine Wissensaneignung, bei der nur eine Wahrnehmungsdimension angesprochen wird oder Erlerntes bloß reproduziert wird, ist nicht als vertieftes, Transfer ermöglichendes Lernen, sondern als Informationsaufnahme zu bezeichnen.

4 Lernen – Der pädagogische Blick

So wichtig die angeführten Beiträge der pädagogisch-psychologischen und kognitionswissenschaftlichen Lernforschung für pädagogische Überlegungen sind, so bedeutsam ist jedoch auch die Frage nach dem pädagogischen Blick und dem sich daraus ergebenden Verständnis von Lernen als soziale Praxis. Den Versuch, Erkenntnisse der Lernforschung für ein pädagogisch relevantes Verständnis von Lernen herauszuarbeiten, werden wir in den folgenden Abschnitten unternehmen. Das pädagogische Interesse richtet sich zunächst auf die Lernenden und deren *Bezug zur Welt* bzw. in schulischer Begrifflichkeit: zum Gegenstand, zur Sache, zu den Inhalten. Sowohl die Inhalte – *was* gelernt wird – sind Gegenstand pädagogischen Interesses, als auch *wie* diese Inhalte von den Lernenden erschlossen werden und welche Erfahrungen die Lernenden durch die Beschäftigung mit den Inhalten machen. Pädagog:innen gestalten die Vermittlung der Inhalte, leiten an und legen dabei den interessierten Blick auf die subjektiv unterschiedlichen Umgangsweisen der Schüler:innen mit dem jeweiligen Thema, der Sache, dem Gegenstand. Pädagog:innen haben es meist aber nicht nur mit *einer* bzw. *einem* Lernenden zu tun, sondern mit einer Gruppe. Ihre Beobachtungen und die sich daraus ergebenden Interaktionen – zwischen Lehrenden, Lernenden und dem Gegenstand bzw. innerhalb der Peer-Group der Lernenden – werden zu einem vielschichtigen Prozess, dessen kunstvolle professionelle Moderation in den Händen der Pädagog:innen liegt.

4.1 Lernen als Handlung – die subjektwissenschaftliche Lernforschung

Klaus Holzkamp (1927-1995), Vertreter der Kritischen Psychologie und Begründer dieses Ansatzes, betrachtet *Lernen vom Standpunkt des lernenden Subjekts*. Holzkamps Kritik an den herkömmlichen psychologischen Ansätzen lautet, dass es dort vor allem darum gehe, Bedingungen für vom Lehrer oder der Lehrerin gesteuertes Lernen in den Blick zu nehmen. Lernen werde im *Bedingungsdiskurs* verhandelt, der den Eindruck vermittelt, die eigenständige Lernmotivation der Lernenden sei durch die Lehrkraft herstellbar. Welche Bedingungen bei dieser Herstellung zu beachten sind, finde man in einem von erziehungswissenschaftlichen, psychologischen und soziologischen Theorien gespeisten Pool an Handlungsanweisungen für Lehrkräfte.
Übersehen werde dabei der Standpunkt des Lernsubjekts und die sich aus dieser Perspektive stellende zentrale Frage, nämlich: Welchen Grund könnte jemand haben, eine Sache auch wirklich lernen zu wollen? (Holzkamp 1991, 1993)

„Die Analyse des Lehr-/Lernverhältnisses vom Standpunkt des Lernsubjekts heißt nicht einfach, sich in den Lernenden hineinversetzen: Dies ist bekanntlich kaum so richtig möglich; ich bleibe letztlich immer auf meinem Standpunkt. Jedoch berücksichtige ich von meinem Standpunkt aus notwendig auch den Standpunkt des anderen, wenn ich nach dessen in seinen Lebensinteressen fundierten Handlungsgründen frage. Handlungsgründe sind nämlich immer erster Person, ‚je meine' Gründe." (Holzkamp 1991, 2, Hervorh. i. Orig.)

4.2 Lernen braucht Gründe

Lernen wird – in Holzkamps Ansatz – durch das subjektive Bestreben angeregt, die *individuellen Handlungsmöglichkeiten* zu erweitern. Dieser auf das Selbst bezogene *Lerngrund* steht im Wechselspiel mit weltbezogenen Faktoren, als Form der kreativen Auseinandersetzung mit der Umwelt. Das Ziel des Lernens besteht dann darin, über seine Lebens- und Entwicklungsbedingungen möglichst weitgehend verfügen zu können. (Holzkamp 1993, 188)

> „An eigenen persönlichen Geschichten oder an den Geschichten der Kinder anknüpfen, dann merken sie sich am ehesten etwas, es hat irgendetwas mit ihnen zu tun, an eigenen Erfahrungen anknüpfen, Empfindungen damit verbinden." (Lehrer:in in Fokusgruppe)

Im Gegensatz zu bloßem *Problemlösen* eröffnen sich Lernanlässe immer dann, wenn man mit direkter Problembewältigung scheitert. Wir halten inne, gehen in Distanz, um herauszufinden, wodurch die Schwierigkeiten entstanden sind. (Holzkamp 1993, 184) Dabei verflüssigen wir Gewohnheiten und Routinen unseres Handelns, stellen sie zur Disposition und machen sie reflektierbar. In diesem Moment geht eine Handlungsproblematik in eine *Lernproblematik* über.

> „Ich habe eine aktive Rolle, aber ich bin in einer Situation, wo ich auch perplex bin, wo ich mich nicht mehr auskenne. Jetzt muss ich wirklich anfangen, anfangen Dinge anders zu sehen und Dinge neu zuzuordnen, um einen Schritt weiterzukommen. Auf diese Art von Lernen sind wir neugierig." (Lehrer:in in Fokusgruppe)

Holzkamp spricht in diesem Zusammenhang wie Piaget von *Dezentrierung*. Ein Standpunktwechsel findet statt, im Laufe dessen nach Hinweisen über die Möglichkeiten der Überwindung der Schwierigkeiten gesucht wird. (Holzkamp 1993, 184) Wir lernen zwar kontinuierlich und können dies im Grunde nicht verhindern, da jeder Handlungsvollzug notwendigerweise von einer Art *Mit- lernen* – im Begriffsinstrumentarium Holzkamps ist von *inzidentellem Lernen* die Rede – begleitet wird. Dieses *Mitlernen* bleibt allerdings unproblematisch, wir merken es nicht einmal – es durchdringt unseren Umgang mit der Welt und bedingt unsere ständige Anpassung an sie. Lernen im Sinne *aktiver Weltaneignung* aber meint einen Vorgang, der in Gang kommt, wenn „die Bewältigung der Problematik aufgrund bestimmter Behinderungen, Widersprüche, Dilemmata nicht im Zuge des jeweiligen Handlungs-

ablaufs selbst, ggf. durch bloßes Mitlernen o.ä. möglich erscheint". (Holzkamp 1993, 183) Lernen in diesem Sinn wird angeregt durch *Lerngründe.*
Diese Lerngründe können nun *expansiv* orientiert auf die Erweiterung von Wissen und Können bzw. der *subjektiven Handlungsmöglichkeiten* ausgerichtet sein. Es geht darum, die *individuelle Verfügung und die Teilhabemöglichkeiten* an der gesellschaftlichen Lebenspraxis zu erweitern, sowie zunehmende *Aufklärung des Verhältnisses zu sich selbst und zu anderen* zu erfahren. Dieser Lernbegriff kommt dem Bildungsbegriff nahe im Sinne einer *Transformation von Welt- und Selbstbezügen* unter der Perspektive der Anerkennung des Anderen. *Expansive Lerngründe* zielen darauf ab, die eigenen Handlungsmöglichkeiten zu erweitern. Demgegenüber haben *defensive Lerngründe* erzwungenes Lernen zur Folge. Sie dienen der *Abwehr von Nachteilen oder Bedrohungen,* um etwa in der Schule einer schlechten Note entgegenzuwirken und Ärger mit den Eltern/Erziehungsberechtigten zu vermeiden. Dieses Lernen sei, so Holzkamp, „bewältigungszentriert". Der Versuch dominiert, den Anforderungen zu entsprechen, sei aber im Grunde „widerständiges Lernen". (Holzkamp 1991, 8)

4.3 Partizipatives Lernen

Holzkamp entwickelt auf Basis dieser Überlegungen das Konzept des *partizipativen Lernens* in Anlehnung an Laves & Wengers Modell der *Communities of Practice* und deren Konzept der *Legitimate Peripheral Participation.* (Lave & Wenger, 1991) Die Lehrkraft bearbeitet gemeinsam mit den Lernenden die Fragestellungen ihres Gegenstandes, indem sie erst einmal vorzeigt, wie sie an eine Sache herangeht, um dann die Schüler:innen zunächst am Rande und dann schrittweise mehr und mehr zum Mitmachen einzuladen, ähnlich einem *Meister-Novizen-Verhältnis.* Die Begriffe Meister und Novize werden von Holzkamp mit Neuling und Experte gleichgesetzt. So wird das jeweilige Wissen einer Gesellschaft von den *Alten* an die *Neuen* weitergegeben. Die Intention ist, dass der Neuling an den Meister herantritt, um zu lernen und nicht umgekehrt. (Hattie 2017, 109) Hattie spricht hier von drei Etappen des Lernens: Noviz:innen – Geübte – Expert:innen, die je nach Kontext wieder von vorne beginnen können. Sobald wir etwa in der Stufe der Expert:innen angekommen sind, beginnen wir erneut als Noviz:innen im Feld der Expert:innen. Auch in diesem Feld müssen wir erst *ankommen* und uns weiterentwickeln.

> „Das kann auch mal eine Stunde Nichts-Tun sein. Und auf einmal habe ich einen Impuls, oder ich habe einen zweiten, oder einen Dritten, oder es stellt mir wer die richtige Frage, ja. Und wenn ich das selber als Lehrperson erlebe, dass ich selber auch wieder in diesen Flow hineinkomme, in einen eigenen Lernprozess, kann ich die Kinder ja viel besser begleiten. Und das ist ein ganz anderer Zugang zum Lernen, weil ich eröffne einen Raum, den ich sonst nicht habe." (Lehrer:in in Fokusgruppe)

Lave und Wenger (1991) sprechen in diesem Kontext vom Entstehen einer *Community of Practice*, in der die Lehrkräfte gemeinsam mit den Lernenden an einer Sache arbeiten. Schüler:innen partizipieren dabei vorerst beobachtend, dann zunehmend eigenverantwortlich. Für den Mathematikunterricht, zum Beispiel, stellt sich Holzkamp eine derartige Vorgehensweise folgendermaßen vor:

> „So könnten die Kinder, indem sie an dem partizipieren, was Mathematiker tun, erfahren, was diese an der Mathematik begeistert, und darüber, was Mathematik als Aspekt menschlicher Kultur eigentlich bedeutet, mithin zu einer Bereicherung ihrer Verfügungs- und Erlebnismöglichkeiten kommen, die sich nicht darin erschöpft, beim Einkauf im Supermarkt richtig kalkulieren zu können." (Holzkamp 1991, 18)

Holzkamp illustriert diese Vorgehensweise unter anderem mit einem Beispiel aus dem Sprachunterricht, indem er beschreibt, wie es wäre,

> „wenn zu dem obligaten Aufsatzthema »Mein schönstes Ferienerlebnis« auch der Lehrer seine Version beisteuern, sie den Schülern zugänglich machen und gemeinsam mit den verschiedenen Schüler-Versionen zur Diskussion stellen würde. So könnte der Lehrer etwa begründen, nach welchen Kriterien er sein Sujet ausgewählt hat, welche Sprachebene er bei der Realisierung für angemessen hielt, welche Gliederungsgesichtspunkte seines Aufsatzes sich daraus ergeben haben, etc." (Holzkamp 1991, 18, Hervorh. i. Orig.)

Auf diese Weise erhalten Schüler:innen Gelegenheit zur produktiven Teilhabe. Die Lehrperson ist gewissermaßen – als Teil der *Community of Practice* – selbst in den Lernprozess miteinbezogen. Sie stellt sich den Fragen der Lernenden, revidiert gegebenenfalls ihre eigenen Ansichten, ausgeübt durch lautes Denken ihre eigenen Zugänge zu einer Problemstellung und zeigt damit auch die Grenzen ihres Wissens auf. Sie lässt aber auch erkennen, wie sie mit der Tatsache dieser Begrenztheit umgeht und Problemstellungen immer wieder neu begegnet. Holzkamp räumt allerdings ein, dass auf Grund der Verfasstheit der Institution Schule und der herkömmlichen Rahmenbedingungen von Unterricht, eine konsequente Einführung partizipativen Lernens wohl nicht durchgängig möglich sein wird. Man könnte aber Anregungen aufnehmen, in welche Richtung Unterricht weiter zu denken wäre. (Holzkamp 1991, 19)

Weiterführende Literatur

Holzkamp, K. (1993): Lernen. Subjektwissenschaftliche Grundlegung. Frankfurt a. M.: Campus.

Für den Lehrer:innenberuf bedeutet das

Dieser Ansatz ist deshalb aufschlussreich, da er die subjektiven Gründe der Lernenden in den Mittelpunkt rückt. Der/die Lehrende wird sich für diese Gründe interessieren und sie als berechtigte Gründe anerkennen und ihnen Raum geben. So können Lernende zu Subjekten ihres Lernens werden.

Lernen vollzieht sich in diesem Verständnis sowohl auf individueller Ebene als auch in einem dialogischen bzw. sozialen Setting, in dessen Rahmen Lernen zur *sinnerschließenden Erfahrung* werden kann. Jedoch ist Lernen nicht nur als planmäßige, absichtsvolle Aktivität zu verstehen, sondern ist auch eine *Erfahrung*, die einem zustößt, die sich aufdrängt. Damit stellt sich die Frage, wie sich eine solche Erfahrung einstellt und wie sie zu einer subjektiv bedeutsamen Erfahrung werden kann. ◂

4.4 Lernen als Erfahrung

Und jedem Anfang wohnt ein Zauber inne … Auf der Suche nach dem fruchtbaren Moment

In jedem Anfang des Lernens steckt ein Moment der Irritation, eine Erfahrung, die der lernenden Person widerfährt. „Lernen ist in pädagogischer Perspektive und in strengem Sinne eine *Erfahrung*", heißt es bei Meyer-Drawe. (2012a, 15, Hervorh. i. Orig.)
Die Konfrontation mit dem Neuen ist die Basis für Lernprozesse oder die „Initialzündung für einen Prozeß der Sinnbildung". (Waldenfels 2002, 26) Ein fruchtbarer Moment eröffnet sich, den es aufzugreifen gilt. Das Fremde, das Unerwartete, das Überraschende *tritt in unser Leben*, lässt uns staunen und *verlangt* unsere volle Aufmerksamkeit. Eine Erfahrung wird gemacht, die wir nicht selbst angestoßen haben – *Lernen passiert, es widerfährt uns.*

> „So viel mehr, eine Art von Irritation, ich kenne mich nicht mehr aus. Und ich bin voll perplex und was ist da los?" (Lehrer:in in Fokusgruppe)

Dieser Blick auf den Lernprozess beleuchtet eine Seite des Lernens, die es als *eine Erfahrung* offenlegt, welche sich gegen das Vertraute und gegen die Routine stellt. Erst durch den *Ausbruch aus der Routine*, erst indem man sich auf das *Ungewöhnliche*, das *Auffallende* einlässt, begibt man sich auf den Weg des Lernens.
Lehrer:innen machen es sich zur Aufgabe, die Lernenden davon zu überzeugen, diesen Weg mit ihnen zu gehen. Sie erzählen den Lernenden von der Welt, machen sie neugierig und versuchen, sie davon zu überzeugen, diese Welt selbst zu *erfahren*.

> „Lernen in diesem Sinne kann nicht vollständig instruiert werden. Es ist Ereignis. Das macht aber den Lehrenden nicht überflüssig. Je mehr er über die Kontingenz des Lernens weiß, umso eher wird er in der Lage sein, die Gunst der Stunde zu ergreifen." (Meyer-Drawe 2012a, 16)

Im Unterricht geht es demnach darum, für *die Gunst der Stunde*, für solche *fruchtbaren Momente* (Copei 1930) bei den Schüler:innen aufmerksam zu werden, die Wahrnehmung immer wieder von dem in der Unterrichtsstunde geplanten Ablauf hin zu den Fragen und Kommentaren der Schüler:innen zu lenken. Auch Fehler oder Schwierigkeiten beim Verstehen können wichtige Hinweise auf eine fruchtbare Irritation sein, die – wird sie aufgegriffen – zu einer vertieften Lernerfahrung führen kann.

Fruchtbare Momente können nicht einfach herbei dirigiert werden, wenn sie sich aber anbieten, wenn sie aufblitzen, gilt es, sie aufzugreifen. Dazu braucht es eine Einstellung, die dieser Besonderheit des Lernprozesses Bedeutung einräumt. „Es gehört zur Kunst des Lehrens, sich selbst wieder durch das scheinbar Vertraute befremden zu lassen." (Meyer-Drawe 2012b, 38)

Häufig ist davon die Rede, dass Lernen in der Schule vor allem Spaß machen und leicht fallen soll. Damit werden sowohl Lehrer:innen als auch Lernende in die Irre geführt. Lernen ist aus der Perspektive der Erfahrung das Brechen von Gewohnheiten, das Verlassen vertrauten Terrains. Die damit verbundenen Unsicherheiten, Zweifel und Risiken gilt es zu überwinden.

Eine Lernerfahrung, die zu einer vertieften Auseinandersetzung mit neuem Wissen und Können führt, ist immer intensiv und verlangt nach einer Anstrengung. Diese Anstrengung wird letztlich mit einem Gefühl, etwas Schwieriges bewältigt zu haben, eine knifflige Aufgabe gelöst zu haben, belohnt. Für den *Unterricht* heißt das – folgen wir diesbezüglichen Überlegungen von Horst Rumpf (2008) –, zwischen *Lernen als Erledigung* und *Lernen als Vollzug* zu unterscheiden.

Lernen als Erledigung zu verstehen, bedeutet möglichen Irritationen oder Störungen, die in der Auseinandersetzung mit dem Thema auftreten, aus dem Weg zu gehen bzw. diese zu ignorieren. Wie auf einer To-Do-Liste werden die Lerninhalte der Reihe nach abgehakt. Nachfragen werden rasch abgehandelt, damit die Inhalte planmäßig und *störungsfrei* erledigt werden können. Rasche Lösungen werden angestrebt, der Weg dorthin allerdings wird eher vernachlässigt.

> „Lernen heißt dann, einen Tatbestand zur Kenntnis nehmen und sich einprägen." (Rumpf 2008, 26)

Lehrende, die dem *Lernen als Erfahrung, als Vollzug* Zeit und Raum geben, regen Nachfragen an und sehen Unklarheiten als Chance und nicht als Störung, Ablenkung oder Scheitern. Lehrende begleiten Schüler:innen zunächst, damit diese in Folge ihre Erfahrungen selbst machen können.

> „Lernen als Vollzug hingegen lässt sich ein auf die Unbekanntheiten, die Unstimmigkeiten, die auch bedrohlichen Offenheiten – es nimmt Risiken des Probierens auf eigene Faust hin, es vertraut nicht der Autorität, die Instrumente zum Zeitgewinn und zur Wegabkürzung bereit hält. Es nimmt Umwege und auch Abstürze in Kauf." (Rumpf 2008, 23)

Das Risiko des Scheiterns wird in der Schule selten in Kauf genommen, da Noten meist im Vordergrund stehen. Die Notengebung verführt zur möglichst widerstandsarmen Erledigung von Anforderungen (siehe *Kapitel 9, Bedeutung der Leistungsüberprüfung)*. Die Schule als soziale Anpassungskultur steht im Vordergrund. Gerade aber weil die Schule eine gesellschaftlich verankerte Institution ist, sollte sie die Möglichkeit eröffnen, an den der Gesellschaft innewohnenden Mustern zu arbeiten und einen kritischen Blick für diese zu entwickeln.

Weiterführende Literatur

Rumpf, H. (2008): Lernen als Vollzug und als Erledigung. In: K. Mitgutsch, E. Sattler, K. Westphal & I. M. Breinbauer (Hrsg.): Dem Lernen auf der Spur. Die pädagogische Perspektive. Stuttgart: Klett-Cotta, 21-32.

Für den Lehrer:innenberuf bedeutet das

Die pädagogische Aufmerksamkeit richtet sich neben der Arbeit am Gegenstand auf die Anfänge des Lernens, auf die Momente, die sich als fruchtbare Momente zeigen. Das kann zum Beispiel ein Nachfragen sein, ein Artikulieren von Erstaunen, eine Irritation oder ein Aufblitzen von Interesse. Ein kurzes Innehalten und das Ergreifen dieses fruchtbaren Moments sind die Voraussetzungen, um gemeinsam einen Lernraum zu öffnen und zu erkunden.

Komfortzonen zu schaffen ist die falsche Strategie, um Lernen anzuregen. Als Lehrende müssen wir einen Schritt weitergehen, die Schüler:innen aus ihrer Reserve locken, ihre Neugierde wecken, damit sie mit dem Vertrauten brechen und offen für Neues sind. Die Bereitschaft der Schüler:innen, sich anzustrengen und auch das Neue zu üben und zu festigen, spielt in diesem Zusammenhang eine wesentliche Rolle.

4.5 Lernen als soziale Praxis

In dem bereits erwähnten *Communities of Practice*-Ansatz von Lave & Wenger (1991, 31) wird Lernen als „integral and inseparable part of social practice" bestimmt. Dass Lernen ein integrales Moment unserer Lebenspraxis darstellt, ist von besonderer Relevanz für den pädagogischen Blick auf Lernen, da es aus dieser Perspektive kein bloß individueller, planmäßiger Prozess oder plötzlich eintretender Vorfall, sondern als ein situiertes, soziales Phänomen zu begreifen ist, das uns laufend begleitet. Der Lernvorgang entfaltet sich im Zusammenspiel zwischen individuellem Vorwissen bzw. subjektiv geprägter Vorerfahrung und der kulturellen und sozialen Welt, an der die Lernenden partizipieren.

Während verschiedenste Formen des informellen und ungeplanten Lernens jeden unserer Handlungsvollzüge oft unbemerkt begleiten, steht die institutionalisierte, absichtsvolle und geregelte Form von Lernprozessen im Zentrum des schulischen Lehrens. Schulisches Lernen stellt die Rückbindung der Heranwachsenden an das kulturelle, kollektive Gedächtnis und das damit einhergehende Wissen sicher und ist tief eingebettet in gesellschaftliche Sinnzusammenhänge.

Die Schule übernimmt die Aufgabe, einer spezifischen Gruppe von Lernenden möglichst vielfältige Anregungen in den verschiedensten Bereichen gesellschaftlich verfügbaren Wissens zu geben. Ziel ist die Ermöglichung sowohl individueller als auch kooperativer Lernerfahrungen im sozialen und kulturellen Miteinander.

> „Lernen ist [somit] nicht nur eine individuelle Konstruktion kognitiver Konzepte, sondern auch ein sozialer Prozess, der in der Interaktion zwischen Menschen und in der Auseinandersetzung von Menschen mit Dingen stattfindet.“ (De Boer 2012a, 66)

Die soziale Dimension des Lernens verweist darauf, dass Lernen in *Interaktion* mit anderen Menschen und mit der umgebenden Welt stattfindet, dass es immer auch ein Lernen *von etwas*, über etwas *und von jemandem* ist. Lernen ist daher auch, wie Gerold Scholz argumentiert, als kommunikativer Akt zu verstehen, bei dem sich die Beteiligten darüber verständigen, wie sie das Wahrgenommene deuten und dieses in einen Kontext setzen. (Scholz 2009, 166)

4.6 Lernen als theatrale Praxis

Theatrales Lernen kann als eine besondere Form des erfahrenden und sozialen Lernens beschrieben werden. Unter theatralem Lernen werden dabei jene Lernprozesse verstanden, die in der Verschränkung von ästhetischen und sozialen Erfahrungen vollzogen werden.
Ästhetik in diesem Kontext wird als ganz allgemeine menschliche Möglichkeit bezeichnet, sich selbst, die anderen und die Welt sinnlich, also in Bezug auf unsere Wahrnehmung zu erfahren. (Meyer-Drawe 2012a, 193f.) Demzufolge geht es hierbei nicht um die Beschränkung auf *die Lehre vom Schönen*, sondern vielmehr um die Erforschung der verschiedenen Qualitäten unserer sinnlich/leiblichen Wahrnehmung. (Liebau 2009, 141)
Mit Hilfe einer Vielzahl von künstlerischen Ausdrucksmöglichkeiten – musische, bildende, darstellende und andere Spielarten der Kunst – können sinnlich/leibliche Erfahrungen gemacht werden, die zu nachhaltigen Wissensbeständen beitragen. (Rittelmeyer 2014) Während mit Hilfe bildender oder musischer Zugänge in der Regel der Bezug zu dem jeweiligen Objekt – sei es einem Kunstwerk, einem Musikstück oder Instrument – in Auseinandersetzung mit subjektiven Erfahrungen im Vordergrund steht, ist das Besondere von theatralen Lernprozessen, dass die Lernenden zugleich Subjekt und Objekt der Gestaltung sind.

> „Die Spieler nutzen ihren Leib als Werkzeugleib, als Sinnenleib, als Erscheinungsleib, als Sozialleib und als Symbolleib, also als Instrument der Handlung, der Wahrnehmung, des Ausdrucks, der Beziehung und der Bezeichnung.“ (Liebau 2009, 56)

Theatrales Lernen knüpft somit sowohl an die eigenen Erfahrungsräume wie auch an Imaginiertes an. Durch theatrale Lernprozesse wird „Fremdes“ inkorporiert und in eigene Wissensbestände aufgenommen. (Köhler 2017, 148) Es wird die Möglichkeit geboten, innerhalb eines handlungsenthobendenen Raums fremde „Sphären von Welt“ (Liebau 2009, 139) mit den bisherigen Erfahrungsräumen in Verbindung zu setzen.

> „Die Schülerinnen und Schüler können dadurch tiefer in die Materie einsteigen, Themen aus einer anderen Perspektive sehen.“ (Lehrer:in in Interview)

Dies wird durch Spielarten der eigenen Entfremdung – mit den ihnen innewohnenden rückwirkenden Möglichkeiten der Reflexion, des Hinter-sich-Tretens – durch das Hineinschlüpfen in „Als-ob-Situationen“ und in diesen imaginierten Situationen Rollen durch körperliche Interaktionen (z. B. Sprache, Gestik und Mimik) darzustellen, möglich. So umschreibt Helmuth Plessner die Verkörperung anderer Menschen durch eine *Rolle* als Möglichkeit der Transparenz der menschlichen Existenz, indem der Mensch in der Lage ist, sich von sich selbst zu lösen und sich in andere verwandeln kann. (Plessner 1965, 1982)

> „Die Schülerinnen und Schüler werden ganzheitlich angesprochen und gefordert, ihr eigenes Erleben miteinzubringen, ihre Erfahrungen bekommen plötzlich eine Bedeutung. Lernen findet damit auf so vielen Ebenen statt. Natürlich wäre es einfacher, ein Arbeitsblatt ausfüllen zu lassen, aber das wäre vermutlich ebenso schnell wieder vergessen. Theatrale Methoden sind nachhaltig, weil sie unter die Haut gehen, weil sie bewegen.“ (Lehrer:in in Interview)

Über die individuellen ästhetischen Erfahrungen hinaus, ermöglicht theatrales Lernen soziale Interaktionen, da der Gruppenprozess eine wesentliche Rolle in der theatralen Arbeit spielt. Theaterale Arbeitsweisen können somit „im Rahmen ästhetischer Erfahrung eine Synthese von ästhetischen und sozialen Lernprozessen erzeugen“. (Wiese et al. 2006, 56)
Um theatrale Lernprozesse anzuleiten und zu begleiten, bedarf es einer schüler:innenzentrierten Haltung, innerhalb derer Verantwortung für den gesamten Prozess, gewissermaßen die „Regie“ übernommen wird. Innerhalb des festgesteckten Rahmens werden selbstgesteuerte Lernprozesse zugelassen. Die Schüler:innen werden ermuntert neue Erfahrungen zu sammeln, vorgefertigte und einschränkende Handlungsmuster zu hinterfragen und dabei durchaus auch Fehler zu riskieren. (Köhler 2017, 156) Voraussetzung ist es, allen Schüler:innen die Sicherheit zu geben, nicht beschämt zu werden.

> „Theatrales Lernen bedeutet für mich sinnerfassendes Verständnis von Lehrinhalten, Aktivierung des Lernenden und Wahrnehmungsschulung der Sinne, Förderung des Reflexionsvermögens, Mut zum Unkonventionellen, Mut zum Fehlermachen, Förderung des sprachlichen und körperlichen Ausdrucks, Schulung der Raumwahrnehmung, Stärkung von Präsentationsfähigkeiten, Stärkung der Resilienz, Teamarbeit ohne BEWERTUNGEN.“ (Lehrer:in in Interview)

Für den Lehrer:innenberuf bedeutet das

Voraussetzung für theatrales Lehren ist (1) eine fundierte theoretische Grundlage im Kontext theaterpädagogischer Arbeit und deren Referenzdisziplinen, (2) ein systematisiertes Praxiswissen, (3) methodisch-didaktisches Wissen, welches die Fähigkeit beinhaltet, je nach Unterrichtsfach und Themenbereich die dafür geeignete theatrale Arbeitsweise einzusetzen und (4) ein Grundverständnis bzw. das dafür notwendige Wissen betreffend gruppendynamischer Prozesse mitzubringen.

Resümee Teil I: Lernanlässe schaffen

> „Organisation und Kontext – was lernen wir in einer bestimmten Stunde – ich stelle das oft am Beginn der Stunde vor und sage klar was wir in der kommenden Einheit machen werden und warum. Die Schüler:innen sollen wissen wie die Unterrichtseinheiten zusammenpassen und was die Inhalte mit dem Lehrplan zu tun haben." (Lehrer:in in Fokusgruppe)

Um Lernanlässe zu eröffnen, bedarf es sowohl struktureller wie auch personenbezogener Schritte. Ein Maß an gemeinsam bestimmter Ordnung ist Grundvoraussetzung für gelingende Lernprozesse. Darüber hinaus stellen gemeinsame Regeln und Vereinbarungen, wie Achtsamkeit, ein respektvoller Umgang miteinander, Höflichkeit, beiderseitige Pünktlichkeit, etc. wichtige Voraussetzungen für ein lernförderliches Klima dar.

Die Begleitung und Unterstützung von Lernprozessen ist die Hauptaufgabe von Lehrer:innen. Es gibt zahlreiche Zugänge und Wege, um Lernprozesse anzuregen, in ihrem Fortgang zu verstehen und systematisch zu begleiten. Wesentlich dabei ist, dass Lernen als Zuwachs von Erkenntnis und Verstehen mit der Bearbeitung von altersgemäß anspruchsvollen Fragestellungen einhergeht und im Zusammenspiel von Vorwissen, Vorerfahrung und neuer Erkenntnisse zu einem Umlernen führt, in dessen Verlauf und, wie wir zu zeigen versucht haben, in zuweilen krisenhaften Prozessen sich die Kompetenzen der Lernenden entfalten. In pädagogischer Sicht ist Lernen damit als Erfahrung und als soziale Praxis zu verstehen, in deren Rahmen das gesellschaftlich akkumulierte Wissen nicht nur angeeignet, sondern auch subjektiv bedeutsam wird und damit laufend zur Erschütterung von sicher geglaubten Gewissheiten und im besten Fall zu einer tief greifenden, bildenden Erfahrung führt.

Lehrer:innen agieren in diesem Prozess als Entwicklungshelfer:innen bei der Aneignung des neuen Wissens und Könnens, sowie beim Lösen von Lernkrisen. Diagnostische Kompetenz bei der Entschlüsselung von Lernproblemen, und in diesem Zusammenhang ein geschultes Beobachtungsvermögen spielen eine wesentliche Rolle. Es gilt, die sich zeigenden fruchtbaren Momente des Lernens – eine sichtbar werdende Fragehaltung, aufblitzendes Interesse, auch fehlerhafte Anwendungen – konstruktiv zu deuten, aufzugreifen und als günstige Gelegenheiten für weiterführende Lernprozesse zu nutzen.

...Unterricht gestalten

Teil II gibt einen Einblick in verschiedene Bereiche des Unterrichtens. Der Themenbogen spannt sich von der allgemeinen Gestaltung von Unterricht, über Unterrichtsqualität, Unterrichtsbeobachtung, Diversität und Leistungsüberprüfung, hin zu Kooperation mit Eltern und Erziehungsberechtigten und schließt mit einem Epilog zur pädagogischen Professionalisierung. Hinweise zur Beachtung der Kinderrechte runden dieses Studienbuch schließlich ab.

5 Unterricht gestalten

> "I have almost reached the point at which I lose interest in discussion about teaching – not because it is not important, but because it often prevents important discussion about learning." (Hattie 2012, 162)

Der Unterricht ist der Mittelpunkt schulischen Lernens und die Kernaufgabe von Lehrer:innen. Grundlegend können wir davon ausgehen, dass Unterricht ein zeitlich eingegrenztes, an curricularen Lernzielen ausgerichtetes, geplantes, systematisches und den jeweiligen Voraussetzungen der Schüler:innen angepasstes Lehr-und Lernsetting darstellt. (Sandfuchs 2004, 490) Unterricht vollzieht sich als institutionalisierte Form des Lehrens und Lernens in der Beziehung zwischen Lehrenden, Lernenden und Gegenstand.
Davon abgesehen, dass im Rahmen von Unterricht das jeweils gesellschaftlich akkumulierte Wissen vermittelt wird, werden darüber hinaus überfachliche Fähigkeiten und Fertigkeiten sowie Werte und Normen weitergegeben. Unabhängig von den verschiedenen Unterrichtsformen und methodischen Zugängen, werden die Grundstrukturen unterrichtlichen Handelns im Vorhinein sorgfältig geplant. Der Fokus gelingenden Unterrichts liegt auf den Lernprozessen der Schüler:innen und nicht auf der oft im Vordergrund stehenden Frage nach dem *richtigen* Lehren. Der Blick auf das Lernen eröffnet und erweitert das Repertoire an pädagogischen Handlungsmöglichkeiten.
Sinnvollen Unterricht zu gestalten bedeutet, die eigenen Vorstellungen von gelingendem Lernen und die eigenen didaktischen Haltungen kritisch und veränderungsbereit zu überprüfen, Lerngelegenheiten fallabhängig und bezogen auf die Schüler:innen zu eröffnen, sowie die sich daraus ergebenden Prozesse in ihrem Fortgang zu unterstützen und schließlich auch zu beurteilen und den Ergebnissen entsprechend anzupassen.

> „Den Mut haben, sich nicht nur auf das zu konzentrieren, was dann auch getestet wird, sondern sich auf das kritische Denken zu konzentrieren, auf die kreativen Bereiche. Diese nicht zu opfern und den Unterricht nicht nur auf das *Testbare* auszulegen. Geduld zu haben und sich von Unterrichtssituationen, die nicht so gelaufen sind, wie es geplant war, nicht entmutigen zu lassen." (Lehrer:in in Fokusgruppe)

Wir fragen uns, ob und wie Lernen – im Sinne einer eigenständigen und aktiven Erweiterung individueller Handlungsmöglichkeiten – im Setting der Institution Schule stattfindet, ob und wie man vor diesem Hintergrund eigene Zugänge zu den

Lerngegenständen entwickeln kann, ob und wie zunehmend selbstbestimmtes Lernen und unbeschadete Bildungsprozesse im Kontext der Institution Schule möglich sind. Andreas Gruschka formuliert diese Frage so:

> „Wie […] wäre zu unterrichten, dass möglichst viele einzelne Schüler in ihrer Bildungsbewegung getroffen werden können?“ (Gruschka 2002, 91)

Reden wir von Unterricht als Handlungssystem, so haben wir es mit Didaktik zu tun. Didaktik beginnt dort eine Rolle zu spielen, wo Vermittlungsprozesse über bloßes Lernen im Verhalten und über die Vermittlung von Techniken hinausgeht, wo absichtsvoll gestaltete Vermittlungsprozesse in den Mittelpunkt treten. Die Didaktik stellt eine Beziehung zwischen Schüler:in, Lehrer:in und Gegenstand her (S – L – G), die vordergründig das Handlungssystem Unterricht bestimmt.
Betrachtet man Bildung als die vermittelnde Kategorie zwischen den Ansprüchen der sogenannten objektiven Welt und dem *Recht auf Subjektsein* (Blankertz, 1969/75, 45), so ließen sich nach Gruschka Vermittlungsprozesse folgendermaßen begreifen:

> „Es geht um die Auseinandersetzung eines Subjekts mit einem Objekt. Sie findet statt in der bildenden Begegnung zwischen einem Heranwachsenden und dem Ausschnitt von Welt, auf den sich seine Neugier richtet. Welt wird dabei pädagogisch begriffen als *Anforderungsstruktur*, mit der die Schule auf die Welt außer ihr vorbereiten will. Es ist nicht die Welt, die sich der Heranwachsende nach Belieben konstruiert, sondern diejenige, auf die er mit den Aufgaben seiner Integration in die Gesellschaft bezogen ist.“ (Gruschka 2002, 93, Hervorh. d. Verf.)

Gruschka zufolge sei nicht die „Anpassung an die Erwartungen der Welt“ das Ziel gelungener Vermittlung, sondern – im Anschluss an Herwig Blankertz' Aussage – die Wahrung des subjektiven Rechts auf „Selbstsein“. (Gruschka 2002, 93) Klafki spricht in diesem Zusammenhang von *doppelseitiger Erschließung* „als Sichtbarwerden von allgemeinen, kategorial erhellenden Inhalten auf der objektiven Seite [der „Wirklichkeit“, Anm. d. Verf.] und als Aufgehen allgemeiner Einsichten, Erlebnisse, Erfahrungen auf der Seite des Subjekts.“ (Klafki 1963, 43) Er präzisiert in diesem Zusammenhang den Bildungsbegriff als „kategoriale Bildung“, „d. h. als ein nach vorn hin stets offenzuhaltendes Vermittlungsverhältnis zwischen „Subjekt“ und „Objekt“, einen aktiven Aneignungsvorgang, in dem sich geschichtliche Wirklichkeit für den sich bildenden Menschen „aufschließt“, zugänglich, verstehbar, kritisierbar, veränderbar wird, und in dem gleichzeitig das Subjekt sich *für* geschichtliche Wirklichkeit aufschließt, also Verständnis-, Handlungs-, Verantwortungsmöglichkeiten in sich entfaltet; beide Aspekte sind Momente eines einheitlichen Prozesses.“ (Klafki 1996, 96, Hervorh. i. Orig.) Bildung sei in diesem Sinne als „Selbstbestimmungs- und Mitbestimmungsfähigkeit des einzelnen und als Solidaritätsfähigkeit“ zu verstehen. (ebd. 1996, 97f.) Klafki bezieht sich damit auf die gesellschaftliche Dimension von Bildungsprozessen, die sich nicht auf die

individuelle Persönlichkeitsentwicklung beschränken, sondern die Auseinandersetzung mit der Wirklichkeit miteinschließt, insbesondere, wie Klafki betont, mit den „epochaltypischen Schlüsselproblemen" der Gegenwart. (Klafki 1996, 56ff.) Hans-Christoph Koller verweist auf die normative Dimension, die der Bildungsbegriff damit erhält. „Der Begriff dient nicht nur," schreibt Koller, „zur *Beschreibung* von menschlichen Entwicklungsprozessen oder Veränderungen des Welt- und Selbstverhältnisses, sondern auch zur normativen *Orientierung* menschlichen Handelns." (Koller 2006, 111, Hervorh. i. Orig.)
Meyer-Drawe nimmt kritisch Bezug auf den Diskurs, der um den Bildungsbegriff aktuell Konjunktur hat und merkt an, dass dieser Schattenseiten aufweise, die nur zu oft übersehen werden. Seit dem 19. Jahrhundert würde, so Meyer-Drawe, der Bildungsbegriff „mit Nachdruck als Programmtitel für einen gesellschaftlichen Aufbruch" dienen. (Meyer-Drawe 2015, 125) Dieses Versprechen – wie es auch beim hier angeführten Bildungsbegriff von Klafki angedeutet wird – kann Bildung jedoch nicht vollständig einlösen. Die Sprengkraft von Bildungsprozessen würde vielmehr in einer durch diese angeregten kritischen Fragehaltung liegen, die nicht ohne weiteres zur Ruhe kommt.

> „Bildung kann ermöglichen, dass man sich nicht nur als Produkt gesellschaftlicher Verhältnisse begreift, sondern sich diesen entgegenstellt. Sie markiert damit, dass wir mehr sind, als wir können, und hält damit einen Möglichkeitsraum für unsere Selbstgestaltung offen." (ebd., 129)

Sich auf diese stets fragile Selbstgestaltung und das damit einhergehende Hinterfragen von Selbstverständlichkeiten einzulassen, zieht nicht nur Verantwortung für sich selbst, sondern auch gesellschaftliche Verantwortlichkeiten nach sich. Beziehen wir Lerngegenstand und Bildungsprozess unter dieser Perspektive aufeinander, so fragen wir im konkreten Vermittlungsprozess schulischen Lernens: Welche Bildungsmöglichkeiten bietet die *Anforderungsstruktur in Gestalt des jeweiligen Gegenstands*, welches Allgemeine ist im Besonderen, in der getroffenen Auswahl an Inhalten aufzufinden, welche Fragen werden aufgeworfen, welches subjektive Interesse wird dabei angesprochen und wie ist auf dieses subjektive Interesse im Horizont demokratischer Wertebildung zu antworten?

5.1 Vom didaktischen Dreieck zur didaktischen Pyramide

Die Beziehung Schüler:in – Lehrer:in – Gegenstand, die in diesen Fragen virulent wird, tritt in der didaktischen Literatur als das *didaktische Dreieck* auf, das jedoch mit Blick auf die komplexe Situation des Unterrichts eine grobe Vereinfachung darstellt:

1. Erstens ist der Gegenstand, wie er in der Schule vermittelt wird, selten ein wirklich sinnlich präsenter. Das heißt, meistens reden wir von Sachverhalten, die in der Unterrichtssituation lediglich imaginativ vorhanden sind.

2. Zweitens verwirklicht sich der Gegenstand in den Vermittlungen der Lehrkraft und in den Lernschritten der Schüler:innen und ist nicht analog mit dem fachwissenschaftlichen Gegenstand zu setzen. Die Fachwissenschaft wird aus einer Beobachter:innenperspektive fragen, was die Vermittlungen der Lehrkraft und die Lernschritte der Schüler:innen mit den jeweiligen fachlichen Inhalten zu tun haben. In der Unterrichtssituation interessiert der *Bildungssinn* des Gegenstands. Nicht alle Inhalte können vermittelt werden. Jene Aspekte werden von der Lehrkraft herausgelöst, die beispielhaft den Bildungssinn am besten repräsentieren.
3. Drittens ist zu überprüfen, wie sich die Lehrabsicht (die Intentionen der Lehrkraft) zur Lernabsicht (also den Vorerfahrungen, dem Vorwissen und den Erwartungen der einzelnen Schüler:innen) verhält.

Auf Basis dieser Überlegungen schlägt Gruschka (2002) vor, das didaktische Dreieck zu einer didaktischen Pyramide zu erweitern:

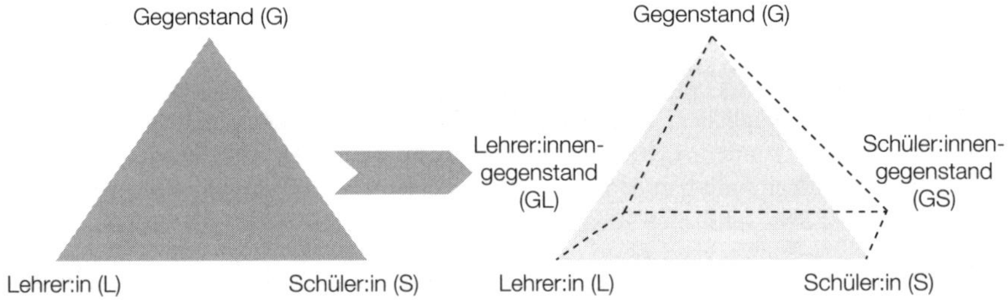

Abb. 6: Analyse der Hinterbühne. In Anlehnung an Gruschka (2002, 87ff.)

Wir haben es dann nicht einfach mit dem Gegenstand zu tun, sondern mit dem *Lehrer:innengegenstand* einerseits und dem *Schüler:innengegenstand* andererseits: einem Gegenstand von der Lehrkraft aus gesehen (GL) und einem Gegenstand von den Schüler:innen aus gesehen (GS). Der Gegenstand ist jeweils ein anderer, weil sowohl die Schüler:innen als auch die Lehrkräfte andere Bedeutungen assoziieren, ein anderes Vorwissen und andere Handlungsintentionen und Interessen im Hinblick auf einen Inhalt haben. Schüler:innen eignen sich ein Lernobjekt (GS) an, indem sie aufbauend auf ihrem Vorwissen und ihren mitgebrachten Erfahrungen erstens bestimmte Erwartungen an dieses Lernobjekt mitbringen und zweitens in der Regel auch die Erwartungen der Lehrperson für die Aneignung unterstellen. Sie versuchen, herauszufinden, was die Lehrkraft im Gegenstand sieht. Wenn sie wiedergeben, was die Lehrperson hören will, hat das für sie den Vorteil, dass die Prüfungsergebnisse zufrieden stellend ausfallen werden. Damit vernachlässigen sie jedoch teilweise ihre eigenen Fragen an den Gegenstand, deren Verfolgen die Voraussetzung für jene Erfahrung darstellt, die zu einer vertieften Lerngelegenheit führt.

Auch die Lehrer:innen legen sich den Gegenstand zurecht. Von ihrer Seite der Pyramide aus geht in den Gegenstand (GL) das ein, welches Bild sie sich von *den Schüler:innen* machen, welches Verständnis sie *vom Gegenstand* haben und was sie meinen, dass die Schüler:innen am Gegenstand lernen sollen. GL enthält bewusste und unbewusste Annahmen darüber, *wie Lehrer:innen G präsentieren müssen,* damit Schüler:innen die präsentierten Inhalte verstehen können. Diese Aufschlüsselung des didaktischen Dreiecks lässt die Frage aufkommen, wie angesichts der beschriebenen *Vermittlungsdifferenz* Unterricht gelingen kann.

Vielfach wird als Überbrückung der Differenz versucht, den vermittelten Gegenstand GL von den Schüler:innen *reproduzieren* zu lassen. Oder es wird der Versuch unternommen, den Lehrgegenstand möglichst an den Lerngegenstand (GS) anzunähern und damit gelegentlich soweit zu *didaktisieren* und zu verfremden, dass er Gefahr läuft, unkenntlich zu werden.

Ein dritter Zugang besteht schließlich darin, bewusst mit der *Differenz* zwischen Lehr- und Lerngegenstand zu arbeiten. Lehrer:innen stellen *ihre Sicht* auf den Gegenstand zur Verfügung und begleiten gleichzeitig die *individuellen Aneignungsversuche* der Schüler:innen in pädagogischer Absicht. Diesem Zugang kommt der im ersten Teil des Buchs vorgestellte Ansatz des *partizipativen Lernens* nahe. Er berücksichtigt jene *Vermittlungsdifferenz,* die in den anderen Varianten ausgeblendet wird, nämlich die Rückseite bzw. die *Hinterbühne der Unterrichtssituation.*

Will man Licht auf diese Hinterbühne werfen und daraus jene Erkenntnisse gewinnen, die für die pädagogische Begleitung von Lernprozessen fruchtbar gemacht werden können, muss eine *Rekonstruktion* und eine Analyse dessen stattfinden, was sich auf dieser Hinterbühne abspielt. Die Positionen *Gegenstand, Lerngegenstand* und *Lehrgegenstand,* sowie die Ausleuchtung ihrer Beziehungen zueinander treten damit in den Mittelpunkt des Interesses. Ein systematisches, evidenzbasiertes Ausleuchten der Hinterbühne zählt zu den Aufgaben der Unterrichtsforschung. Die professionelle Version des in den Blick Nehmens der Hinterbühne ist Teil der Professionsverantwortung von Lehrkräften und deren Auftrag zur Evaluation eigenen Unterrichts.

Für den Lehrer:innenberuf bedeutet das

Ein systematischer Blick auf den eigenen und auch auf fremden Unterricht, z. B. in Initiativen kollegialer Unterrichtsbeobachtung zur gemeinsamen Rekonstruktion des Unterrichtsgeschehens und als Ausgangspunkt bzw. Impuls für neue Ideen und Gestaltungsmöglichkeiten, kann dabei hilfreich sein und gewinnbringend erlebt werden. ◂

Weiterführende Literatur

Gruschka, A. (2002): Didaktik. Das Kreuz mit der Vermittlung. Elf Einsprüche gegen den didaktischen Betrieb. Wetzlar: Büchse der Pandora. ◂

5.2 Unterricht in einer digital geprägten Welt

Die hohe Bedeutung digitaler Medien in der heutigen Zeit bedarf keiner näheren Erläuterung. Wie es um die Bedeutung digitaler Medien im heutigen Schulalltag steht, ist jedoch nach wie vor weitgehend umstritten. Im Besonderen bedürfen die verschiedenen Begriffe und Konnotationen, die in jüngster Zeit vor allem im schulischen Kontext die Runde machen, einer näheren Betrachtung.

Der Begriff der *digitalen Bildung* umfasst eine breite Palette an Bedeutungen. Einerseits wird damit das Lernen *mit* Unterstützung digitaler Medien verstanden, aber auch das Lernen *durch* digitale Medien mittels (digitaler) Sozialisation und das Lernen *über* Medien in schulischem Kontext der Medienkompetenz. (Büsch 2017, 70f.) *Digitale Bildung* ist somit der Überbegriff, der all diese Facetten impliziert. Dennoch ist die Bezeichnung kritisch zu sehen, da diese suggeriert, dass *digitale Bildungsprozesse* ein Pendant zu *analogen Bildungsprozessen* darstellen. (Kerres 2017)

Unter Digitalisierung wird „üblicherweise die Übertragung analoger Erscheinungsformen in diskrete Werte mit dem Ziel, diese elektronisch zu verarbeiten – u. a. zu speichern“ bezeichnet. (Knaus 2018, 3)

Für die Teilnahme an der digitalen Welt bedarf es demnach Übersetzungen, die es ermöglichen, schulische Lernprozesse, die bis dato in analoger Form vollzogen wurden, in digitalen Formen anzupassen. Die Institution Schule ist demnach gefordert, ihre Schüler:innen auch für die digitalisierte Welt vorzubereiten, um sie zu mündigen Bürger:innen zu machen, oder wie es die deutsche Kultusministerkonferenz formuliert:

> „Die digitale Revolution macht es jedoch erforderlich diese Empfehlung mit Blick auf konkrete Anforderungen für eine schulische „Bildung in der digitalen Welt“ zu präzisieren bzw. zu erweitern und nunmehr verbindliche Anforderungen zu formulieren, über welche Kenntnisse, Kompetenzen und Fähigkeiten Schülerinnen und Schüler am Ende ihrer Pflichtschulzeit verfügen sollen, damit sie zu einem selbstständigen und mündigen Leben in einer digitalen Welt befähigt werden.“ (KMK 2016, 11, Hervorh. i. Orig.)

Denn „Sozialisation in einer mediatisierten Gesellschaft umfasst zwingend Mediensozialisation.“ (Süss et al. 2018, 2)

In der European Charter for Media Literacy (o. J.) wird Medienkompetenz als Schlüsselbegriff für die Teilhabe an der Gesellschaft des 21. Jahrhunderts formuliert und deren Förderung gefordert. Zunehmende Medienkompetenz soll dabei die Möglichkeit eröffnen, „Erfahrungen mit unterschiedlichen Medienformen und -inhalten zu erweitern“ ebenso wie „kritische Fähigkeiten zur Analyse und Bewertung der Medien zu entwickeln; kreative Fähigkeiten zur Nutzung der Medien für Ausdruck und Kommunikation sowie die Teilnahme an der öffentlichen Debatte auszubilden.“ Damit wird deutlich, dass Medienkompetenz nicht auf technisches Know-How zu beschränken ist. Um nicht die Technik zum Bestimmungsfaktor dessen zu machen, wie sich der Mensch zu entwickeln habe, plädiert Manuela Pietraß für eine pädagogischen Basierung des Begriffs. (Pietraß 2018, 609) Deren Ziel sei, „eine bildungstheoretische Fundierung von Medienkompetenz mit ihren Ansprüchen an die ganze Person und ihr Weltverhältnis" sicher zu stellen (ebd.). Als dominantes Medium steht das Internet im Mittelpunkt der Diskussion von Medienkompetenz. Digitales Lehren und Lernen professionell zu konzipieren und im schulischen Unterricht zu verankern wird damit zunehmend zu einer drängenden Herausforderung für das Schulsystem.

Digitale Medien wie Tablets, Smartphones und Whiteboards beinhalten neue Gestaltungsformen in Lehr- und Lernprozessen. Das Thema der digitalen Medien in der Schule wird nach wie vor kontroversiell diskutiert. Einerseits werden digitale Medien nahezu dämonisiert. Internet und Smartphones werden etwa aus Schulen verbannt – mit dem Effekt, dass sie sich dadurch zunehmend von der Lebenswelt von Kindern und Jugendlichen entfernen. (Kayali 2019, 52) Das Internet entpuppt sich dabei als „Tür ins Kinderzimmer" (Burow 2014, 129), wobei die daraus entstehenden Gefahren jedoch nicht ignoriert werden dürfen und auch in der Schule Berücksichtigung finden müssen. (ebd., 129ff., Überblick bei Süss et al. 2018, 83ff.) Andererseits lassen sich auch Tendenzen beobachten, dass digitale Medien unhinterfragt und ohne didaktische Konzepte verwendet werden, sodass dabei der Mehrwert digitaler Medien verloren geht und das Tool nur noch als Selbstzweck im Zentrum steht. (Fischer 2017)

Michael Kerres plädiert dafür, die digitale Technik nicht als eine eigene Kulturtechnik zu begreifen, sondern als einen integralen Bestandteil anderer Kulturtechniken, denn:

> „Modi der Wissenserschließung wie Lesen, Schreiben oder Rechnen lassen sich nicht mehr denken ohne digitale Technik, und dies zieht sich durch alle Fachgebiete und Themenbereiche des Lernens." (Kerres 2017, 90)

Für die Schule bedeutet dies in weiterer Folge, dass *Medienbildung* nicht in einem eigenen Fach unterrichtet werden kann und traditionell weit über den bloßen Einsatz digitaler Medien hinausgeht, sondern vielmehr integral in allen Fächern Berücksichtigung finden muss, da sie diese auch allumfassend durchdringt. Denn nur im fachlichen Zusammenhang ist es sinnvoll, die kompetente Nutzung digitaler Medien oder Software zu erlernen. (Kerres 2017)

Die bloße Nutzung digitaler Medien macht Schüler:innen nicht per se zu medienkompetenten Menschen. Der in diesem Zusammenhang gerne erwähnte Begriff der *digital natives* (Prensky 2001) meint jene Menschen, die im Zeitalter der Digitalisierung aufgewachsen sind. Der Begriff impliziert jedoch, dass diese Menschen automatisch auch kompetent, verantwortlich und selbstbestimmt mit diesen Medien umgehen können. Dass dem allerdings nicht so ist, zeigen immer wieder Berichte zu Cybermobbing und anderen Gefahren im Netz. Die *digital natives* bleiben damit ein Mythos.

Andreas Büsch konstatiert im Kontrast zum noch immer wenig digitalisierten Ist-Zustand der derzeitigen Schulen:

> „Das Ziel und Idealbild sind dagegen medienkompetente Lehrer_innen, die aufgrund ihrer (differenziert) positiven Einstellung zu Medien und aufgrund eigener Reflexivität medienkompetente Schüler_innen heranbilden, da eine Korrelation von Lehrer- und Schülerverhalten wie bei Eltern auch [...] anzunehmen ist.“ (Büsch 2017, 73)

Aber ebenso wie der Begriff der *digitalen Bildung* wird auch jener der *Medienkompetenz* zwar gerne und häufig verwendet, bedarf jedoch einer näheren und kritischen Betrachtung. Büsch (2017, 74ff.) stellt dazu ein in sieben Teilbereiche gegliedertes Kompetenzmodell auf, das sich wiederum in bestimmte Ebenen bzw. Bildungsziele unterteilen lässt und die vielen Facetten des Begriffs verdeutlicht. Die vier Ebenen bzw. Bildungsziele *Wahrnehmung, Wissen, Reflexion* und *Handeln* sind in aufsteigender Form zu lesen. Ohne die *Wahrnehmung* der zur Verfügung stehenden Angebote lässt sich kein *Wissen* darüber aufbauen – ohne z. B. je von *TikTok* gehört zu haben, kann ich kein Wissen darüber erlangen. Ohne dieses *Wissen* ist es schließlich nicht möglich, darüber zu *reflektieren* und aktiv zu *handeln.* Die Ebene der *Reflexion* ist nicht zwangsläufig notwendig, um aktiv *handeln* zu können – auch ohne kritische oder ethische Reflexion kann ich Partyfotos und -videos auf *TikTok* laden und öffentlich zugänglich machen. Die Reflexion lässt uns aber über die Konsequenzen solcher Handlungsweisen nachdenken und hilft letztlich bei der Entscheidung, inwiefern es auch klug ist, diese Inhalte online zu verbreiten. Dasselbe Prinzip lässt sich in der Lehre mit digitaler Unterstützung erläutern: ohne die *Kenntnis* der Existenz bestimmter digitaler Angebote können Lehrende diese nicht verwenden. Erst dadurch lässt sich schließlich ein *Wissen* darüber aneignen, um diese Angebote mit kritischer *Reflexion* schließlich anzuwenden und damit im Unterricht als unterstützendes Angebot zu agieren, zu *handeln.*

Die einzelnen Kompetenzfelder, die Büsch in seinem Modell auflistet, können variieren und bedürfen einer kritischen Betrachtung. Im Zentrum steht dabei jedoch das grundlegende Konzept der Bildungsziele, die sich auf alle Teilbereiche und Fachgebiete übertragen lassen. Der *kompetente Umgang* mit Medien ist den allgemeinen Bildungszielen der Schule damit inhärent. Ob diese analog sind oder digital, spielt dabei keine Rolle. Kerres plädiert daher dafür, nicht von *digitaler Bildung*, sondern von „Bildung in einer digital geprägten Welt“ zu sprechen. (Kerres 2017) Damit steht der *Bildungsbegriff* im Zentrum und nicht mehr jener der *Digitalisierung.*

Soll der Unterricht mit digitalen Medien erfolgreich sein, so sei von einer „eindimensionalen Implementierung“ abzusehen, argumentieren Karsten Stegman, Christof Wecker, Heinz Mandl und Frank Fischer. (2018, 980) Vielmehr ginge es um eine grundlegende systemische Veränderung, die eine notwendige Neugestaltung von Lehr- und Lernsettings, des Methodeneinsatzes, der Assessmentformate

ebenso wie die dazu erforderliche, ergänzende Qualifizierung der Lehrkräfte umfasst (ebd.).
Eine Vielzahl von kritischen Fragen ergeben sich im Kontext digitalen Lehrens und Lernens. Diese können zum jetzigen Zeitpunkt (noch) nicht zufriedenstellend beantwortet werden. Wie werden sich digitale Lehr- und Lernsettings auf Individuen und auf Gruppen auswirken? Wie werden sich soziale Interaktionen verändern? Welche Wirkung werden digitale Medien auf Lernprozesse haben?

Weiterführende Literatur

Mediendidaktisches Service des CTL (Center for Teaching & Learning) an der Universität Wien. Verfügbar unter: https://ctl.univie.ac.at/services-zur-qualitaet-von-studien/digitale-lehre/[30.08.2021].

Lachner, A., Scheiter, K. und Stürmer, K. (2020): Digitalisierung und Lernen mit digitalen Medien als Gegenstand der Lehrerinnen- und Lehrerbildung. In: C. J. Cramer, M. König, M. Rothland & S. Blömeke (Hrsg.): Handbuch Lehrerinnen- und Lehrerbildung. Bad Heilbrunn: Julius Klinkhardt, 67-75.

Süss, D., Lampert, C. und Wijnen, C. W. (2018): Medienpädagogik. Ein Studienbuch zur Einführung. 3. Aufl. Wiesbaden: Springer VS.

Für den Lehrer:innenberuf bedeutet das

Einerseits muss in der Lehrer:innenausbildung bereits darauf geachtet werden, dass (analoge oder digitale) Medien in engem Zusammenspiel mit den verschiedenen Fachdisziplinen vereint werden und dass Digitalisierung nicht als eigenständige Disziplin betrachtet wird, wofür nur eigens geschultes Personal zuständig ist. Bildung in einer mediatisierten und digitalisierten Welt kann nicht gelingen, ohne den Einfluss digitaler Medien zu berücksichtigen. Hochschullehrende haben dabei einen mehr oder weniger starken Nachholbedarf, der mittels Fort- und Weiterbildungen gedeckt werden muss.

In den Schulen ist darauf zu achten, dass die Schüler:innen eine medienpädagogische Grundbildung erhalten. Lehrende sind demnach gefordert, sich ausreichend Wissen anzueignen und eine reflektierte Grundhaltung zu entwickeln, um digitale Medien didaktisch sinnvoll in ihrer Lehre einsetzen zu können und ihren Schüler:innen in dieser mediatisierten Welt ausreichend Unterstützung zu bieten.

6 Unterrichtsqualität

Zu den zentralen Merkmalen von gutem Unterricht liegt mittlerweile eine Fülle von Belegen der empirischen Unterrichtsforschung vor, die für guten Unterricht potenziell bestimmende Momente aufzeigen. Auch die Meta-Studie von John Hattie (2014) bestätigt diese Erkenntnisse weitgehend.

Sowohl in der Praxis als auch in Theorie und Forschung liegt der Fokus zunehmend auf den Lerngelegenheiten, die im Unterricht geboten werden. Andreas Helmke formuliert dies als „das Lehren vom Lernen her denken." (Helmke 2012, 19) Im einleitenden Kapitel zu dem von der OECD publizierten Band „The Nature of Learning" konstatieren Hanna Dumont und David Istance „learning moves centre stage." (Dumont, Istance & Benavides 2010, 20)

Andreas Gruschka wiederum bestimmt Unterricht als widersprüchliche Einheit von Didaktik, Erziehung und Bildung und spielt damit nicht nur auf die vielfältigen Erwartungen an Schulunterricht an und auf die oft breite Kluft zwischen Anspruch und Wirklichkeit, sondern auch auf die grundlegende Differenz zwischen Vermittlung und Aneignung. (Gruschka 2005, 16) Unterrichten sei als Lehrprozess zu verstehen, „der den Lernprozess erreichen und gestalten soll." (Gruschka 2005, 33) Vom Lehrenden verlange dies die Fähigkeit der ‚wechselseitigen Erschließung' (Klafki 1963, 1996 [1985]) – die Erschließung der Sache für die Lernenden und der Lernenden für die Sache.

Nicht zuletzt ist Unterricht zu einem Thema internationaler Konkurrenzfähigkeit geworden. In der empirischen Forschung werden in den letzten Jahrzehnten die Ergebnisse international vergleichender Studien wie PISA und TIMSS diskutiert. Im Zuge diverser Schulleistungstests werden in regelmäßigen Abständen die Wirksamkeit, der Erfolg und die entsprechenden Erfolgsbedingungen der einzelnen Schulsysteme überprüft, weniger jedoch die individuelle Unterrichtsgestaltung an einzelnen Schulen. Andere Perspektiven auf die Qualität von Unterricht beziehen sich wiederum mehr auf normative oder praxisbezogene Auffassungen.

> „Für mich funktionieren Lernprozesse dann, wenn sie nachhaltig gestaltet sind, wenn man ein bissl abgeht von dem Unterricht nach Lehrbuch, auch flexibel eingehen kann auf unterschiedliche Bedürfnisse und wenn man versucht im Rahmen des Möglichen zu individualisieren, also zu differenzieren im Unterricht." (Lehrer:in in Fokusgruppe)

Betrachtet man Unterricht als ein geordnetes Angebot von Lerngelegenheiten, die von den Schüler:innen auf die unterschiedlichste Art und Weise aufgenommen werden, so liegt der Schluss nahe, dass dieser klaren Prinzipien folgt. Die Qualität von Unterricht kann damit sowohl an gewissen Merkmalen (die für jeden Unterricht grundlegend sind), als auch an der Effektivität (am überprüfbaren Erreichen bestimmter Lehr- bzw. Lernziele) festgemacht werden.
Jenseits fachlicher Kompetenzen wird seit geraumer Zeit auch von überfachlichen Kompetenzen als Vermittlungsaufgabe gesprochen, deren Erreichung die Qualität von Unterricht mitbestimmt. Hierbei orientiert man sich zumeist am Kompetenzbegriff von Franz Weinert:

> Dabei versteht man unter Kompetenzen, „die bei Individuen verfügbaren oder durch sie erlernbaren kognitiven Fähigkeiten und Fertigkeiten, um bestimmte Probleme zu lösen, sowie die damit verbundenen motivationalen, volitionalen und sozialen Bereitschaften und Fähigkeiten, um die Problemlösungen in variablen Situationen erfolgreich und verantwortungsvoll nutzen zu können." (Weinert 2002, 27f.)

Abgesehen von der Vielzahl an schulpädagogischer Literatur zum Thema der Unterrichtsqualität, wurden einige Kriterienkataloge dazu in den letzten Jahren von Hilbert Meyer, Andreas Helmke, Frank Lipowsky, nicht zuletzt auch von John Hattie, erstellt. Diese Auflistungen konvergieren in einigen, in der Mehrzahl der Studien angeführten so genannten *Kriterien für guten Unterricht*. Dazu zählen:

- ein unterstützendes Lernklima, das von einer positiven Erwartungshaltung den Schüler:innen gegenüber und einem respektvollen Umgang miteinander geprägt ist,
- ein konstruktiver Umgang mit Fehlern, die als wichtige Informationsquellen über das Lernen der Schüler:innen gelten; jedenfalls sollten Schüler:innen keine Angst haben, Fehler zu machen, sondern eine Einstellung entwickeln können, die ihnen hilft, aus Fehlern zu lernen,
- ein hohes Maß an echter Lernzeit und damit in Verbindung die Förderung zunehmend selbstbestimmten Lernens,
- Klarheit in der Präsentation der Sache, Klarheit in der Sprache,
- Transparenz bei den gestellten Anforderungen und Leistungserwartungen,
- Gelegenheiten zur Vertiefung und Übung, die sowohl auf Verknüpfung mit dem Vorwissen als auch auf Transfer des Gelernten auf neue Inhalte ausgelegt sind,
- aussagekräftige Rückmeldungen, die den Lernenden konkrete Hinweise geben, wie sie in ihrem Lernprozess weiterkommen,
- ein anregender Unterrichtsstil, der die Interessen der Schüler:innen einbezieht und verschiedene (kooperative) Lehr- und Lernformen ermöglicht.

(Meyer 2008; Hattie 2012; Helmke 2012; Lipowsky 2007; 2020)

Lipowsky (2006; 2007) hat den Versuch unternommen, ein Modell zu entwickeln, das einen Überblick über die basalen Voraussetzungen der Qualität von Unterricht geben soll. Er greift dabei auf das von Helmut Fend (1980) entwickelte und von Andreas Helmke und Franz Weinert (1997) weiter ausgeführte, so genannte „Angebot-Nutzungsmodell" von Unterricht zurück:

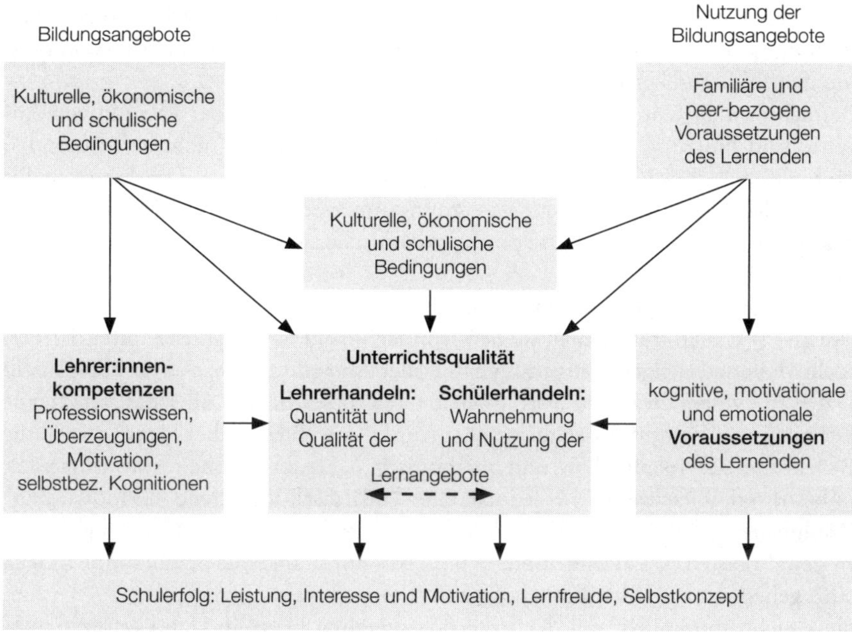

Abb. 7: Qualität von Unterricht, Lipowsky (2006, 48)

Das Modell stellt eine gut nachvollziehbare Illustration jener Dimensionen dar, die zu gelingendem Unterricht beitragen sollen. Jedoch ist kritisch anzumerken, dass dieses „Angebot-Nutzungsmodell" im Horizont (moderat) konstruktivistischer Annahmen die fundamentale Bedeutung der anleitenden, unterstützenden und begleitenden Rolle der Lehrkraft, die eine gelingende *Nutzung* des Angebots erst ermöglicht, weitgehend unterbelichtet lässt. Gruschka weist darüber hinaus darauf hin, dass der Unterricht (als *Angebot*) nicht allein als monologische Durchführung auf der Seite der Lehrkraft zu verorten sei, da die Schüler:innen ja evidentermaßen zum Unterricht gehören und diesen durch seine Beteiligung erst ermöglichen. (Gruschka 2007, 29)

Die Versuche, die Qualität von Unterricht anhand von Merkmalslisten zu identifizieren, laufen jedenfalls Gefahr, gelingenden Unterricht allein an äußeren Anzeichen und Prinzipien festzumachen, deren unmittelbare praktische Verwendung als ein schnelles Abhaken von Checklisten zu einem verkürzten Verständnis der komplexen inneren Strukturen des Lehrens und Lernens und der unterschiedlichen Zugänge der Lernenden und der Lehrenden beitragen kann. Auch fehlen in diesen Modellen, die zunächst durchaus eine erste nützliche Orientierung bieten können, soziale Komponenten des Lernens, wie etwa Takt, Respekt, Rücksicht, Wertschätzung und Solidarität, ebenso wie die Frage nach den Möglichkeiten der Bildungswirkung von Unterricht im Sinne der oben angeführten Diskussion rund um den Bildungsbegriff.

Betrachtet man Unterricht weniger unter dem Leitmotiv einer Passung von Angebot und Nutzung als vielmehr unter der Perspektive der nicht aufzulösenden *Differenz zwischen Vermittlung und Aneignung*, so wird eine Aufmerksamkeit für den subjektiven Eigensinn der Aneignungsprozesse – d. h. für das Lernen der Schüler:innen – in den Mittelpunkt didaktischer Reflexion treten. (Gruschka 2002; 2005)

Die diversen Kataloge an Qualitätsmerkmalen von Unterricht, Gütekriterien, Prinzipien – wie auch immer man sie nennen mag – sind daher laufend unter der Perspektive der stets eigensinnigen Dynamik der Aneignungsprozesse zu überprüfen. Dabei ist evident zu halten, was im ersten Teil dieses Bandes über das stets fragile Gelingen von Lernprozessen ausgeführt wurde. Aus didaktischer Sicht ist zwar die Bedeutung der inhaltlichen und methodischen Strukturiertheit von Unterricht unbestritten, gleichzeitig ist jedoch eine „überraschungsoffene Grundhaltung“ (Mühlhausen 2008) maßgeblich, um das *Eigenrecht subjektiver Aneignungsprozesse* zu gewährleisten. Dazu zählen die Bereitschaft auf drängende Schüler:innenfragen einzugehen und gehaltvolle Schüler:innenkommentare aufzugreifen, auch wenn diese nicht unmittelbar mit der Unterrichtsplanung Hand in Hand gehen. Strukturiertheit bzw. Strukturierung von Unterricht bezieht sich zudem nicht nur auf inhaltliche Aspekte, sondern verweist auch auf die im Unterricht stattfindenden *Interaktions-und Kommunikationsprozesse* und deren grundlegende Bedeutung für den Lernerfolg der Schüler:innen.

Grundlage für die Qualität der Interaktionen zwischen Lernenden und Lehrenden ist eine gelungene kommunikative Basis zwischen den am Unterricht beteiligten Personen. Dabei beinhaltet der Begriff Kommunikation zahlreiche Aspekte, die für Lehrpersonen im Umgang mit Schüler:innen (aber auch mit Eltern und Erziehungsberechtigten, sowie Kolleg:innen und Schulleitung) relevant sind. Sabine Anselm und Anke Werani (2017) verstehen Kommunikation im Kontext Schule als

> „ein grundlegendes didaktisches Unterrichtsmittel und das wichtigste Instrument der Lehrenden, die ein Wissen von den Gesetzmäßigkeiten der unterrichtlichen Kommunikation

> sowie von der Reflexionsmöglichkeit über die von ihnen gesetzte Sprache haben müssen, um gelingende Lehr-Lernkontexte zu ermöglichen." (Anselm & Werani 2017, 13)

Voraussetzung für kommunikatives Verhalten ist zunächst die Überprüfung der eigenen anthropologischen Grundhaltung. So wie Prange (2011) die Metaphorik des Erziehungsdenkens mit verschiedenen bildlichen Vergleichen, wie beispielsweise der Orientierung an naturwüchsigen Vorgängen, einem ärztlichen Handeln oder mit künstlerischer Gestaltung beschreibt, ist die kommunikative Haltung, die eine Lehrkraft gegenüber den Schüler:innen mitbringt, entscheidend.
Von der Frage nach dem grundlegenden Verständnis vom Menschen können die folgenden Fragen bei der Reflexion des *eigenen* kommunikativen Verhaltens hilfreich sein:

- Wie gehe ich mit meinen Vorannahmen bzw. meinen Vorurteilen um, die ich unweigerlich in ein kommunikatives Setting miteinbringe?
- Wie kann ich meinen persönlichen und kulturellen Bedeutungen und den daraus entstehenden Rückschlüssen auf einer professionellen Ebene begegnen?
- Mit welcher kommunikativen Grundeinstellung begegne ich den Schüler:innen?
- Was setze ich an kommunikativen Kompetenzen von Seiten der Schüler:innen voraus?

Kommunikative Kompetenzen von Lehrpersonen werden nach Helen Hertsch & Frank M. Schneider in ressourcen-, prozess- bzw. ergebnisbezogene Konzepte eingeordnet:

> „Ressourcenbezogene Konzepte widmen sich vor allem Voraussetzungen kompetenten Verhaltens wie z. B. Wissen über Kommunikationsregeln, gutes Ausdrucksvermögen und geringe soziale Ängstlichkeit. Prozess- und ergebnisbezogene Konzepte fokussieren hingegen das konkrete Verhalten der Akteure in Kommunikationssituationen. Kriterien sind hier z. B. Selbstkontrolle, erfolgreiches Interaktionsmanagement und Flexibilität." (Hertsch & Schneider 2017, 80)

Um die eigenen kommunikativen Kompetenzen zu reflektieren und weiter zu entwickeln, ist es von Vorteil, Modelle und Theorien zur Kommunikation zu kennen. In der folgenden Tabelle werden Wegbereiter und Vordenker sprachwissenschaftlicher Forschung angeführt, die zu unterschiedlichen Zeiten und in unterschiedlichen Perspektiven maßgebliche Beiträge zur Erforschung menschlicher Kommunikation und Interaktion geleistet haben und auf deren Referenzmodelle auch heute noch in der Sprachforschung Bezug genommen wird.
Sämtliche Modelle und Theorien von Kommunikations- und Interaktionsprozessen zeigen auf, dass – ausgehend von einem grundlegenden Schema der Informationsübertragung vom Sender zum Empfänger – mit diversen *Störquellen* zu rechnen ist.

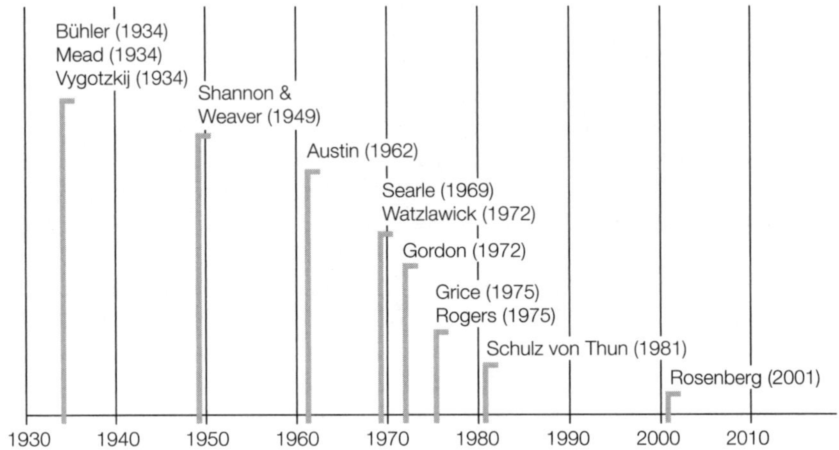

Abb. 8: Chronologischer Überblick zu den Kommunikationsmodellen aus: Anselm und Werani (2017, 17)

Eine folgenreiche Markierung im Diskurs um menschliche Kommunikation stellt die viel beachtete Publikation von Paul Watzlawick, Janet H. Beavin und Don D. Jackson (1969/2017) dar. Watzlawick et al. formulieren zunächst ein metakommunikatives Axiom: „*Man kann nicht nicht kommunizieren.*" (Watzlawick et al. 2017, 60, Hervorh. i. Orig.) Auf Basis dieses Axioms differenzieren sie zwischen *einem Inhalts- und einem Beziehungsaspekt*, die jeden kommunikativen Akt durchdringen. Jede Kommunikation bedeutet demgemäß eine Stellungnahme, in die der Sender die Definition seiner Beziehung zum Empfänger einflicht.

> „Wenn man untersucht, *was* jede Mitteilung enthält, so erweist sich ihr Inhalt vor allem als Information. Dabei ist es gleichgültig, ob diese Information wahr oder falsch, gültig oder ungültig oder unentscheidbar ist. Gleichzeitig aber enthält jede Mitteilung einen weiteren Aspekt, der viel weniger augenfällig, doch ebenso wichtig ist – nämlich einen Hinweis darauf, wie ihr Sender sie vom Empfänger verstanden haben möchte. Sie definiert also, wie der Sender die Beziehung zwischen sich und dem Empfänger sieht, und ist in diesem Sinn seine persönliche Stellungnahme zum anderen. Wir finden somit in jeder Kommunikation einen *Inhalts- und einen Beziehungs*aspekt." (Watzlawick et al. 2017, 60, Hervorh. i. Orig.)

Friedemann Schulz von Thun (1981/2010) differenziert mehr als zehn Jahre später zwischen vier unterschiedlichen Aspekten, die im kommunikativen Geschehen wirksam sind. Er entwickelt mit dem sogenannten Kommunikationsquadrat bzw. Vier-Seiten- oder auch Vier-Ohren-Modell das wahrscheinlich meist rezipierte Modell der Kommunikation. Er arbeitet dabei vier verschiedenen Richtungen heraus, die im Hintergrund einer sprachlichen Äußerung wirksam sind und die je nach „Ohr" unterschiedlich bei den jeweiligen Empfänger:innen ankommen können.

> „Da ist ein Sender, der etwas mitteilen möchte. Er verschlüsselt sein Anliegen in erkennbare Zeichen – wir nennen das, was er von sich gibt, seine Nachricht. Dem Empfänger obliegt es, dieses wahrnehmbare Gebilde zu entschlüsseln. In der Regel stimmen gesendete und empfangene Nachricht leidlich überein, so daß eine Verständigung stattgefunden hat." (Schulz von Thun 2010, 25)

Jedes solcherart verschlüsselte Anliegen enthält nun gemäß Schulz von Thuns Modell eine sachliche, auf Information bezogene Seite, einen Appell, mit dem der Sender markiert, was er mit der Nachricht bezweckt, eine Selbstoffenbarungsseite, durch die der Sender etwas über sich mitteilt und eine Beziehungsseite, die auf das Verhältnis zwischen Sender und Empfänger hinweist. Unter der Berücksichtigung der verschiedenen Anteile dieser vier Aspekte wird es möglich, eine encodierte Nachricht zu dekodieren und entsprechend zu reagieren. Damit die Kommunikation gelingt, ist jedoch ein möglichst weitgehendes Übereinkommen zwischen den kommunikativen Absichten des Senders und den Dekodierungsversuchen des Empfängers eine maßgebliche Voraussetzung. Soll eine Nachricht beispielsweise als Information dienen, wird jedoch als Beziehungshinweis dekodiert, dann kommt es zu Missverständnissenn und Brüchen im Kommunikationsprozess.
Anselm und Werani bringen dazu ein eindrückliches Beispiel:

> „Ein Schüler kommt zu spät zum Unterricht. Die Lehrerin fragt: „Wie kommt es, dass du wieder zehn Minuten zu spät bist?" – Der Schüler antwortet: „Da kann ich ja nichts dafür, dass es Ihnen nicht passt!" Mittels des Kommunikationsquadrates kann die Frage, was in kommunikativer Hinsicht passiert ist, systematisch erschlossen werden. Zunächst ist zu konstatieren, dass der Schüler auf die ihm gestellte Frage *nicht* auf Sachebene reagiert, sondern auf der Beziehungsebene. Deshalb ist die Antwort emotional ausgefallen. Er interpretiert vor allem die Selbstoffenbarung und den Beziehungshinweis." (Anselm & Werani 2017, 25, Hervorh. i. Orig.)

Anselm und Werani äußern jedoch auch Kritik an Schulz von Thuns Modell (2017, 26), da sie zu bedenken geben, dass Kommunikation im Rahmen dieser Aspekte auf einer eher semantischen Ebene abgehandelt wird. Die para- bzw. nonverbalen Botschaften finden zwar auf der Beziehungsseite des Kommunikationsmodells Berücksichtigung, werden jedoch im Rahmen der vom Modell zur Verfügung stehenden Analysedimensionen nicht ausreichend gewürdigt. Das heißt, dass praktisch der gesamte, der Sprachpragmatik zuzuordnende Anteil von Kommunikation, der für Watzlawick et al. von so besonderer Bedeutung ist und im Axiom der Unmöglichkeit nicht zu kommunizieren zum Ausdruck kommt, unterbelichtet bleibt. Watzlawick et al. heben etwa hervor,

> „dass das ‚Material' jeglicher Kommunikation keineswegs nur Worte sind, sondern auch alle paralinguistischen Phänomene (wie z. B. Tonfall, Schnelligkeit oder Langsamkeit der Sprache, Pausen, Lachen und Seufzen), Körperhaltung, Ausdrucksbewegung (Körpersprache) usw. innerhalb eines bestimmten Kontextes umfasst – kurz, Verhalten jeder Art." (1969, 51)

Nicht nur *was* gesprochen wird, sondern auch *wie* gesprochen wird und schließlich auch *wer* spricht sind als prägende Aspekte des Kommunikationsprozess zu verstehen, die zu dessen Erfolg bzw. Misserfolg beitragen.
Ähnlich argumentiert Marshall B. Rosenberg im Rahmen seines Konzepts für *Gewaltfreie Kommunikation (GFK)*, das er in den 1960er Jahren basierend auf den gesprächstherapeutischen Grundlagen von Carl Rogers entwickelt und das in kaum einem Kommunikationstraining unerwähnt bleibt. Rosenbergs GFK-Modell besteht aus vier Komponenten: Der genauen Beobachtung, der Wahrnehmung der Gefühle, die diese Beobachtung begleiten, dem Blick auf dabei potenziell verletzte Bedürfnisse und schließlich der Formulierung einer Bitte, in der dem Gegenüber mitgeteilt wird, was man in der gegebenen Situation von ihm braucht bzw. sich wünscht. Dieser Vierschritt ist für Rosenberg die Grundlage jeglicher gelungenen Kommunikation und für ein wertschätzendes und respektvolles Miteinander. Hand in Hand damit geht ein aktives Zuhören, das es ermöglicht, empathisch auf die Bedürfnisse, Gefühle und Bitten des Gegenübers zu reagieren. (Rosenberg 2016)
Ein weiteres auf den gesprächstherapeutischen Annahmen von Carl Rogers aufbauendes und speziell auf die Kommunikation zwischen Lehrer:innen und Schüler:innen bezogenes Kommunikationskonzept stellt das Modell der „Lehrer-Schülerkonferenz" dar, das von Thomas Gordon (1988/2011) entwickelt wurde. Das Modell zielt konkret auf Konfliktbewältigungsstrategien ab, in deren Zentrum eine „Sprache der Annahme" stehen soll. Diese legt den Schwerpunkt auf das *Wie* der Beziehungsgestaltung. Das Gegenüber in seiner Besonderheit anzuerkennen und anzunehmen wird als die Basis für eine gelungene Beziehung bestimmt, die ihrerseits die Ausgangsvoraussetzung für geglückte Kommunikation darstellt. Die maßgeblichen Handlungsdimensionen des Modells bestehen in „Aktivem Zuhören", dem Senden von „Ich-Botschaften" und dem Verfolgen einer gemeinsamen „Win-Win Konfliktlösung". Sprachbarrieren (befehlen, warnen, drohen, moralisieren, verurteilen, ablenken usf.) werden für das Gelingen einer gemeinsamen Konfliktlösung und für ein wertschätzendes Miteinander als abträglich bezeichnet. (Gordon 2011, 65f.)

> „Auch für den Unterricht gilt demnach, dass das inhaltliche *Was* im unterrichtlichen Handeln von dem *Wie* nicht zu trennen ist." Leopold Klepacki und Jörg Zirfas (2013) gehen davon aus, dass „sich Unterricht als spezifische soziale Situation überhaupt erst in den körperlichen Handlungen der Beteiligten manifestiert." (Klepacki & Zirfas 2013, 181)

Seitens der Lehrperson gilt es daher, von der Bewusstmachung und Reflexion der eigenen Stimme bis hin zu körpersprachlichen Aspekten gekonnt und reflektiert mit den eigenen körperlichen Ressourcen umgehen zu lernen. Lehrer:innen tragen vor diesem Hintergrund die Verantwortung der kommunikativen Vorbildfunktion, die für die Qualität von Unterricht ausschlaggebend ist. Insofern hängt die Qualität von Unterricht eng mit der *Qualität der Kommunikation im Unterricht* zusammen.

Unterrichtskommunikation ist von der Alltagskommunikation insofern zu unterscheiden, als sie sich unter besonderen institutionellen Rahmenbedingungen vollzieht und durch ihren Zuschnitt auf „die Vermittlung von Wissen und die Evaluation von Lernergebnissen" (Thiel 2016, 79) institutionellen Einschränkungen unterliegt.
Auch für die Unterrichtskommunikation wird in Anlehnung an das Forschungsprogramm „Instructional Communication" von Mottet et al. (2006) die Unterscheidung zwischen einer gegenstandsbezogenen (rhetorischen) und einer beziehungsbezogenen (impliziten) Dimension der Unterrichtskommunikation getroffen:

> „Der Fokus rhetorischer Kommunikation liegt auf dem Gegenstand/Inhalt. Für die implizite oder beziehungsbezogene Kommunikation hat die nonverbale Kommunikation (analoge Modalität) einen hohen Stellenwert: Der Fokus der beziehungsorientierten Kommunikation liegt auf der Beziehung zwischen Sender und Empfänger. Sie bestimmt den ritualisierten Austausch, signalisiert Anerkennung oder Zurückweisung und löst bei den Schülerinnen und Schülern dadurch selbstbezogene Emotionen aus." (Thiel 2016, 80)

Zu differenzieren sei auch, lt. Thiel, zwischen lehr-lernbezogenen und verhaltensbezogenen Botschaften von Seiten der Lehrkraft sowie zwischen der Illustration der Bedeutung des Inhalts und seiner klaren und inhaltlich stringenten Präsentation.
Gelungene Kommunikation im Unterricht beinhaltet, laut Thiel, die drei basalen Anforderungen des Unterrichtens:

1. die Motivierung der Schüler:innen,
2. die Unterstützung ihrer Informationsverarbeitung und
3. die lerndienliche Steuerung der Interaktion in der Klasse. (Thiel 2016, 85)

Diese Voraussetzungen für gelungene Kommunikation und Steuerung der Unterrichtsinteraktionen stehen in unmittelbarem Zusammenhang mit effektiver Klassenführung.
Dass effektive Klassenführung bzw. gekonntes *Classroom Management* – wie es im internationalen Diskurs heißt – einen wesentlichen Beitrag zu geglückten Lernprozessen der Schüler:innen leistet, ist mittlerweile Konsens in der Unterrichtsforschung. (Good & Brophy 1978; Helmke 2009; Ophardt & Thiel 2013; Thiel 2016; Seidl 2020)
Jacob S. Kounin (1970; 2006) fasste früh folgende Merkmalsbereiche für erfolgreiche Klassenführung zusammen, die auch heute noch als Überprüfungskriterien für den eigenen Unterricht herangezogen werden können:

- *Withitness* (Allgegenwärtigkeit, Dabeisein) als deutlich kommunizierte Informiertheit über die Vorgänge im Klassenraum seitens der Lehrkraft
- *Overlapping* (Überlappung) als die Fähigkeit der Lehrkraft, ihre Aufmerksamkeit gleichzeitig mehreren Dingen zu widmen,
- *Momentum* (Schwung, Zügigkeit) als Gestaltung eines flüssigen Ablaufs der unterrichtlichen Aktivitäten,

- *Smoothness* (Geschmeidigkeit) als Bestreben, einen weitgehend bruchlosen Ablauf des Unterrichtsgeschehens zu ermöglichen,
- *Group Focus* (Gruppenmobilisierung) als jene Expertise der Lehrkraft, einerseits die Klasse als Ganzes wahrzunehmen und andererseits aber auch in Kontakt mit den einzelnen Schüler:innen zu bleiben,
- *Managing Transitions* (Übergangsmanagement) als gelungene Überleitung zwischen den einzelnen Unterrichtsphasen
- *Avoiding Mock Participation* (Vermeidung vorgetäuschter Teilnahme) als Sensibilität der Lehrkraft für vorgetäuschte Aufmerksamkeit und bloß gespielte Beteiligung der Schüler:innen. (Kounin 1976; 2006, vgl. dazu auch Helmke 2009, 179 und Seidl 2020, 122ff.)

Felicitas Thiel betont im Rahmen ihrer Analysen zur Interaktion im Unterricht, dass diese durch die „Zwangsinklusion" von Schüler:innen und Lehrkraft in einem Klassenraum und durch den gegebenen Beurteilungsdruck institutionalisierten Lehrens und Lernens eine besondere Komplexität aufweist. (Thiel 2016, 112) Daraus sei die Notwendigkeit der Etablierung einer *Interaktionsordnung* (Goffman 1983) abzuleiten und die damit in Verbindung stehende Einführung von Routinen und Ritualen. Rituale würden, so Thiel, vor allem dazu dienen, einander Wertschätzung auszudrücken – etwa in Form von Begrüßungs- und Verabschiedungsritualen oder anderen Höflichkeitsformen im Umgang miteinander. Routinen wiederum dienen dem Übergangsmanagement. Sie strukturieren die häufigen Wechsel von Aktivitäten im Laufe einer Unterrichtsstunde, etwa wenn es um geregelte Formen des Zuhörens beim Lehrer:innenvortrag geht, um die Beteiligung am Klassengespräch, das aktive sich Einbringen in eine Gruppenarbeit oder konzentrierte und ernsthafte Stillarbeit.

Die zahlreichen Aktivitätswechsel stellen eine Herausforderung sowohl für die Lehrkraft als auch für die Schüler:innen dar, da die Übergänge von einer Aktivität zur anderen besonderes Störungspotenzial bergen. (Thiel 2016, 57f.) Die Lehrkraft muss sich dieser Störungsanfälligkeit beim Ineinandergreifen der einzelnen Unterrichtssequenzen bewusst sein, muss diesen Phasen mit erhöhter Aufmerksamkeit begegnen und diese vor allem durch klare Kommunikation und Instruktion begleiten.

Eine Verkürzung von Klassenführung auf den Umgang mit Disziplinproblemen entspricht allerdings nicht dem internationalen Diskussionsstand. (Helmke 2009, 173) Gelungenes Klassenmanagement bedeutet nämlich vor allem, Lerngelegenheiten zu schaffen, um das Interesse der Schüler:innen zu gewinnen und deren Engagement und Beteiligung anzuregen. Eine besondere Rolle spielt dabei die *Qualität der Interaktionen zwischen Lernenden und Lehrenden* und deren Überzeugungen und Zielorientierungen. Laut einer Studie von Turner und Patrick (2004) wirkt sich eine Orientierung der Lehrkraft an den inhaltlichen Zielen des Unterrichts und an der Förderung eines vertieften Verständnisses dieser Inhalte durch die Schüler:innen positiv auf das Engagement der Lernenden im Unterricht aus, während eine starke Orientierung an Leistungszielen eher zu störungskritischem Verhalten seitens der Schüler:innen führt. Gelungenes Klassenmanagement ist daher auch als erfolgreiches „Management von Lernzeit" zu verstehen und „legt den Schwerpunkt auf eine maximale Bereitstellung von Zeit für eine aktive Auseinandersetzung mit Lerninhalten." (Seidl 2020, 127) Passt das Lernklima, wird Schüler:innen mit Respekt und Wertschätzung begegnet, werden sie am Unterricht aktiv beteiligt, werden ihre Interessen aufgegriffen und angesprochen, wird ihnen bei auftretenden Schwierigkeiten geholfen, werden sie angemessen herausgefordert und wird damit Langeweile vermieden, so reduziert sich das Störungspotenzial von Unterricht deutlich.

Effektive Klassenführung ist demnach weit mehr als ein gekonnter Umgang mit Störungen. Vielmehr geht es darum, eine tragfähige Basis für ein konstruktives, auf gelungener Kommunikation basierendes Miteinander zu schaffen. Kommt es jedoch zu Störungen, so ist auf diese in angemessener Weise einzugehen.

Eine Störung der Unterrichtsinteraktion liegt dann vor, wenn

> „die Interaktionsordnung sichtbar (intendiert oder nichtintendiert) infrage gestellt wird, indem a) Schülerinnen und Schüler die folgsame Mitarbeit in bestimmten Situationen aussetzen, b) indem Schülerinnen und Schüler offensiv gegen die Methoden des Unterrichts protestieren oder c) indem Schülerinnen und Schüler gegen Ziele und Methoden des Unterrichts rebellieren." (Thiel 2016, 133)

Wie bereits ausgeführt, besteht das vorrangige Ziel darin, Störungen durch entsprechende Unterrichtsgestaltung weitgehend zu vermeiden. Von Bedeutung ist dabei auch, Störungen, auf die man reagieren muss, von geringfügigen Ablenkungen unterscheiden zu können. Ziel ist zunächst, Störungen so zu *managen*, dass der Unterricht nicht unterbrochen werden muss – etwa durch Blickkontakt, durch Aufmerksamkeit einfordernde Gesten, durch ein Zugehen auf sichtbar abgelenkte Schüler:innen, durch ein Herstellen von Nähe und damit ein *wieder Hereinholen* der betroffenen Schüler:innen in den Unterricht, auch durch an sie gerichtete Fragen zum Thema und damit das Stimulieren von Aufmerksamkeit.

Wenn jedoch der Fortgang des Unterrichts durch die Störung gefährdet ist, so ist eine deutliche Intervention unabdingbar. Eingeleitet werden kann eine solche Intervention etwa durch Nachfragen zur Ursache der Unruhe bzw. durch den Versuch, die Situation zu klären, wenn zunächst unklar bleibt, wie die Störung zu deuten ist. Wissen die Schüler:innen vielleicht nicht, wie ein Arbeitsauftrag zu erfüllen ist oder wirken sie ohne sofort ersichtlichen Grund irritiert, ratlos, aufgebracht? Eine direkte Intervention ist jedenfalls erforderlich, wenn klar ist, dass das Verhalten eines Schülers, einer Schülerin oder einer Gruppe von Schüler:innen nicht in den Unterricht passt, dass etwa ein Arbeitsauftrag nicht erfüllt wird, dass störende Unterhaltungen mit den Nachbar:innen stattfinden, Gegenstände geworfen werden, wenn Schüler:innen einander gefährden oder ein gravierender Konflikt erkennbar wird. Eine solche Intervention führt zu einer Unterbrechung des von der Lehrkraft geplanten Programms. Je nach Intensität der Störung wird die Lehrkraft eine Zurechtweisung aussprechen und danach den Handlungsablauf so rasch als möglich wieder aufnehmen oder den Unterricht in der geplanten Version ganz aussetzen und sich für ein klärendes Gespräch mit der Klasse entscheiden. Kommt es zu erforderlichen Sanktionen, so ist auf deren Angemessenheit zu achten und besonders auch darauf Bedacht zu nehmen, dass die betroffenen Schüler:innen ihr Gesicht wahren können.

Weiterführende Literatur

Thiel, F. (2016): Interaktion im Unterricht. Ordnungsmechanismen und Störungsdynamiken. Opladen & Toronto: Verlag Barbara Budrich.

Anselm, S. & Werani, A. (2017): Kommunikation in Lehr-Lernkontexten. Bad Heilbrunn: Julius Klinkhardt.

Ophardt, D. & Thiel, F. (2013): Klassenmanagement. Ein Handbuch für Studium und Praxis. Stuttgart: Kohlhammer.

Peier, N., Felder, M. & Slamanig, E. (2019): Jeder Schritt ein Auftritt. Übungen und Reflexionen zur Vermittlung von Auftrittskompetenz. Bern: hep.

Für den Lehrer:innenberuf bedeutet das

Es gilt, eine didaktische Haltung aufzubauen, in der Kriterien guten Unterrichts Berücksichtigung finden, die jedoch auch jenseits von Kriterienkatalogen für die individuellen Zugänge einzelner Schüler:innen offen bleibt. Lehrer:innen unterrichten in einem Spannungsfeld von Gesellschaft und Politik, von Selbst- und Fremdbestimmtheit, von Machtverhältnissen und pädagogischen Notwendigkeiten, letztendlich von Nähe und Distanz. Festgesetzte Prinzipien und regelgeleitetes Handeln können zwar erste Hilfestellungen geben, genügen jedoch nicht, um den verschiedenen Anforderungen des Unterrichtsgeschehens, den an institutionalisiertes Lehren und Lernen gestellten Ansprüchen und auch den eigenen Haltungen und Zielsetzungen innerhalb des Unterrichts vollends zu entsprechen.

Wesentlich ist sowohl ein grundlegendes Verständnis von der Komplexität des kommunikativen und interaktiven Geschehens im Unterricht wie auch ein Wissen um die eigene Vorbildwirkung und die beziehungsseitige Bedeutung verbaler und non-verbaler Botschaften.

Der Aufbau und Ausbau einer forschenden und selbstreflexiven Haltung, um Probleme wahrzunehmen und Chancen konstruktiv aufzugreifen bildet die Grundlage, den Unterricht lernförderlich zu gestalten.

Und letztendlich bedeutet zu lehren, auch zu lernen. In jeder Unterrichtsstunde machen Lehrer:innen selbst vielfältige Lernerfahrungen. Das bezieht sich sowohl auf die Vermittlung der Inhalte wie auch auf eigene kommunikative und interaktive Kompetenzen und das Sozialverhalten der Schüler:innen.

7 Lernen beobachten als Impuls für Unterrichtsgestaltung

Lernen zu beobachten ist nicht unmittelbar möglich. Allerdings können genaue Beobachtung und eine responsive Aufmerksamkeit für die Art und Weise wie Schüler:innen mit den ihnen gestellten Aufgaben umgehen, wie sie miteinander und mit der Lehrperson über eine Frage, ein Thema, ein Sachproblem kommunizieren – verbal und auch nonverbal – wichtige Erkenntnisse über die gerade stattfindenden Lernprozesse liefern. Im folgenden Kapitel wird daher das Thema Unterrichtsbeobachtung aufgegriffen und näher beleuchtet.
Um Unterricht bzw. Schüler:innen adäquat beobachten zu können, bedarf es zudem einer tiefgehenden Reflexion der habituellen Voraussetzungen – seitens der Lehrperson selbst, aber auch bezogen auf die Schüler:innen. Ein Blick auf Bourdieus Habitus- und Kapitaltheorie kann relevante Perspektiven auf weit verbreitete Vorannahmen zu schulischem Lernen eröffnen und ein aufschlussreiches Instrument für analytische Beobachtungen als Teil des täglichen Lehrer:innenhandelns zur Verfügung stellen.

> „Beobachtungen vorzunehmen […] stellt sich als anspruchsvolle Aufgabe dar, die versucht, Menschen und ihre Situationen bzw. Schüler/-innen im Kontext ihrer Situation zu beschreiben und damit eine Grundlage z. B. für die Rekonstruktion ihrer Handlungen zu erlangen. […] Je genauer beobachtet wird, desto deutlicher tritt in Erscheinung, wie komplex die Leistungen von Kindern sind und wie unterschiedlich das ist, was Kinder tun, wie sie es tun und was ihnen wichtig ist. Das aufmerksame Beobachten von Handlungen, die Lernprozesse und Lernentwicklungen auslösen können, enthält wichtige Hinweise für didaktische Überlegungen." (De Boer 2012, 69)

Um z. B. Lernausgangslagen und Lernstandsdiagnosen professionell feststellen zu können, werden eine Reihe von diagnostischen Kompetenzen vorausgesetzt. Diese sind mit einer Reihe von *W-Fragen* verknüpft:
- Wie lernen die Schüler:innen?
- Was lernen die Schüler:innen?
- Wann und mit wem lernen die Schüler:innen?
- Was haben die Schüler:innen bereits gelernt?

Auf Grund der Bedeutung, die dem Lernvorgang und seiner Verlaufsstruktur zukommt, heißt Unterricht didaktisch sinnvoll zu gestalten zunächst einmal, *Lern-*

prozesse zu beobachten. Dies ist zwar nicht unmittelbar möglich, da Lernprozesse nicht direkt sichtbar sind. Hinweise können allerdings durch genaue Beobachtung der Lernenden aufgegriffen werden, z. B. wenn sich *Lernanfänge* durch Fragen, Fehler oder Kommentare andeuten. In pädagogischer Perspektive eröffnen sich *fruchtbare Momente,* die „zu weiteren Lernerfahrungen von Schülerinnen und Schülern führen können, die ihrerseits die Entfaltung von Potenzialen bei den Lernenden fördern." (Schrittesser 2019, 43)

Anhand besonderer Aufmerksamkeit in der Beobachtung der Schüler:innen (für deren Fragen, ihre Kommentare, Formulierungen, aber auch für Missverständnisse und Fehler) kann auf Lernvorgänge geschlossen werden. Diese sind von der Lehrperson angemessen zu unterstützen und zu begleiten.

Die *gezielte Beobachtung des Lernprozesses* bildet eine der Grundlagen für *didaktische Entscheidungen,* etwa über Sozialform (Einzelarbeit, Gruppe, Plenum), Anspruchsniveau und Differenzierung, über die Wahl der Beispiele, die Gestaltung von Übungen und über die geeigneten Rückmeldungsformate. (Sawyer 2006, 2f.)

> „Das Beobachten der Kinder ist die Grundlage, damit ich überhaupt Beziehung aufbauen kann." (Lehrer:in in Fokusgruppe)

Voraussetzung, um professionell beobachten zu können, ist eine sensibilisierte und differenzierte Wahrnehmung. Auch müssen eigene Wertehaltungen überprüft werden, um eine möglichst vorurteilsfreie Perspektive einnehmen zu können. Entscheidend beim Erarbeiten von Beobachtungskompetenz ist zu lernen, zwischen Beobachten, Beschreiben und Interpretieren zu unterscheiden. Beobachtungen, die im ersten Impuls in eine Interpretation münden, können irreführend sein und zur Stereotypisierung von Schüler:innen führen.

Um professionelle Beobachtungen durchzuführen, bedarf es daher einer systematischen Distanzierung vom eigenen Alltagswissen. Darüber hinaus sollte der Blickwinkel der beobachtenden Person möglichst neutral sein. Die Etablierung einer solchen neutralen, jenseits der Lehrer:innen- und der Schüler:innenrolle angesiedelten *Beobachter:innenrolle* im Unterricht ist allerdings nicht ganz einfach, da sie im normalen Unterrichtsgeschehen schwer realisierbar erscheint. (Breidenstein 2012a, 31)

Daher gilt es, immer wieder innezuhalten und eine Art Monitoringsystem für die erfassten Beobachtungen zu etablieren, etwa indem technische Hilfsmittel wie Audioaufnahmen oder Videographie eingesetzt werden (vgl. dazu auch Kapitel 11.2, *Professionalisierung – eine besondere Form des Lernens?).* Besonders empfehlenswert ist, auf kollegiale Unterstützung zurückzugreifen, und eine Kultur kollegialer Unterrichtsbeobachtung an der Schule zu etablieren.

Grundlegend scheint es sinnvoll im Vorfeld der Beobachtung bereits Ziel und Zweck klar zu definieren, die konkrete Planung zu strukturieren und die Möglichkeit systematischer Aufzeichnung abzuklären. Der Verschriftlichung von Daten wird eine besondere Aufmerksamkeit zuteil, da von der Distanzierung durch das

Protokollieren des Beobachteten abgesehen, das *Datenmaterial* auch für andere nachvollziehbar wird und außerdem wiederholt bearbeitet und dokumentiert werden kann.

> „Wenn man das Wort ‚beobachten' hört, so denkt man nicht unbedingt an eine sehr schwere Aufgabe, ein bisschen zuschauen, was kann daran so schwierig sein? Ich für meinen Teil habe diese Sache gewaltig unterschätzt." (De Boer 2012, 65, Hervorh. i. Orig.)

Der Prozess der Beobachtung ist insofern schwierig als die selektive Wahrnehmung der zu beobachtenden Aktivität(en) ein hohes Maß an Konzentration erfordert. Der rasche Wechsel von konzentriertem Schauen und Verschriftlichung in Form von Notizen, Beobachtungsprotokollen, etc. erfordert eine Fokussierung der Aufmerksamkeit. Wichtig ist, die eigene Rolle im Rahmen von Beobachtungen zu reflektieren, um auf wertschätzender Basis, mit Verzicht auf Festschreibungen, sprachsensible Diagnosen zu erstellen und daraus Konsequenzen für weitere Lehrangebote zu ziehen.

> „Wir haben die Kinder immer beobachtet, was für einen Entwicklungsschritt die Kinder machen und dass sie in diesen Flow hineinkommen. Also ihre eigenen Fragestellungen. Und was ist dann unsere Position als Lehrer:innen? Wie schauen wir? Wie dokumentieren wir das? Wie beobachten wir das? Wie helfen wir auch den Kindern das zu dokumentieren?" (Lehrer:in in Fokusgruppe)

Auch um die Leistungsfeststellung und Leistungsbeurteilung (siehe Kapitel 9, *Bedeutung der Leistungsüberprüfung)* sinnvoll gestalten zu können, braucht es laufende Beobachtung und die Dokumentation individueller Lernfortschritte über alle Altersstufen hinweg.

7.1 Habitus und Kapital – zur Voraussetzung der Reflexion bei der Beobachtung von Unterricht und Schüler:innen

Mit Habitus ist nach Pierre Bourdieu (1987, 101) das System von Wahrnehmungs-, Denk- und Handlungsmustern gemeint, die wir durch Sozialisation in unserem sozialen Umfeld erlernen. Was und wie wir wahrnehmen, denken und handeln, ist davon beeinflusst, auf welchem Standort wir uns im sozialen Raum befinden. Um uns selbst, aber auch unsere Schüler:innen besser verstehen zu können, ist es notwendig, uns Gedanken über die sozialen Positionen der Akteur:innen zu machen. Von den eingangs dieses Kapitels erwähnten *W-Fragen, wie* und *was* Schüler:innen lernen, ist demnach zusätzlich wichtig zu wissen, *wer* hier eigentlich lernt:

- Von wo aus lernen die Schüler:innen?
- Auf welchem Standort im sozialen Raum befinden sie sich?
- Was sind die habituellen Voraussetzungen der Schüler:innen?

Nur über diese Fragen lässt sich das Denken und Handeln der Schüler:innen ausreichend verstehen. Hierfür ist eine kritisch-reflexive Haltung notwendig. Ein Verständnis über Konzepte wie Habitus und Kapital, die im Folgenden kurz vorgestellt werden, kann dabei unterstützen.

Die Diversität der Schüler:innen (vertiefend dazu im folgenden *Kapitel 8, Diversität in der Schule)* wird unter anderem durch die Differenzkategorie der sozialen Herkunft mitbestimmt. Das (familiäre bzw. soziale) Feld, in dem sie aufwachsen, prägt u. a. ihre Sichtweisen, Interessen, ihren Geschmack, ihren Kleidungsstil, ihre Sprache, ihre Hobbies und Gewohnheiten – kurz: ihren *Habitus.*

Pierre Bourdieu bedient sich dabei des Bildes eines dreidimensionalen *sozialen Raums,* der in viele unterschiedliche soziale Felder eingeteilt ist, die mehr oder weniger weit voneinander entfernt liegen. Die sozialen Herkunftsfelder, in denen die Schüler:innen aufwachsen, werden durch den Eintritt in das Feld der Schule ganz besonders tragend. Im jeweiligen Herkunftsfeld bilden die Akteur:innen einen bestimmten Habitus aus, der als *Herkunftshabitus* bezeichnet werden kann. Im Feld der Schule dagegen wird eine bestimmte Perspektive, eine bestimmte Haltung bzw. eine bestimmte Denk- und Handlungsweise verlangt – ein *schulischer Habitus.* Um in diesem schulischen Feld erfolgreich agieren zu können, ist es notwendig, die Regeln dieses Feldes zu kennen und diesen schulischen Habitus zu verinnerlichen. Je weiter schließlich das Herkunftsfeld vom schulischen Feld entfernt liegt, umso schwieriger ist es für Schüler:innen, sich in diesem Feld zurechtzufinden und darin Fuß zu fassen. (Kramer & Helsper 2011) Das liegt unter anderem daran, dass in der Schule eine bestimmte Sprache, die sogenannte *Bildungssprache* gesprochen und verlangt wird, die sich mehr oder weniger stark von der Sprache im Herkunftsfeld unterscheidet und damit als Distinktionsmittel agiert. (Bourdieu 1990) Mit *Bildungssprache* ist im Anschluss an Habermas jenes Sprachregister zu verstehen, „mit dessen Hilfe man sich mit den Mitteln der Schulbildung ein Orientierungswissen verschaffen kann.“ (Habermas 1977, 40; Gogolin & Lange 2011, 108)

> „Fest zu halten bleibt,“ schreiben Ingrid Gogolin und Imke Lange in diesem Zusammenhang, „dass die Chance auf schulischen Erfolg in Deutschland derzeit vor allem denen offen steht, die nicht allein auf die Schule angewiesen sind, sondern sich Bildungssprache auch außerhalb von Bildungsinstitutionen erobern können – hauptsächlich in ihren Familien, weil diese eine enge Beziehung zur Schrift und Schrifttum haben.“ (Gogolin & Lange 2011, 116)

Das sprachliche Register der Bildungssprache und die darin aufgehobenen Regeln finden sich jedoch nicht in expliziten Regelbüchern. Vielmehr bleiben sie meist implizit und ohne Erläuterung. Schüler:innen, deren Herkunftshabitus weiter von jenem des schulischen Feldes entfernt liegt, benötigen daher einen besonderen Kraftaufwand, um die Anforderungen der Schule zu bewältigen und haben dadurch geringere Chancen auf Bildungsteilhabe. (Feilke 2012) Sie starten im Wettbewerb um Bildungskapital, das in der heutigen Wissensgesellschaft von hoher Bedeutung ist, von weiter hinten und müssen sich den schulisch erforderlichen Habitus erst aneignen, in den Kinder aus privilegierten Familien bereits einsozialisiert sind. Insofern ist es Bourdieu zufolge auch bei der Betrachtung der *Sprache* der Schüler:innen erforderlich, die gesellschaftlichen Bedingungen bzw. sozialen Voraussetzungen in der sprachlichen Praxis zu berücksichtigen. Dabei ist Sprache stets auch in Machtverhältnissen zu denken. (Bourdieu 1990) Wessen Sprachgebrauch von wem sanktioniert bzw. belohnt wird und was als *legitime Sprache* anerkannt wird, wird auch in der Institution Schule (mittels Sanktionen und Benotung) täglich ausverhandelt, wodurch Schule als mitverantwortlich für die Ausbildung eines *sprachlichen Habitus* gesehen werden muss. (Fürstenau & Niedrig 2011) Gogolin und Lange (2011) bieten mit ihrem Konzept der *durchgängigen Sprachbildung* ebenso einen didaktischen Ansatz, wie Josef Leisen (2013) oder Tanja Tajmel (2017) mit dem Konzept des *sprachsensiblen bzw. sprachbewussten Fachunterrichts*, um dieser Bildungsbenachteiligung entgegenzutreten und Schüler:innen gezielt zu unterstützen, die den Normen der Schule aufgrund ihrer sozialen Herkunft nicht entsprechen.

Die vermeintliche *Begabung* (siehe Mythos 4 in *Kapitel 2, 10 Mythen über Lernen und Unterrichten)* bzw. Intelligenz, die Lehrende in manchen Schüler:innen zu erkennen glauben, liegt demnach oft bloß an der Nähe privilegierter Kinder zum schulisch erforderlichen Habitus, die dazu führt, dass sie die *Regeln des schulischen Feldes* am besten verinnerlicht haben. Diese unsichtbaren Regeln des Feldes sichtbar zu machen, ist eine Voraussetzung dafür, Schule chancengerechter zu machen (siehe die Konzepte des Diversitätsrades und der „rationalen Pädagogik“ in *Kapitel 8, Diversität in der Schule).* Dies würde vor allem jenen Schüler:innen zu Gute kommen, die diese Regeln des Feldes nicht bereits im Herkunftsfeld erlernt haben. Lehrende bevorzugen unbewusst jene Schüler:innen, die den Sinn des Spiels verstanden haben und die ihnen selbst dadurch ähnlicher sind. Um diese unbewusste Ungleichbehandlung bewusst zu machen und dadurch bekämpfen zu können, bedarf es einer grundlegenden Reflexion über die Positionen der Schüler:innen im sozialen Raum und der gezielten Reflexion des eigenen Lehrer:innenhandelns.

Neben dem Konzept des Habitus ist bei Pierre Bourdieu (1983) auch der Begriff des *Kapitals* von großer Bedeutung, der ebenso für die Analyse der sozialen Position der Schüler:innen hilfreich ist. Bourdieu weitet dabei den Begriff des Kapitals aus, in dem er neben das altbewährte *ökonomische Kapital* (in Form von Geld, Aktien oder Immobilienbesitz) auch die beiden Kapitalsorten des *sozialen Kapitals* (in Form von gewinnbringenden Beziehungen) und des im schulischen Feld besonders wichtigen *kulturellen Kapitals* setzt. Als kulturelles Kapital wird neben formalen Bildungsabschlüssen, Zertifikaten und akademischen Titeln auch die Ansammlung an manifesten Kulturgütern wie Bücher, Zeitungsabonnements oder Musikinstrumente verstanden. Vor allem spielt jedoch das *inkorporierte kulturelle Eigentum* eine wichtige Rolle, wie es zum Habitus bereits erläutert wurde. Geschmack, Sprache(n) Hobbies und Gewohnheiten haben einen grundlegenden Anteil am gesellschaftlichen Status bzw. an der jeweiligen Sichtweise auf die Welt. Das Kulturkapital ist demnach wesentlich für soziale Ungleichheit und für (Miss-)Erfolg im schulischen Feld verantwortlich.

Die Summe und die Zusammensetzung der drei Kapitalsorten (ökonomisches, soziales und kulturelles Kapital) bestimmen schließlich den jeweiligen Standort im sozialen Raum, wobei die Basis dafür in den Familien gelegt wird. (Holzmayer 2019) In den einzelnen Feldern des sozialen Raums sind die verschiedenen Kapitalsorten jedoch unterschiedlich hoch angesehen. Ist im Feld der Wirtschaft vor allem ökonomisches Kapital wichtig, so ist es im schulischen Feld vor allem das kulturelle Kapital, das für Anerkennung und Erfolg sorgt. Insofern sind es vor allem Kinder aus Familien, die hohes kulturelles Kapital besitzen (z. B. Akademiker:innenfamilien), die sich im Feld der Schule wohl fühlen und darin erfolgreich sind. Diese Kinder haben zudem ihre Eltern/Erziehungsberechtigten, die ihnen Unterstützung und Förderung in schulischen Belangen geben können bzw. wissen sie durch ihr hohes kulturelles Kapital intuitiv, in welchen Bereichen sie ihre Zeit und Anstrengung investieren sollen, um in diesem Feld – etwa bei Prüfungen – erfolgreich zu sein.
Um ein ausgleichendes und chancengerechteres Bildungssystem zu entwickeln, braucht es Reformen auf verschiedenen Ebenen, sei es auf Ebene der Bildungspolitik, der pädagogischen Einrichtungen inkl. der Lehrer:innenbildung, aber auch der Lehrenden selbst. (El-Mafaalani 2020) Nur wenige dieser Ebenen lassen sich von einzelnen Lehrpersonen direkt beeinflussen. Dennoch ist ihnen mit der hier vorgestellten Reflexion ihrer sozialen Herkunft bzw. der sozialen Herkunft ihrer Schüler:innen ein Teilstück dazu gegeben, ihren Unterricht sozial durchlässiger zu gestalten. Stärkere Transparenz im Umgang mit Anforderungen und Leistungsüberprüfungen (siehe *Kapitel 9, Zur Bedeutung der Überprüfung von Lernleistungen im Unterricht)* sind dabei ein gutes Mittel, um diesen Startnachteil weniger privilegierter Kinder abzuschwächen. Nur wenn alle Schüler:innen in gleichem Ausmaß wissen, welche Regeln gelten und welche Schritte notwendig sind, um erfolgreich zu sein, kann eine chancengerechte Schule gelingen.

> „Wenn die Schule ihren Bildungsauftrag erfüllen und am Prinzip der Chancengleichheit festhalten will," argumentiert Thomas Alkemeyer in diesem Zusammenhang mit Blick auf Bourdieus Kapitaltheorie, „muss sie in der Lage sein, die Habitus der Schülerinnen und Schüler aus unterschiedlichen sozio-kulturellen Milieus anzusprechen." In der Bildungsforschung wurde Alkemeyer zufolge wiederholt darauf hingewiesen, „dass alle Schülerinnen und Schüler ihr außerschulisches Leben mit den Anforderungen des Schullebens vermitteln müssen, und dies umso schwieriger ist, je stärker sich Herkunftsmilieu und Schulkultur unterscheiden." (Alkemeyer 2006, 135)

Diese und ähnliche Überlegungen haben in den vergangenen Jahren dazu geführt, dass sich ein zunehmendes Bewusstsein für die Notwendigkeit der Ausbildung einer ungleichheitssensiblen Schulpädagogik sowie der Förderung einer zunehmenden Habitussensibilität in der Lehrer:innenbildung entwickelte. (El-Mafaalani 2020; Kerge & Heidkamp-Kergel 2019; Sander 2014) Bevor Schüler:innen auf ihre soziale Herkunft analysiert werden, benötigt es eine tiefgreifende Reflexion über die eigene soziale Herkunft und deren Auswirkung auf den eigenen schulischen und beruflichen

Werdegang, sowie den eigenen Wahrnehmungs-, Denk- und Handlungsweisen. Die soziale Komponente im scheinbar individuellen und rationalen Schüler:innen- und Lehrer:innenhandeln soll dabei gezielt in den Vordergrund gerückt werden.

7.2 Beobachtungen im Klassenzimmer

Die (habituelle) Reflexion hilft jedoch nicht bloß im Prozess der gezielten Unterrichtsbeobachtung, sondern sollte im Lehrer:innenhandeln stets als begleitende Maxime im Unterricht berücksichtigt werden.
Im Folgenden wird der Fokus wieder auf die Unterrichtsbeobachtung gelegt, die als Basis für die Entwicklung einer pädagogischen Sensitivität dient und tragfähige pädagogische Diagnoseprozesse in Hinblick auf das Lernen der Schüler:innen in Gang setzen hilft (mehr zur Reflexion anhand verschiedener Differenzkategorien in *Kapitel 8, Diversität in der Schule).*
Den eigenen Unterricht bzw. das eigene Lehrer:innenhandeln (systematisch) zu beobachten, ist laut Heike de Boer (2012b) ein komplexes und schwieriges Vorhaben, das ohne gewisse Routine und grundlegende Reflexion nur schwer möglich ist. De Boer (ebd., 216) betont die große Diskrepanz zwischen Fremd- und Eigenwahrnehmung von Lehrenden, die sich aus sozialer Erwünschtheit, Stereotypisierungen und anderen blinden Flecken in der Wahrnehmung fremder und eigener Handlungen ergeben. Die Autorin (ebd., 217) gibt vier zentrale Fehlerquellen an, die für die Schwierigkeit der Beobachtung eigenen Unterrichts verantwortlich sind:

1. die verzerrte *Wahrnehmung,* die an emotionaler Beteiligung oder aber fälschlichen Annahmen liegt. Dabei wäre etwa die unreflektierte Annahme genannt, dass Schüler:innen, die im Fach Mathematik gut sind, auch gute Leistungen im Fach Physik mit sich bringen,
2. die unbewusste *Interpretation,* die mit der Beobachtung einhergeht,
3. die verzerrte *Erinnerung,* die bei der nachträglichen Aufzeichnung auftreten kann, sowie
4. die *Wiedergabe,* die etwa durch beschönigende Dokumentation entsteht.

Die Motivation, den eigenen Unterricht gezielt zu beobachten, entstammt dabei zu einem großen Teil aus der Wahrnehmung von Unterrichtsstörungen einzelner Schüler:innen. Auch dabei hilft im ersten Schritt die Selbstreflexion, denn die wahrgenommene Unterrichtsstörung entstammt meist der eigenen normativen Erwartung gegenüber dem ‚normalen bzw. idealen Schulkind':

> „Es ist sozial integriert, aufgeschlossen und kontaktfreudig, arbeitet kontinuierlich im Unterricht mit, ist nicht zu schnell und nicht zu langsam, fragt bei Verständnisschwierigkeiten nach, hat Durchhaltevermögen und gestaltet Aufmerksamkeitspausen unauffällig." (de Boer 2012b, 219)

Diese Beschreibung des ‚idealen Schulkindes', das perfekt an die Anforderungen der Schule angepasst scheint, spiegelt die Regeln des Feldes der Schule wider, von denen oben gesprochen wurde, aber auch die Erwartungen vieler Lehrenden. Insofern hilft es auch bei der Gestaltung des eigenen Unterrichts, zunächst zu reflektieren, wie die eigenen Erwartungen an die Schüler:innen lauten. (El-Mafaalani 2020, 234ff.)
Was erwarte ich mir von meinen Schüler:innen und welches Verhalten der Schüler:innen erkenne ich als erwünscht oder ‚normal' an? Im Analyseprozess der Beobachtung helfen diese Fragen im ersten Schritt dabei, zu erkennen, was die Handlungen bestimmter Schüler:innen in mir ausgelöst haben und welche Reaktionen ich mir erwartet hätte.
Als ebenso hilfreich gestaltet sich der Schritt des Perspektivenwechsels, indem Lehrpersonen versuchen, die Perspektive der Schüler:innen zu übernehmen und *in ihre Haut zu schlüpfen.* Dabei ist es auch möglich, die Schüler:innen konkret zu fragen, wie sie selbst die spezielle Situation wahrgenommen haben bzw. den Unterricht oder die Schule ganz allgemein wahrnehmen. (Heinzel 2012, 183) Je besser Lehrende die Schüler:innen mit ihren habituellen Voraussetzungen kennen und reflektiert betrachten können, umso besser kann auch dieser Perspektivenwechsel gelingen.
Lehramtsstudierende sind in Seminaren, in denen gemeinsam Fälle besprochen werden, immer wieder davon überrascht, wie sich die konkrete Situation auf unterschiedliche Weise darstellt, sobald sie diese nicht nur aus der voreingenommenen Perspektive der Lehrenden betrachten, sondern auch jene der Schüler:innen mitreflektieren. (Holzmayer & Sattlberger 2022) Denn:

> „Eine wichtige Voraussetzung für das Verstehen von Kindern besteht in der Annahme, dass sie in ihren Kontexten immer sinnvoll handeln, selbst wenn ihre Handlungen den erwachsenen Beobachtern manchmal unsinnig erscheinen und diese irritieren." (Heinzel 2012, 185)

Die Einübung einer wissenschaftlichen und möglichst interpretationsfreien Beschreibung der beobachteten Situation soll verhindern, dass die Situation bereits vor der konkreten Analyse von vorurteiligen Wertungen durchzogen ist. Im Sinne der intersubjektiven Nachvollziehbarkeit (Strübing et al. 2018) bzw. des kollegialen Feedbacks ist es hilfreich, die beobachtete Situation gemeinsam mit Kolleg:innen zu besprechen und zu analysieren. Wichtig dabei ist, dass die Situation auf der einen Seite möglichst neutral und wertfrei geschildert wird, um das Gegenüber nicht mit den eigenen Urteilen zu belasten und andererseits, dass die Situation sachlich, kollegial und ebenso kritisch diskutiert werden kann. Sich über das Gespräch mit Kolleg:innen bloß die Bestätigung der eigenen Meinung abzuholen, wird dem Anspruch der reflexiven Beobachtung und des professionellen Lehrer:innenhandelns nicht gerecht.
Auch die Unterstützung durch Fremdbeobachtung kann behilflich dabei sein, eigenen Unterricht kollegial zu begleiten. Die gegenseitige Hospitation und das gegen-

seitige Feedback zum Lehrer:innenhandeln in der Schulklasse kann dabei helfen, festgefahrene Praktiken aufzulockern und neue Perspektiven für das eigene Lehrer:innenhandeln zu erhalten. (Breidenstein 2010) Auch eine gewisse Irritation des Lehrer:innenhabitus ist dadurch möglich, da dieser sich ähnlich zum Irritationsmoment im Lernprozess wie der Schüler:innenhabitus verhält (siehe dazu *Kapitel 4, Lernen – der pädagogische Blick).* Als Beispiel kann hier ein Aufsatz von Angela Paseka (2008) aufgegriffen werden, in dem sie zeigt, wie eine sich als Feministin begreifende Lehrperson durch eine kollegiale Unterrichtsbeobachtung erfahren muss, dass sie in ihrem Unterricht bevorzugt männliche Schüler zu Wort kommen lässt. Lehrende sind verhaftet in ihren Routinen des Unterrichts und entwickeln dadurch Scheuklappen, die es ihnen zuweilen schwer machen, diese festsitzenden Routinen aufzubrechen. Fallanalysen und (kollegiale) Unterrichtsbeobachtungen können dienlich dabei sein, starre Sichtweisen und Handlungspraktiken aufzuweichen und zu irritieren. (Holzmayer & Sattlberger 2022) Hilfreich für das Setting der gegenseitigen Unterrichtsbeobachtung ist es, den Beobachtungsgegenstand einzugrenzen, auf z. B. Unterrichtseinstieg, kooperative Lernformen oder den Umgang mit bestimmten Schüler:innen, damit das Beobachtungsfeld durch Überforderung der Beobachtenden nicht zu verwässern droht. (Bennewitz 2012, 206)

> „Das große Potenzial von Beobachtungsprotokollen zum Handeln von Lehrpersonen liegt – egal welche Handlungen und Situationen in den Protokollen thematisiert werden – immer darin, die Differenz von pädagogischer Intention, praktischem Handeln und entstehender (Neben-)Wirkung wahrzunehmen." (Bennewitz 2012, 207)

Unterrichtsbeobachtungen von Lehrenden dienen laut Hedda Bennewitz (2012) daher nicht dazu, Unterricht oder Lehrpersonen zu bewerten, sondern vielmehr Reflexions- und Verstehensprozesse anzuregen und damit Professionalisierungsprozesse auszulösen.

Weiterführende Literatur

De Boer, H. & Reh, S. (Hrsg.) (2012): Beobachtung in der Schule – Beobachtung lernen. Wiesbaden: Springer VS.

El-Mafaalani, A. (2020): Mythos Bildung. Die ungerechte Gesellschaft, ihr Bildungssystem und seine Zukunft. Köln: Kiepenhauer & Witsch.

Rabenstein, K. & Schrittesser, I. (Hrsg.) (2014): Beobachten. Journal für LehrerInnenbildung 2014 (1).

Für den Lehrer:innenberuf bedeutet das

Lehrende sollten bei der Beobachtung der Schüler:innen stets deren soziale Herkunft bzw. andere diversitätsbedingte Voraussetzungen mitberücksichtigen, um impliziten Erwartungen, Vorurteilen oder gar möglichen Antipathien vorzugreifen. Die soziale Einbettung der Schüler:innen in ihrem Herkunftsfeld ist für ihr Auftreten im schulischen Feld wesentlich mitverantwortlich. Insofern darf das Verhalten von Schüler:innen nicht bloß als individuell geprägt erachtet werden. Die soziale

Herkunft spielt eine zentrale Rolle für das Schüler:innenhandeln. Ein Bewusstsein für diese herkunftsbedingten Unterschiede der Schüler:innen soll dabei helfen, Vorurteilen entgegenzutreten, indem die Denk- und Handlungsweisen der Schüler:innen besser verstanden werden und dabei im Blick bleibt, von welchem Standort im sozialen Raum aus sie lernen.

Die Reflexion habitueller Voraussetzungen, aber auch die wissenschaftlich-reflexive und möglichst wertneutrale und sachliche Beobachtung von Unterricht aus verschiedenen Perspektiven können dabei helfen, festgefahrene Überzeugungen und Unterrichtsroutinen aufzubrechen. Die kollegiale und gegenseitige Unterrichtsbeobachtung sowie gemeinsame Fallbesprechungen bereits im Lehramtsstudium und später auch im beruflichen Kontext mit Kolleg:innen können als hilfreich dafür gesehen werden, das eigene Lehrer:innenhandeln zu reflektieren und besser verstehen zu lernen, um verstärkt einen geschulten Blick – im doppelten Sinn ein *professional eye* – zu entwickeln. ◂

8 Diversität in der Schule – von der Verschiedenheit der Köpfe, heterogenen Lerngruppen und inklusiver Pädagogik

Neben der Schaffung eines lernfreundlichen Unterrichtsklimas trägt die professionelle methodisch-didaktische Gestaltung von Unterricht auch dazu bei, erfolgreiches Lernen für Schüler:innen mit den unterschiedlichsten Lernvoraussetzungen zu ermöglichen.
Der Planung von Unterricht liegt demgemäß die Herausforderung zugrunde, bei den Schüler:innen Aufmerksamkeit und Interesse zu stimulieren. Shayer (2003) nennt dies das *Auslösen eines kognitiven Konflikts*:

> „Wenn sie [die Lehrer:innen, Anm. d. Verf.] die Bandbreite der mentalen Niveaus der Kinder in ihrer Klasse nicht einschätzen können und gleichzeitig auch nicht das Niveau des kognitiven Bedarfs für jede der Unterrichtsaktivitäten, wie können sie dann Vorgehensweisen planen und durchführen – als Reaktion auf die von Minute zu Minute erfolgenden Reaktionen der Schülerinnen und Schüler –, die dazu führen, dass alle sich in fruchtbarer Art und Weise beteiligen?“ (Shayer 2003, 481)

Hier eröffnet sich die viel diskutierte Frage, wie innerhalb des unterrichtlichen Geschehens und darüber hinaus mit den unterschiedlichen Lernvoraussetzungen, den verschiedenen Vor-Erfahrungen und Interessen umgegangen werden soll.

> „Also für mich war es immer so der Schlüssel fürs jahrelange Unterrichten. Ich gehe in eine Klasse hinein und nehme wahr und sag: „euch geht's gar nicht gut. Was ist passiert?“ Oder ich habe eröffnet mit „wie geht's euch heute?“ Und dann ging's so oder so. So habe ich ganz oft angefangen, ja. Weil ich gemerkt habe, das öffnet mir den Raum. Weil ich merke, ich hole sie dort ab und interessiere mich für das, was da jetzt passiert ist. Ich nehme wahr.“ (Lehrer:in in Fokusgruppe)

Trotz der zunehmenden Wahrnehmung und Beachtung in der Schule ist „Heterogenität“ kein neues Phänomen. Bereits seit der Einführung der Schulpflicht vor mehr als 200 Jahren wird das Thema diskutiert. Johann Friedrich Herbart (1776-1841) charakterisiert bereits um 1800 die „Verschiedenheit der Köpfe“ als eine der zentralen Herausforderungen des Unterrichts.
Das heute unter Begriffen wie „heterogene Lerngruppen“ populäre Verständnis suggeriert, dass es dagegen auch „homogene Lerngruppen“ gäbe bzw. in weite-

rer Folge, dass die Heterogenität die Abweichung von der anzustrebenden Norm der Homogenität darstelle. In Bezug auf einzelne Merkmale mag es so etwas wie Gleichheit geben, die schulische Realität zeigt allerdings, dass Lerngruppen unwillkürlich vielfältig zusammengesetzt sind; selbst, wenn Schule diesen Umstand lange Zeit außer Acht gelassen hat.

Die „Verschiedenheit der Köpfe" wird mit unterschiedlichen Konzepten beschrieben, kann aber per se nur als „relational" betrachtet werden. Verschiedenheit braucht ein Gegenüber, um sich unterscheiden zu können. Die verwendeten Begriffe der Unterscheidung implizieren dabei unterschiedliche Bedeutungen. Begriffe wie „Heterogenität" oder „Differenz" betonen die Unterschiedlichkeit, bleiben dabei jedoch wertneutral und beschreibend. Negativ konnotierte Begriffe wie „Andersartigkeit" oder „Abweichung" implizieren zugleich auch ein anzustrebendes Ideal bzw. sogenannte „Normalität". Dagegen verleihen Begriffe wie „Diversität" oder „Vielfalt" der Verschiedenheit eine positive Konnotation und gehen dabei vom Potenzial dieser Unterschiedlichkeit aus – wie es etwa im Konzept der „Pädagogik der Vielfalt" gedacht wird. (Prengel 2019 [1993]) Auch der Begriff der „Inklusion" ist positiv konnotiert, geht allerdings als konkrete Strategie im Umgang mit Verschiedenheit bereits einen Schritt weiter. (Biewer et al. 2019)

Eine verkürzte Auffassung von Heterogenität, die sich auf klassische Kategorien wie Geschlecht, Ethnizität, Klasse oder Behinderung beschränkt, läuft Gefahr, Vorurteile, Stereotypen und Diskriminierung zu stärken und zu pauschalisieren. (Prengel 2019 [1993]) Durch die automatisierte Einordnung von Menschen in bestimmte Normvorstellungen (z. B. Mann/Frau, homo- bzw. heterosexuell, In- bzw. Ausländer:in) werden entsprechende Verhaltenserwartungen verfestigt und andere Möglichkeiten automatisch ausgeschlossen. Durch diese Normierung und Stereotypisierung entstehen zugleich hierarchisierende Bewertungen und Ungleichbehandlungen, die es zu verhindern gilt.

Zentrale Aufgabe der Schule und der Lehrenden ist es, eine „soziale Sensibilität" zu schaffen, ein Wissen und Bewusstsein über diverse Kategorisierungs-, sowie Bewertungsmechanismen, die für Ausgrenzung und Diskriminierung bestimmter Gruppen verantwortlich sind. Ein solches Bewusstsein ist erforderlich, um Ungleichheitsverhältnisse, Diskriminierung und Hierarchien in der täglichen Unterrichtspraxis nicht selbst zu reproduzieren.

8.1 Das Diversitätsrad als Hilfsmittel der Reflexion des eigenen Standortes

Um im (Schul-)Alltag sensibel und im Sinne der Pädagogik der Vielfalt „inklusiv" agieren zu können, hilft es, sich die einzelnen Diversitätskategorien zu verdeutlichen und damit den eigenen Standort innerhalb dieser Kategorien bewusst zu machen. Der Standort bestimmt den Standpunkt. Ein Hilfsmittel für diese Selbstreflexion bietet das „Diversitätsrad“:

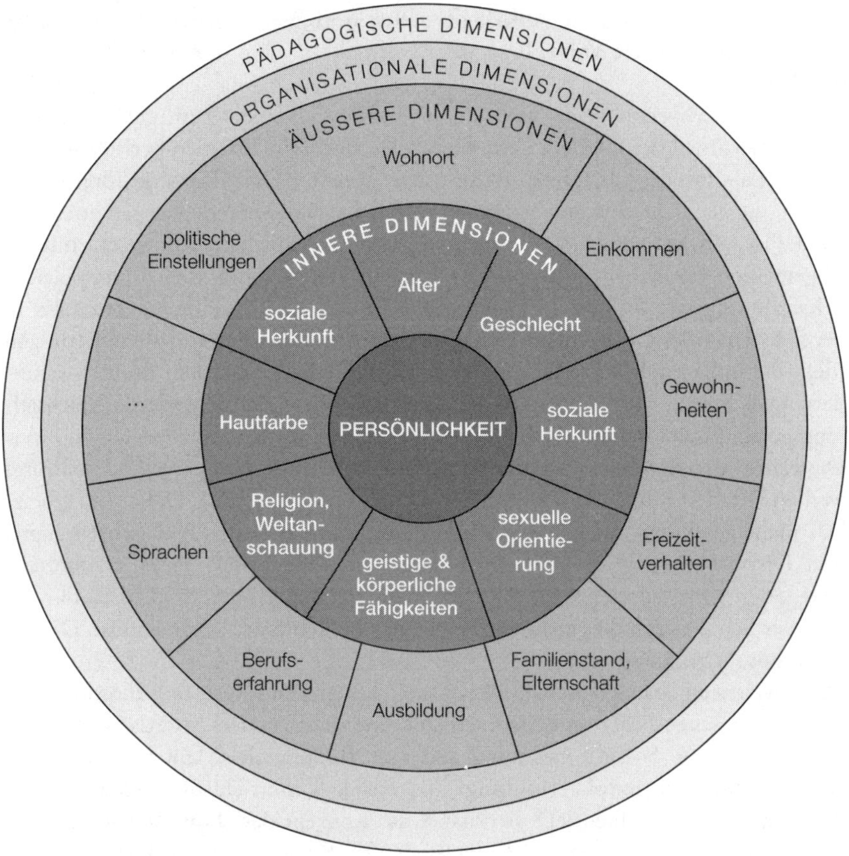

Abb. 9: *Das Diversitätsrad im Kontext der Schule*; eigene Adaption nach der Darstellung der *4 Layers of Diversity* von Lee Gardenswartz und Anita Rowe (Gardenswartz/Rowe 2003, 33); Adaptionen der einzelnen Kategorien bzw. die Erweiterung um die pädagogischen Dimensionen sind speziell auf den Kontext der Schule ausgerichtet und wurden von Michelle Proyer und Michael Holzmayer erstellt – eine interaktive Darstellung mit näheren Erläuterungen zu den einzelnen Kategorien findet sich im Lehramtskompass des Lehramtsverbundes Nord-Ost: https://lehramt-nordost.at/lehramtskompass

Anhand des Diversitätsrades können (angehende) Lehrer:innen ihre eigene Position, aber zugleich auch die Position ihrer Schüler:innen auf unterschiedlichen Dimensionen reflektieren. Im Sinne eines Privilegien-Tests lässt sich dabei erkennen, inwiefern wir auf den verschiedenen Ebenen aufgrund unserer (Selbst- oder

Fremd-)Zuschreibung privilegiert bzw. marginalisiert, also benachteiligt, sind. Diese Übung hilft dabei, uns und unsere Mitmenschen – im Schulkontext sind dies vor allem Kolleg:innen und Schüler:innen – besser zu verstehen und zu erkennen, auf wie viele unterschiedliche Arten und Weisen wir uns voneinander unterscheiden. Unsere Vorstellung von „Normalität" wird durch diese Reflexion brüchig.

Im Kern des Diversitätsrades steht die eigene Persönlichkeit bzw. der eigene Habitus, der von all den umliegenden Kategorien und Dimensionen beeinflusst wird und uns als soziale Subjekte ausmacht. Zur „inneren Dimension" gehören Kategorien, die als nicht bzw. nur schwer beeinflussbar und veränderbar gelten. Deren Schutz ist teilweise gesetzlich verankert – wie in Gleichbehandlungsgesetzen (dem Allgemeinen Gleichbehandlungsgesetz AAG in Deutschland, dem Bundesgleichbehandlungsgesetz B-GlBG in Österreich oder dem Gleichstellungsgesetz GlG in der Schweiz) oder Gesetzen zur Gleichstellung von Menschen mit Behinderungen (dem Behindertengleichstellungsgesetz BGG in Deutschland, dem Bundes-Behindertengleichstellungsgesetz BGStG in Österreich oder dem Behindertengleichstellungsgesetz BehiG in der Schweiz).

Die Kategorien der äußeren Dimension sind mehr oder weniger veränderbar und werden von den Kategorien der inneren Dimension beeinflusst. Diese sind gesetzlich nicht geschützt, spielen aber ebenso eine zentrale Rolle für Zuschreibungen und Diskriminierung. In der „organisationalen Dimension" treten strukturelle Kategorien zum Vorschein, die Akteur:innen voneinander unterscheiden. Für das Feld der Schule kann dies etwa sein: verschiedene Lehrämter, Schulkultur, Dienstverhältnis, Schulform etc.

Der erweiterten „pädagogischen Dimension" lassen sich Kategorien zuordnen, die im pädagogischen Feld von Bedeutung sind und die Unterrichtspraxis der Lehrenden beeinflussen. So sind dies unter anderem: Bildungsziele, Unterrichtsqualität, Feedback und Leistungsüberprüfung, Diagnostik, Unterrichtsmethoden und Didaktik etc. Übergeordnet ließe sich dabei das Konzept der „Professionalität" nennen (siehe *Kapitel 11, Pädagogische Professionalität).*

Dabei wird deutlich, dass die Differenzlinien auch stets mit Machtverhältnissen verbunden sind. Die Zugehörigkeit zu verschiedenen Gruppen bringt Vor- oder Nachteile. Das Diversitätsrad veranschaulicht, dass sich Menschen dabei nicht nur anhand einzelner Kategorien unterscheiden – wie oft verkürzt angenommen bzw. dargestellt wird –, sondern dass es eine große Palette an Differenzmerkmalen gibt, die je nach Situation unterschiedlich stark in den Fokus rücken. Dieses Zusammenspiel verschiedener Differenzmerkmale wird auch mit dem Begriff der „Intersektionalität" verdeutlicht. Die Überschneidung der Benachteiligung in verschiedenen Differenzkategorien wirkt sich besonders schwerwiegend aus. Ein Bewusstsein über diese Mechanismen der Benachteiligung und (auch strukturellen) Diskriminierung hilft dabei, Schule chancengleicher und „inklusiver" zu gestalten.

Der „Lehramtskompass“ der Universität Wien bietet (nicht nur) für Studierende die Möglichkeit der Reflexion über die eigenen Lehr- und Lernerfahrungen.
In verschiedenen Themenbereichen gegliedert, können kurze online-Bausteine als Selbsttests durchgeführt werden zu Themen wie: Kinderrechte, Praxiserfahrung, Lernen und Lehren, Lerndiagnostik, Organisation wissenschaftlicher Arbeiten und eben „Diversität“. Dort findet sich das Diversitätsrad als interaktive Übung zum Durchklicken mit vertiefenden Informationen zu den einzelnen Kategorien.
Der Lehramtskompass wurde in einem Projekt des Lehramtsverbunds Nord-Ost – federführend von der Universität Wien und der KPH Wien/Krems – unter der Projektleitung von Ilse Schrittesser entwickelt. Der Baustein zur Diversität entstammt einem Projekt des Zentrums für Lehrer*innenbildung in Kooperation mit der Abteilung Gleichstellung und Diversität der Universität Wien unter der Leitung von Michelle Proyer: https://lehramt-nordost.at/lehramtskompass

8.2 Die Fiktion der homogenen Lerngruppe

Schule wurde lange und wird teilweise nach wie vor als Instanz und Institution der Homogenisierung gesehen. Auch Standardisierung, zentralisierte Abschlussprüfungen und die Wiedereinführung von Leistungsgruppen zeigen in diese Richtung. Die Themen Zuwanderung, Flucht und Migration werden in jüngerer Vergangenheit in den verschiedensten Kontexten als Bedrohung dieser Homogenität gesehen und als Begründung für den Befund der scheinbar zunehmenden Diversität der Gesellschaft und Schulklasse herangezogen. Dies führt in Versuchung, in vorgefertigten Mustern zu denken und zu handeln und Schüler:innen nur noch in spezifische Schubladen zu stecken:

> „Wir haben das Glück, [in einem] Bezirk zu liegen, wo die Kinder aus, [der] Mittel- und Oberschicht [kommen], da ist das Elternhaus dahinter, das ist ein anderes Arbeiten […] als wenn Kinder von Migranteneltern oder von armen sozialen Schichten vielleicht da sind.“ (Zitat aus dem Projekt Innovative Learning Environment ILE; Schrittesser et al. 2012, 161)

In dieser defizitorientierten Beschreibung lässt sich die Gleichsetzung der Kategorien soziale Herkunft und Migration erkennen. Die Zuschreibung zu „armen sozialen Schichten“ sowie jene des sogenannten „Migrationshintergrundes“ erweisen sich aus dieser Perspektive als Marginalisierung. Die Norm stellen dabei Schüler:innen aus der „Oberschicht“ ohne sogenannten „Migrationshintergrund“ dar. Solch defizitäres Denken führt dazu, dass Schüler:innen aufgrund spezifischer Zuschreibungen (im schulischen Kontext sind diese zentralen Kategorien oft Sprache, soziale Herkunft, Migration und Behinderung) mit Defiziten und Problemen konnotiert und dadurch unterschiedlich behandelt und (trotz der oft guten Absichten) diskriminiert werden (siehe *Kapitel 12, Kinderrechte).* Die Homogenisierung und Vermeidung bzw. Bekämpfung von Unstimmigkeiten und Normabweichungen ist das dahinterliegende Ziel.

„Vielfalt" überfordert und befremdet konservative Strukturen und Denkweisen. Viele der oben genannten Differenzkategorien befinden sich seit geraumer Zeit im Umbruch. Dies verunsichert, da die Umstände immer wieder danach verlangen, von eingelernten Denk- und Handlungsmustern abzuweichen und ein erweitertes Verständnis zuzulassen. So können auch im Kontext der Schule Probleme entstehen, die Ungleichheitsgefühle und Abwertung bestimmter Schüler:innengruppen zu verstärken drohen. Von der Norm abweichende Erwartungen, Voraussetzungen und Zuschreibungen geben ausreichend Stoff für Konflikte – z. B.: Wie dürfen sich Kinder in der Schule verhalten? In welcher Sprache dürfen sie sich im Pausenhof verständigen? (Ab welchem Alter) Dürfen Kinder in der Schule ein Kopftuch tragen? Sind Sonderschulen, Leistungsgruppen und Noten als Differenzierungsmerkmal notwendig? All diese Diskurse können auch aus der Perspektive der Homogenisierung gelesen werden.

Durch das Auseinanderbrechen traditioneller Lebensformen wachsen Kinder und Jugendliche heute zunehmend in Umfeldern auf, die von weniger starren Normen geprägt sind. Geschlechterrollen abseits der binären Logik, unterschiedlichste „natio-ethno-kulturelle Zugehörigkeiten" (Mecheril 2010), diverse Familienformen, religiöse Differenziertheiten usw. rücken zunehmend in die „Normalität des Alltags". Auch eine gewisse Sicherheit im pädagogischen Handeln geht dadurch verloren. Demnach verschwinden die klar definierten und abgegrenzten Normalitätsmuster, die die Welt und das Zusammenleben in ihr vereinfachen. Die Erziehung der Schüler:innen hin zu konkreten Lebensformen wird durch die Vervielfältigung von Optionen der Lebensführung abgelöst.

Das Feld der Schule ist allerdings nach wie vor stark geprägt von verschiedenen Mechanismen und Strukturen, die eine Homogenisierung der Schüler:innen zum Ziel haben:

> „Vom ersten Schultag an greifen in unserem Schulsystem institutionelle Maßnahmen, die auf die Sicherung einer fiktiven Homogenität ausgerichtet sind." (Tillmann 2008, 38)

Dazu gehören z. B. die Altershomogenität in den Klassen; das „Sitzenbleiben"; die Zurückstufung in die Vorschule, wenn Kinder als noch nicht schulreif diagnostiziert werden; die Halbtagsschule (privilegiert jene, die in bildungsaffinen Haushalten wohnen und dort zusätzliche Förderung erfahren und benachteiligt jene, denen diese Unterstützungsmaßnahmen verwehrt bleiben); das zweigliedrige Schulsystem; die Leistungsgruppen in der Sekundarstufe; Deutschförderklassen und die damit verbundene monolinguale Schule; Schulen und Klassen für Kinder mit erhöhtem Förderbedarf usw. Entgegen aller bildungspolitischen Lenkungsversuche kommen Autor:innen diverser Studien immer wieder zum Schluss:

„Auch im gegliederten Schulsystem bleibt die ‚homogene Lerngruppe' eine Fiktion." (Tillmann 2008, 37, Hervorh. i. Orig.)

8.3 Inklusive Pädagogik als Gesamtkonzept in der inklusiven Schule

Ausgehend von einem engen Inklusions-Begriff der 1990er Jahre, der auf die Differenzkategorie Behinderung fokussierte, wird Inklusion heute vorwiegend weit gefasst und inkludiert alle Personengruppen, die aus unterschiedlichen Differenzlinien von Ungleichbehandlung und Diskriminierung betroffen sind. So erinnert der Inklusionsbegriff auch an die vom französischen Soziologen Pierre Bourdieu (2001) geforderte „rationale Pädagogik", die um die sozialen Unterschiede der Schüler:innen Bescheid weiß und diese in der pädagogischen Praxis berücksichtigt (Überblick bei Holzmayer 2019). Nur im Bewusstsein der Ausgrenzungsmechanismen ließe sich die versteckte Reproduktion der sozialen Ungleichheit durch die Schule verhindern.
Die Barrieren, die auf dem Weg zur inklusiven Pädagogik errichtet sind, zeigen sich bei der Betrachtung der Sekundarstufe besonders deutlich. (Biewer et al. 2015) Die Autor:innen führen dies anhand verschiedener Studien auf individueller Ebene auf die erhöhte Differenzierung der jugendlichen Anforderungen und Interessen, die erhöhten Leistungsanforderungen und die damit verbundene Ausgrenzungsmechanismen, Bullying und Leistungsdifferenzierungen zurück. Auf institutionell-struktureller Ebene kommt homogenisierende Bildungspolitik anhand von standardisierter Leistungsfeststellungen und selektiven normausgerichteten Begabungsgebieten hinzu. Ebenso treffen Schüler:innen in der Sekundarstufe auf unterschiedliche Lehrpersonen, die unterschiedlich stark am inklusiven Unterricht interessiert sind, die die einzelnen Schüler:innen kaum kennen und wenig auf ihre Bedürfnisse eingehen können. All diese und weitere Mechanismen (es fehle etwa die angemessene Nachmittagsbetreuung für Kinder mit z. T. Mehrfachbehinderungen) rücken das Bedürfnis der Eltern und Schüler:innen in Richtung Zuweisung zur Sonderschule.
Für eine Neuorientierung des pädagogischen Selbstverständnisses als inklusiv ausgerichtete Pädagogik bedarf es nach Tanja Sturm (2013, 131) einer reflexiven Betrachtung der Heterogenität in pädagogischen Organisationen. Die Barrieren, die auf dem Weg zur inklusiven Pädagogik bestehen, müssen dabei auf unterschiedlichen Ebenen abgebaut werden. Nur im Zusammenspiel der Bildungspolitik, der inklusiven Strukturen der Schule und der inklusiv agierenden Lehrer:innen kann das Ziel eines solchen Ansatzes erreicht werden. (Biewer et al. 2015) So benötigt inklusive Pädagogik erstens die finanzielle und gesetzlich verankerte Unterstützung seitens der Bildungspolitik. Vorschläge wären etwa (heterogenes) Teamteaching, angepasstes qualifiziertes Personal (z. B. Dolmetscher:innen für Gebärdensprache), interdisziplinäre Teams (z. B. Sozialpädagog:innen, Psychagog:innen)

und zugesicherte Nachmittagsbetreuung; zweitens engagierte Lehrende, die diesen Ansatz habitualisiert haben und mit der (diversen) Kolleg:innenschaft teilen (nicht ‚die eine Lehrerin, die für Inklusion zuständig ist'). Dafür braucht es sowohl eine qualifizierte Ausbildung mit ausreichend Berücksichtigung inklusiver Pädagogik, aber auch dementsprechende Fort- und Weiterbildung; und letztlich drittens eine Schulkultur, die diesen inklusiven Ansatz auch von der schulischen Seite strukturell unterstützt. (Biewer et al. 2015) Die Gestaltung der Rahmenbedingungen ist dabei nicht außer Acht zu lassen. Indem das Spektrum über ein Denken *ich und meine Klasse* hinausgeht und sich zu einem *wir und unsere Schule* weiterentwickelt, kann auch Vielfalt in einem größeren Kontext anerkannt und wertgeschätzt werden und ein Klima in der Schule geschaffen werden, das von gegenseitigem Respekt geprägt ist.

Veränderte Rahmenbedingungen können dazu beitragen, Diversität in der Schule als Bereicherung wahrzunehmen und anzuerkennen. Vorschläge hierzu sind z. B.: Jahrgangsmischung, damit die Kleinen von den Großen lernen können und umgekehrt, Peer Learning Aktivitäten unter Gleichaltrigen, individuelle Förderangebote für Einzelne oder für ganze Schüler:innengruppen, etc. Eine Kombination von individualisierten Formen des Unterrichts einerseits und gelenkten Formaten andererseits wird daher sinnvoll sein. Unterricht sollte dazu beitragen, vielfältige Perspektiven zu ermöglichen und vielfältige Zugänge zum Lernen zu fördern. Auch auf den Index für Inklusion (Booth & Ainscow 2019) sei hier verwiesen – als konkreter Leitfaden für die Schulentwicklung auf Basis inklusiver Werte.

Inklusive Pädagogik versteht sich dabei zumeist als normative Pädagogik, die unter dem Verständnis der allgemeinen Menschenrechte, der Kinderrechte und auch der UN-Behindertenrechtskonvention (UN-BRK) agiert (siehe *Kapitel 12, Kinderrechte;* vgl. auch Biewer et al. 2019, 27ff.). Auch die Agenda 2030 zur nachhaltigen Entwicklung, die von den Vereinten Nationen im Jahr 2015 beschlossen wurde und unter dem Programm der Sustainable Development Goals (SDGs 2021) bekannt sind, greifen das Ziel inklusiver Bildung auf. Das vierte von insgesamt 17 Zielen zur nachhaltigen Entwicklung sieht vor, eine „inklusive, gleichberechtigte und hochwertige Bildung für alle" (ebd.) zu gewährleisten.

Weiterführende Literatur

Biewer, G., Proyer, M. & Kremsner G. (2019): Inklusive Schule und Vielfalt. Stuttgart: Kohlhammer.

Für den Lehrer:innenberuf bedeutet das

Um Diversität wahrzunehmen und konstruktive Lösungen zu finden, braucht es verschiedene Einstellungen und Voraussetzungen: diagnostische Kompetenzen, Beobachtungs- und Einfühlungsvermögen, wie z. B. auf kleine Signale zu reagieren und den fruchtbaren Moment zu erkennen, gekonntes *Class-*

room Management, „With-it-ness" (Hattie 2017, 79; Kounin 1970), Gender Awareness, einen strukturierten Umgang mit Unterrichtszeit, …
Dies ist besonders schwierig für Berufsanfänger:innen, weshalb es auch in der Lehrer:innenausbildung einen vermehrten Schwerpunkt auf diese Punkte zu legen gilt. ◂

9 Zur Bedeutung der Überprüfung von Lernleistungen im Unterricht

Neben Unterricht stellen Leistungsfeststellung und Leistungsbeurteilung das Kerngeschäft der Schule dar. Die Leistungen der Schüler:innen werden gemessen, bewertet und haben neben der Funktion der individuellen Rückmeldung auch formale Mitteilungs- und Legitimationsfunktion, d.h. sie berechtigen zum Aufstieg in die nächste Klassenstufe, in eine weiterführende Schule oder zu weiteren (Aus-)Bildungswegen.
Klaus Prange und Gabriele Strobel-Eisele (2006) gehen davon aus, dass Beurteilungen genutzt werden, „um auf der Grundlage von Lernleistungen intern Schulkarrieren zu eröffnen oder zu blockieren und dadurch überhaupt über Lebenschancen zu entscheiden". (Prange & Strobel-Eisele 2006, 179) Die Bewertung von Lernleistungen der Schüler:innen stellen demgemäß die Weichen für zukünftige Berufsentscheidungen und können damit auch eine entscheidende Rolle für den sozialen Status innerhalb der Gesellschaft spielen. In diesem Zusammenhang stellen sich Fragen zur Objektivität und Prognosegenauigkeit von Leistungsbewertungen. Forschungsergebnisse weisen über weite Zeiträume hinweg darauf hin, dass nach wie vor von der Fragwürdigkeit der Notengebung gesprochen werden kann. Dennoch ist die Note aus der Schule kaum wegzudenken, da sie im Selektionsgeschehen zum zentralen Instrument wird. „[F]ür Schüler/innen, Eltern und Abnehmer/innen außerhalb der Schule bietet sie eine rasch überschaubare Information über den Erfolg bei der Bewältigung der schulischen Anforderungen (Berichtsfunktion)." (Eder at al. 2009, 248, Hervorh. i. Orig.)
Der historische Blick auf die Leistungsbeurteilung zeigt uns im Verlauf der letzten 300 Jahre eine Tendenz von eher offenen, lokalen Bewertungspraktiken hin zu standardisierten Formaten, die sich letzten Endes weitgehend durchgesetzt haben. (Ziegenspeck 1999; Hemetsberger 2015; 2019) Parallel zur zunehmenden Verankerung von Ziffernnoten als selbstverständlichem Beurteilungsformat entwickelt sich auch bald ein kritischer Diskurs, der die Unzulänglichkeit von Ziffernnoten in Hinblick auf ihre pädagogische Legitimierbarkeit und Aussagekraft in den Blick rückt. (Martinak 1900; Ingenkamp 1971; Engelbrecht 2008)
Noten drücken innerhalb der einzelnen Schulklasse die gemessenen Leistungsunterschiede aussagekräftig aus. Als Vergleichsmaßstab über verschiedene Schulklassen bzw. Schulstandorte hinaus scheint das allerdings weniger der Fall zu sein. (Vgl. u.a. Baumert et al. 2001) Wie gerecht, im Hinblick auf Chancengleichheit, ist die Notenvergabe? Aber zunächst einmal zur Leistungsüberprüfung im internationalen Vergleich.

9.1 Leistungsüberprüfbarkeit im internationalen Kontext

Der Leistungsfähigkeit von Schulen und deren Kontrolle wird seit geraumer Zeit viel Aufmerksamkeit zuteil. Dementsprechend unterziehen sich Schulsysteme laufend nationalen und internationalen Leistungsüberprüfungen durch Testverfahren wie z. B. TIMMS, PIRLS oder PISA. Das Programme for International Student Achievement (PISA) der OECD – der Organisation für wirtschaftliche Zusammenarbeit und Entwicklung – ist Teil eines umfassenden Indikatorenprogramms, mit dessen Hilfe international vergleichende Daten über die Leistungsfähigkeit der Bildungssysteme der sogenannten OECD- Mitgliedstaaten gewonnen werden sollen.

Was überprüft PISA?
Der Grad der Effektivität von Schulsystemen und deren Lehrkräften wird von den Ergebnissen bei diversen Testungen abgeleitet. Folglich wird die Leistung des gesamten Schulsystems auf Aggregationsebene der Schule überprüft. Nicht überprüft werden die Einzelleistungen der beteiligten Schulen, der Schüler:innen und auch nicht die Ebene des Unterrichts. Die drei Domänen Lesen, Mathematik und Naturwissenschaften und die zugehörigen Inhalts- und Kompetenzbereiche stehen im Mittelpunkt der Testungen, die alle drei Jahre stattfinden und so ausgerichtet sind, dass die Ergebnisse im Zeitverlauf vergleichbar bleiben. Damit können Entwicklungen in den untersuchten Kohorten in den Blick genommen werden. (OECD 2021)
Weltweit werden die Kompetenzen der 15-jährigen Schüler:innen erhoben, was dazu führt, dass sich die Stichproben über mehrere Klassen und Schulstufen verteilen können. Es wird versucht, die Stichproben repräsentativ auszusuchen, da man an Überblicksergebnissen interessiert ist und die Ergebnisse der Erhebungen für Fragen der Steuerung von Bildungssystemen heranzieht. Nur begrenzte Möglichkeiten bieten die vorliegenden Daten, systematisches und objektivierbares Wissen über die Qualität des Unterrichts zu erfassen. (Prenzel et al. 2013, 17ff.)
In den verschiedenen Erhebungsphasen steht immer eine Domäne im Mittelpunkt – so wurde etwa 2018 der Fokus auf die Lesekompetenz gelegt (vgl. https://www.bifie.at/pisa2018, OECD 2021):

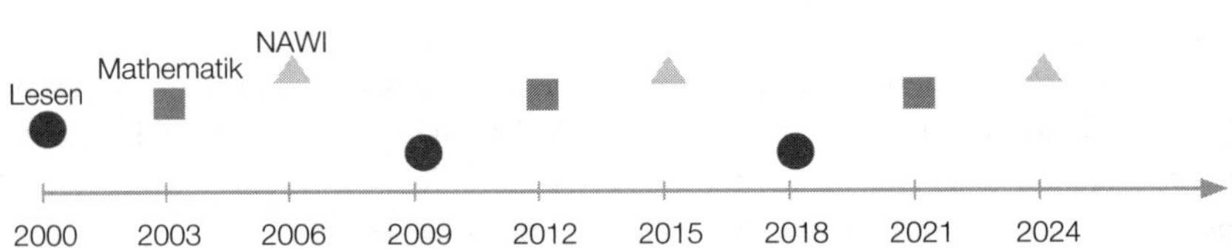

Abb. 10: PISA-Schwerpunktthemen nach OECD (2021)

PISA erleichtert eine kritische Diskussion über die Möglichkeiten und Grenzen dessen, was die Studie erfasst, indem versucht wird, ein hohes Maß an Transparenz zu

bieten. So werden etwa die jeweiligen Verfahrensschritte in den Technical Reports ausführlich und genau beschrieben. Zahlreiche Publikationen erläutern die theoretischen Rahmungen und die aus den Daten ableitbaren Erkenntnisse.
Die erhobenen Daten sprechen allerdings nicht für sich, da auch quantitativ erhobene Daten, denen der Schein der Objektivität vorauseilt, der Interpretation bedürfen und dementsprechende Interpretationsspielräume eröffnet werden – was sich in den diversen, durchaus kontroversiellen Diskussionen über die Ergebnisse der PISA-Studie wiederholt widerspiegelt. (Hopmann, Brinek & Retzl 2007)
Das öffentliche Interesse an der Qualität des Bildungssystems ist jedenfalls ungebrochen hoch. Die seit dem Jahr 2000 durchgeführten groß angelegten Schulleistungsstudien haben dazu wesentlich beigetragen. Riskant an dem feststellbaren Messtrend ist die Gefahr, dass Kinder, Lehrer:innen und Schulen zunehmend unter Druck geraten. Diese Entwicklung kann dazu führen, Tendenzen des „teaching to the test“ und der Konzentration auf die Lernergebnisse gegenüber einer vorrangig am Lernprozess des einzelnen Kindes interessierten Einstellung, den Vorzug zu geben. Vor diesem Hintergrund ist ein professioneller Zugang und eine gewisse Gelassenheit im Umgang mit den diversen Trends zu empfehlen und einerseits die vorliegenden Daten als mögliche Informationsquelle zu nutzen, sie jedoch andererseits auf ihre Aussagekraft hin kritisch zu überprüfen (für eine kritische Bestandsaufnahme vgl. Heinemann 2017, auch Bruneforth et al. 2016).

Weiterführende Literatur

Prenzel, M., Sälzer, C., Klieme, E. & Köller, O. (Hrsg.) (2013): PISA 2012: Fortschritte und Herausforderungen in Deutschland. Münster: Waxmann.

Hopmann, S., Brinek, G. & Retzl, M. (Hrsg.) (2007): PISA zufolge PISA – PISA According to PISA. Hält PISA, was es verspricht? – Does PISA keep, what it promises? Schulpädagogik und pädagogische Psychologie, Bd. 6, Wien: LIT.

9.2 Assessment „as an episode of learning“

Leistungsfeststellung und -beurteilung sind wesentliche Aspekte des Unterrichts und stellen zentrale Aufgaben der Schule dar. Zu unterscheiden sind dabei die gesellschaftliche Funktion der Leistungsbeurteilung, deren Aufgabe in der Zuweisung von Karrierewegen (Allokations-und Selektionsfunktion) und Vergabe von Berechtigungen (Legitimationsfunktion) besteht. (Fend 1986; 2006; Breidenstein 2012; vgl. dazu auch Schmidinger et al. 2016) Die Note als Bewertung von Lernergebnissen stellt jedoch nur einen Teil des gesamten Spektrums der Leistungsbeurteilung dar. Gemäß der Leistungsbeurteilungsverordnung (österr. Leistungsbeurteilungsverordnung §3, LBVO 2019) hat die Leistungsbeurteilung neben der „summativen“, Lernergebnisse erfassenden Funktion auch eine „formative“, lernbegleitende Funktion.

Die meisten Analysen und Studien zu schulischer Leistungsbeurteilung nennen einführend diese zwei Funktionen der Leistungsbeurteilung, deren Grundlagen zwei unterschiedliche Bezugssysteme sind:

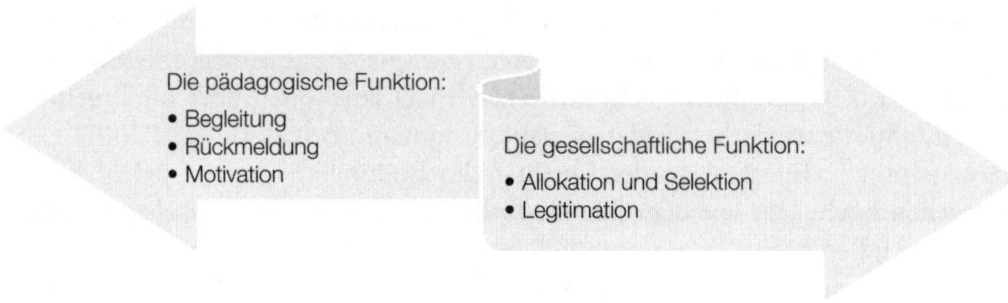

Abb. 11: Pädagogische und gesellschaftliche Funktionen von Leistungsbeurteilung

In diesen Spannungsfeldern vollzieht sich Unterricht. Während es aus *gesellschaftlicher Perspektive* darum geht, die nachwachsende Generation nach bestimmten Aspekten einzusortieren, indem Lernstände summativ erfasst werden, etwaige Berechtigungen erteilt bzw. verwehrt werden (z. B. den Schultyp, den Schulzweig, die Klassenstufe betreffend) und damit auf unterschiedliche berufliche und gesellschaftliche Positionen vorbereitet wird, geht es aus pädagogischer Sicht um eine formativ orientierte Begleitung von Lernprozessen, die Rückmeldung über Lernstände, die Motivation durch leistungsfördernde Anreize und die bestmögliche Förderung von Interessen und Potenzialen. Diese Seite der Leistungsbeurteilung lässt sich mit dem englischen Konzept des „assessment *for* learning" erfassen, das neben „assessment *of* learning" tritt. (Broadfoot et al. 2002) Ein dritter Fokus wäre zudem, Leistungsfeststellungen und -beurteilungen selbst als Lernanlässe zu gestalten und damit die Heranwachsenden zunehmend in Stand zu setzen, sich selbst, ihre Stärken und Schwächen eigenständig einschätzen zu lernen und in der Folge auch Strategien zu entwickeln, um in zunehmender Eigenregie weiter lernen zu können. Gezieltes Feedback durch die Lehrperson wird dabei eine maßgebliche Rolle spielen (das Thema Feedback wird weiter unten noch konkret aufgegriffen und ausgeführt). Dieser dritte Fokus wird mit der Formulierung des „assessment *as* learning" erfasst.

Dass nicht bloß der Fokus auf das Lernergebnis zu legen sei, wird schon von Wolfgang Klafki betont: der Leistungsanspruch sei „nicht erst am Ende eines angestrebten Lernprozesses, als Offenbarungseid in Form der Klassenarbeit und der großen Prüfung, und Leistungsbeurteilung nicht als fremde Endkontrolle, sondern als Moment im Lernprozess, als Lernhilfe" (Klafki 1996 [1985], 234) aufzufassen. Paul Black und Dylan William (1998) weisen in einer breit rezipierten Studie auf die positiven Effekte einer auf diese Weise „formativ" angelegten Leistungsbeurteilung

hin. Dazu können auch standardisierte Lernstandstests gehören, die Schüler:innen und Lehrkräften den Stand der Erreichung der Lernziele rückmelden.
Studien belegen, dass die aktive Einbeziehung von Leistungsbeurteilung in die Lernprozesse zu gelingendem Lernen beitragen. (Black & William; 1998a; 1998b; Maier 2010) Schüler:innen sollen dadurch „Beurteilungswissen“ erwerben. (Winter 2015, 13) Leistungsbeurteilung wäre daher als eine Episode des Lernens zu begreifen – *„assessment as an episode of learning*“. (Wolf 1993)
Winter weist in seiner Studie zu neuen Formen der Leistungsbeurteilung auf zahlreiche Abhandlungen aus dem englischsprachigen Raum hin, die deutlich zu machen versuchen, dass unterschiedliche Assessment-Formate verschiedenen Zielen dienen und einander ergänzen können. (Popham 2011; Chappuis 2012) So seien „large-scale assessments“, die der Rechenschaftslegung dienen (Stichwort „accountability“ – dazu zählen etwa Schulleistungstest wie die international angelegte und weiter oben bereits erwähnte Schulvergleichsstudie PISA oder das Erfassen von Bildungsstandards in nationalen Schulkontexten) von „classroom assessments“, die den Lernprozess unterstützen sollen, zu unterscheiden. Lerndienliche Leistungsbeurteilung sei jedenfalls nicht nur ergebnisorientiert, sondern immer auch formativ und als eine kontinuierliche Form der Rückmeldung auf Arbeits- und Lernprozesse zu betrachten. Wird sie gekonnt eingesetzt, wirkt sie sich deutlich fördernd auf den Lernerfolg aus.
W. James Popham (2009, 9) argumentiert, dass Assessment bzw. Leistungsbeurteilung *kriterienbezogen, inhaltsbezogen und konstruktbezogen* sein müsse. Kriterienbezogenheit bedeutet, dass die Beurteilungskriterien bei der Erstellung der Test- und Prüfungsaufgaben klar gemacht und offen gelegt werden, um auf Basis dieser Beurteilungskriterien Erfolg oder Misserfolg zu bescheinigen. Inhaltsbezogenheit wiederum stellt inhaltliche Ziele, die es zu erreichen gilt in den Vordergrund. Der Konstruktbezug, schließlich, legt den Fokus auf das Testkonstrukt: werden kognitive Fähigkeiten getestet oder die motorische Entwicklung überprüft oder geht es um kreatives Potenzial, Urteilsfähigkeit, Einschätzungsvermögen…? Dieser Aspekt wird mit den Frage- und Aufgabenformaten gesteuert und spielt bei der Erstellung von Aufgaben und Tests eine Rolle.
Formatives Assessment im Unterricht sollte, so Popham (2009, 9), jedenfalls *inhaltsbezogen* sein, d. h. Schülerinnen und Schüler darüber informieren, wie weit sie einen Inhalt verstanden haben, ob und wie Anwendungen eines Themas auf neue Fragestellungen gelingen und welche Schritte in der Folge unternommen werden müssen, um tiefer in den Themenbereich einzudringen und die dabei erworbenen Kenntnisse als Basis für weiterführende Problemstellungen heranziehen zu können. Formatives Assessment orientiert sich an „improvement“, also an den von der Lehrkraft identifizierten Verbesserungsmöglichkeiten (Popham 2009, 5) und besteht in Rückmeldungen zum Lernstand und Lernfortschritt bezogen auf einen Themenbereich bzw. einen Inhalt.

Vor diesem Hintergrund ist anzumerken, dass bei der formativen Leistungsfeststellung Beurteilung und Feedback ineinandergreifen und sich in ihrer konzeptionellen Verfasstheit annähern. Ein breites Spektrum an Formaten einzusetzen erhöht demnach die Wahrscheinlichkeit ein ganzheitlicheres Bild vom individuellen Lernprozess und dem Leistungsvermögen der Schüler:innen zu erhalten und gleichzeitig die (Selbst-)Beurteilungsfähigkeit – „assessment as learning" – anzuregen und zu fördern.

Insgesamt geht es um eine mehrperspektivische Erfassung von Schüler:innenleistungen, die sowohl zu einer abschließenden Beurteilung von Lernergebnissen als auch zur prozess- und förderorientierten Diagnose genutzt werden können. (Maier 2010, 294) Crooks (1988, 467) stellt die Behauptung auf, dass bestimmte Formen der Leistungsbeurteilung „one of the most potent forces of influencing education" seien. Uwe Maier (2010) weist in einer längeren Analyse darauf hin, dass in der internationalen empirischen Forschungsliteratur mittlerweile Konsens bestehe, schulische Leistungsmessung nicht nur als *summativ, selektionsdiagnostisch* anzulegen, sondern auch *formativ, förderdiagnostisch* zu gestalten, wenn Leistungsbeurteilung lernwirksam sein soll.

Empirische Studien bestätigen die leistungssteigernden Effekte häufiger, formativer Leistungsrückmeldungen eindrücklich. (Nunnery et al. 2006; Yeh 2006) Diese direkten Rückmeldungen und Hinweise seitens der Lehrkraft sind eine wesentliche Dimension einer lerndienlichen Leistungsbeurteilungs- und Feedbackkultur. Lernförderlich und die Urteilsfähigkeit der Schüler:innen stimulierende Formate wären laut Popham (2009, 9) auch der Einsatz von Portfolios, Aufgabenstellungen wie die Gestaltung von Ausstellungen, Präsentationen, ebenso Peer-Assessments oder schließlich das als besonders förderlich geltende Self-Assessement, das die Selbsteinschätzung im Sinne der Förderung nicht nur von „assessment *for* learning" sondern auch „assessment *as* learning" anregen soll.

Assessment Literacy von Lehrkräften, so Popham, bestünde letztlich darin, dass „unseeable skills", um die es im Unterricht meistens geht, für die Lehrkraft besser erkennbar werden und jedenfalls „assessment bias", d.h. Beurteilungsfehler eliminiert werden. (Popham 2009, 8f.)

Dazu müssen sich Lehrkräfte jedoch ihren (teils impliziten) Überzeugungen in Hinblick auf die Fähigkeiten der Schüler:innen und ihren Erwartungen an die Lernenden zuwenden, um Verzerrungen, etwa durch Erwartungseffekte, möglichst gering zu halten. (dazu Calderhead 1996) Festzuhalten ist, dass der Erwerb von „assessment literacy" einen wesentlichen Meilenstein im Professionalisierungskontinuum von Lehrkräften darstellt, zumal Effekte von Assessment, einen maßgeblichen Einfluss auf das Lernen der Schüler:innen haben, da diese laufenden Evaluationsprozesse ein sinnhaftes und stets weiterzutragendes Gerüst an Lernstrategien ermöglichen und schließlich dazu führen, dass die Lernenden eigenständige Urteilsfähigkeit über ihre Lern- und Wissensstände erlangen und damit einen relevanten

Schritt in Richtung Unabhängigkeit von pädagogischer Anleitung und Begleitung tun.
Aus der Perspektive des Lernprozesses ist Lernen unzertrennlich mit Reflexions- und (Selbst-)Evaluationsmomenten verbunden. Randy E. Bennett (2011, 7f.) weist daher darauf hin, dass Leistungsfeststellungen im Idealfall nicht nur eine der beiden Funktionen *primär* gut erfüllen können, sondern auch die jeweils andere *sekundär* mittransportieren sollen, sofern diese Reflexions- und Selbstevaluationsmomente angesprochen werden. Robert Stake beschreibt die beiden Zugänge in einem einprägenden Bild:

> “When the cook tastes the soup it is formative, when the guests taste the soup it is summative.” (zit. in Scriven 1991, 169)

Aus pädagogischer Sicht sollten drei maßgebliche Aspekte die Leistungsfeststellung und -beurteilung leiten: *Transparenz, Gerechtigkeit und Gültigkeit.* Um Leistungsüberprüfungen zu einem sinnvollen Instrument im Lernprozess zu machen gilt laut Hattie (2012), die Bedeutung der angestrebten Lernziele sowie die Wege zur Verwirklichung und die Kriterien anhand derer beurteilt wird, transparent zu machen. *Transparenz* bedeutet nicht mehr und nicht weniger als die genaue Beschreibung dessen, welche Leistung zu welcher Note führt. Diese Beschreibung muss für die Schüler:innen *nachvollziehbar* sein. Gültigkeit (*Validität*) wiederum bezieht sich auf die *Genauigkeit,* mit der eine Prüfung das misst, was sie messen sollte bzw. der Messgrad der Exaktheit des zuvor festgelegten Lehr- bzw. Lernziels. Wenn wir davon ausgehen, dass für die Notengebung soziale Bezugsnormen neben individuellen und sachlichen dominieren, ist *Gerechtigkeit* – gleiche Noten für gleichwertige Leistung – bei der Leistungsbeurteilung, vor allem aus der Perspektive der Schüler:innen, das wichtigste, aber auch deutlich anspruchsvollste anzustrebende Ziel von Beurteilungsprozessen (ausführlich dazu auch Breidenstein 2012b).
Allerdings kommt es, wie unter anderem Werner Sacher (2014a) ausführt, immer wieder zu Urteilsfehlern von Seiten der Lehrkräfte. Von ungleichmäßigen Ausschöpfungen des Beurteilungsspektrums, wie Strenge- oder Mildefehler, der Tendenz zur Mitte oder zu Extremurteilen bis hin zur Voreingenommenheit wie beispielsweise Sympathie bzw. Antipathie oder dem sogenannten Halo-Effekt.
Strenge- oder Mildefehler beziehen sich auf sachlich nicht belegbaren, durchwegs entweder zu extrem negativen Urteilen tendierenden oder zu in der Sache nicht belegbaren, überdurchschnittlich milden Urteilen neigende Tendenzen. Urteile in der Mitte der Beurteilungsmöglichkeiten werden in beiden Fällen vermieden. Eine Überprüfung solcher Tendenzen kann z. B. darin bestehen, Vergleiche mit Fachkolleg:innen anzustreben. (Helmke 2009, 138)
Von *Halo-Effekten* ist die Rede, wenn aufgrund des äußerlichen Erscheinungsbildes oder eines bestimmten Rufs, der bestimmten Schüler:innen vorauseilt, diese besser oder schlechter beurteilt werden:

> „Schüler erleben gerade die sich im Halo-Effekt auswirkenden Voreingenommenheiten sehr eindringlich und klagen rückblickend oft darüber, dass es bei bestimmten Lehrern nahezu unmöglich gewesen sei, von schlechten Noten wieder wegzukommen." (Sacher 2014a, 51)

Auch *Referenzfehler* und *logische Fehler* zählen zu den immer wieder anzutreffenden Urteilsverzerrungen. *Referenzfehler* liegen vor, wenn sich die Lehrkraft nicht an einem gegebenen Kriterium im Rahmen der angestrebten Lehr- und Lernziele orientiert, sondern an einer anderen Bezugsnorm, etwa der sozialen – also dem Klassendurchschnitt. Damit wird die Vergleichbarkeit der Leistungsbeurteilung außerhalb des Klassenraums, etwa über Parallelklassen hinweg, in Frage gestellt. Von *logischen Fehlern* spricht man, wenn von einem Schülermerkmal auf ein anderes geschlossen wird, etwa eine Rechtschreibschwäche als Mangel an Intelligenz ausgelegt wird. (Helmke 2009, 138)

Ein hohes Maß an Reflexionsfähigkeit die eigenen Vorurteile und Voreingenommenheiten betreffend ist im Lehrer:innenberuf Voraussetzung, um zu verhindern, dass unreflektierte und unbewusste Prozesse unserer Wahrnehmung die eigenen Urteile bestimmen und diese verzerren.

Das Erfassen des Leistungsstandes der Schüler:innen dient somit nicht nur als eine wesentliche Informationsquelle für die Schüler:innen, die Eltern/Erziehungsberechtigten oder für weiterführende Schulen. Die Schüler:innen sollen durch Leistungsfeststellung und -beurteilung auch lernen, sich selbst einzuschätzen. Ziel dabei ist es, die eigenverantwortliche Gestaltung von Lernprozessen pädagogisch so anzuleiten, dass sich die pädagogische Begleitung letztlich überflüssig macht. Die professionelle Verantwortung von Lehrkräften besteht angesichts der Komplexität der Aufgabe auch darin, gesellschaftliche Reproduktionspraktiken, die insgesamt in der Schule feststellbar sind, zu erkennen und diesen entgegen zu wirken (Stichwort: Bildungsvererbung, siehe ausführlich dazu Bourdieus Analysen zu schulischen Institutionen als Reproduktionsinstrumente gesellschaftlicher Zuweisungen und Sortierungen von Heranwachsenden; Bourdieu 1982 Bourdieu & Passeron 2007).

Neben der formal erforderlichen Ziffernnotengebung gibt es eine Fülle an Beurteilungskonzepten, die es ermöglichen, Lernfortschritte zu dokumentieren und zu begutachten und die Selbstbeurteilungsfähigkeit der Schüler:innen anzuregen. Eine dafür besonders wirksame Variante stellt *Feedback* dar. Darauf wird im folgenden Abschnitt näher eingegangen.

Weiterführende Literatur

Breidenstein, G. (2012b): Zeugnisnotenbesprechung. Zur Analyse der Praxis schulischer Leistungsbewertung. In: A. Gruschka, S. Reh & A. Wernet (Hrsg.): Pädagogische Fallanthologie. Opladen, Berlin & Toronto: Budrich.

Neuweg, G. H. (2014): Schulische Leistungsbeurteilung. 5. akt. u. erw. Aufl. Linz: Trauner.

Winter, F. (2015): Lerndialog statt Noten. Neue Formen der Leistungsbeurteilung. Weinheim & Basel: Beltz.

9.3 Feedback im Unterricht

Soweit vorweg, Feedback dient im besten Fall der Unterstützung von Lernprozessen und der Unterrichtsentwicklung und ist in der Regel nicht mit Bewertung oder Beurteilung gleichzusetzen. Diese Dimension von Feedback unterscheidet es von formativem Assessment, auch wenn die beiden Rückmeldeformate einiges gemeinsam haben. Jedenfalls kann Feedback als eines der „wirkungsvollsten Interventionen zur Förderung von Lern- und Entwicklungsprozessen" (Ditton & Müller 2014, 8) betrachtet werden und eröffnet die Möglichkeit, die Potenziale der Lernenden anzusprechen und diese durch gezielte Anregungen individuell zu fördern. Feedback beruht – anders als formative Leistungsbeurteilung – auf dem Prinzip der „doppelten Subjektivität". (Landwehr 2013, 9) Subjektive Wahrnehmungen werden an die das Feedback empfangende Person rückgemeldet, und zwar ohne einen objektiven Wahrheitsanspruch. Deshalb werden die Feedbackaussagen auch als *Ich-Botschaften* formuliert.

Ziel ist, ein gemeinsames Verständnis der Situationsbewertung sicher zu stellen. Dieses Verständnis von Feedback hat weitreichende Konsequenzen für den Feedbackprozess im Unterricht und verweist auf einen wesentlichen Unterschied zu Prozessen der formativen Leistungsbeurteilung: es handelt sich um ein *partizipatives Setting*, das auf Einverständnis und Gegenseitigkeit abzielt. Das heißt, dass Feedback in diesem Verständnis keine Einbahnstraße ist, sondern sowohl Rückmeldungen von Lehrkräften an Schüler:innen als auch Rückmeldungen von Schüler:innen an Lehrkräfte miteinschließt. Zu unterscheiden wären, so Ditton & Müller (2014, 16), in diesem Kontext indirektes, implizites von explizitem, intentionalem Feedback. Während ersteres aus unbewussten nonverbalen, verbalen und paraverbalen Botschaften bestünde, sei explizites Feedback absichtsvoll und sei dann als konstruktives Feedback zu betrachten, wenn es gezielt Wirkung bei Feedbacknehmer:innen hinterlassen soll und auch erwünschtes Verhalten von Feedbackgeber:innen formuliert werden.

Damit Lehrkräfte aussagekräftiges Feedback an Schüler:innen weitergeben können, brauchen sie neben fachlicher und fachdidaktischer Kompetenz auch und vor allem diagnostische Kompetenz, Planungs- und Beratungskompetenz.

Feedback ist von den jeweiligen Zusammenhängen abhängig. Im Unterricht kann Feedbackarbeit laut Johannes Bastian (2010) in sechs Merkmalen gefasst werden:

1. „Feedbackarbeit im Unterricht verstehen wir als Möglichkeit eines langfristig angelegten und systematischen Gesprächs über Lehren und Lernen.
2. Feedbackarbeit im Unterricht vermeidet Bewertungen, sowohl von Lehrerinnen und Lehrern als auch von Schülerinnen und Schülern.
3. Feedbackarbeit verstehen wir als Möglichkeit zur Entwicklung eines Unterrichts, der Partizipation und Eigenständigkeit zum Ziel hat.
4. Feedbackarbeit verstehen wir als Möglichkeit zur Entwicklung von Arbeitsbündnissen einzelner Lehrender oder Lehrerteams mit ihren Lerngruppen.

5. Formen der Rückmeldung, die über die Entwicklung solcher Arbeitsbündnisse hinausgehen, ordnen wir dem Bereich der (internen) Evaluation zu.
6. Feedbackarbeit verstehen wir als eine Form der Professionalisierung von Lehrerarbeit wie z. B. kollegiale Fallarbeit, kollegiale Hospitationen oder Selbstbeobachtung." (Bastian 2010, 25)

Die traditionellen Formen der Leistungsüberprüfung – so unumgänglich sie aus den genannten Gründen sind – können differenzierte und zielführende Leistungsrückmeldungen im Unterricht nicht ersetzen. Demzufolge ist die Voraussetzung, um innerhalb des Unterrichts sinnvolles Feedback geben zu können, der Einblick in den jeweiligen Stand des Wissens der Schüler:innen. So wird es möglich, Feedback als Hilfe für ein zunehmend selbstbestimmtes Lernen zu verstehen.

> „Die Selbstreflexion und Selbsteinschätzung der Schülerinnen und Schüler kann als ständige Begleitung eingesetzt werden, so gibt es weniger Diskussionen über Noten und das Vergleichen unter den Schülerinnen und Schülern wird auch vermieden." (Lehrer:in in Fokusgruppe)

Laut Hattie (2017) verfolgt Feedback folgende Zwecke:

> „Es kann Hinweise geben, die eine Person darauf aufmerksam machen und unterstützen, die Aufgabe erfolgreich abzuschließen; es kann Aufmerksamkeit auf die Prozesse lenken, die zur Fertigstellung der Aufgabe erforderlich sind; es kann Informationen bieten zu Konzepten, die falsch verstanden wurden; und es kann motivierend sein, so dass Schülerinnen und Schüler mehr Anstrengung oder Fähigkeit in die Aufgabe investieren." (Hattie 2017, 131)

Scheitern und Fehler sind Bestandteil einer Feedbackkultur, die sich deutlich von beurteilenden Maßnahmen im Kontext des Unterrichtens abheben. Konstruktives Feedback regt zur Entwicklung von Selbstbeurteilungskompetenzen in einem hohen Maß an. Hier verweist Bastian auf fünf Anhaltspunkte, die die Basis gelingenden Feedbacks darstellen:

1. „Entscheidend für das Gelingen von Feedbackarbeit ist eine Haltung der Lehrenden, wie sie auch für die Förderung von Selbstregulation grundlegend ist: Neugier und Vertrauen in die Gestaltungskraft von Schülern.
2. Wenn die Haltung stimmt, dann ertragen Verfahren erstaunlich viele Fehler und lassen trotzdem sehr hilfreiche Befunde erkennen und Konsequenzen für die Entwicklung des Lernens formulieren.
3. Wenn die Haltung nicht stimmt, dann produzieren auch technisch perfekte Instrumente Artefakte, weil jeder Gründe und Möglichkeiten zum Schummeln hat.
4. Rückmeldeformen und -instrumente sollten nicht einfach übernommen werden, sondern in Gesprächen der eigenen Situation und Fragestellung angepasst werden.
5. Rückmeldeformen und -instrumente sind dann geeignet, wenn die Beteiligten von deren Sinn überzeugt sind, weil sie sich davon Verbesserungen versprechen." (Bastian 2010, 31)

Allerdings gelingt Feedback nur, wenn die Forderungen nach Feedback von Seiten der Schüler:innen nicht „als Kampfansage" (Bastian 2010, 32) zu verstehen sind und Feedback als Ermutigung und nicht als Beschämung wahrgenommen wird. Als Anregung zur Gestaltung eines effizienten Feedbacks, das die Lehrkraft den Schüler:innen gibt, können folgende Fragen hilfreich sein:

- Wohin gehe ich?
- Wie komme ich voran?
- Wohin gehe ich als Nächstes?

Ebene	Fragestellungen
Das Selbst	Wie *werden* die eigene Person/Gefühle bezüglich des Lernens bewertet?
Selbstregulation	Welches Wissen/Verständnis ist *unabdingbar* um zu verstehen, was du gerade machst? Selbstüberprüfung, Steuerung des Vorgehens und der Aufgaben
Prozess	Welche Strategien sind erforderlich, um die Aufgabe zu bearbeiten. Gibt es andere nutzbare Strategien?
Aufgabe	Wie gut wurde die Aufgabe erledigt; richtig oder falsch?

A	B	C
Wohin gehe ich? Was sind meine Ziele?	Wie komme ich voran? Welcher Fortschritt wurde in Richtung Ziel gemacht?	Wohin geht es als Nächstes? Welche nächsten Aktivitäten sind erforderlich, um einen größeren Fortschritt zu machen?

Feedback-Fragen

Abb. 12: Die drei Feedback-Fragen nach Hattie (2017, 132)

Ein verantwortungsvolles und schüler:innenzentriertes Umgehen mit Feedback beinhaltet auch die Möglichkeit als Lehrperson konstruktive Rückmeldungen von Seiten der Schüler:innen zu erhalten.

Weiterführende Literatur

Bastian, J. (2010): Feedbackarbeit in Lehr-Lern-Prozessen. Gespräche über die Entwicklung von Unterricht und Schule gestalten. In: Gruppendynamik & Organisationsberatung 41 (1), 21-37.

Schrittesser, I. & Schuchart, C. (2019): Feedback. Journal für LehrerInnenbildung 19 (1). Bad Heilbrunn: Julius Klinkhardt.

Für den Lehrer:innenberuf bedeutet das

Noten sollten nicht im Vordergrund der Kommunikation von Lehrer:innen und Schüler:innen bzw. auch der Elterngespräche stehen. Ein hohes Maß an Reflexion ist Voraussetzung, um die Anziehungskraft von Noten zu relativieren und bei Schüler:innen, im Sinne der Erziehung zur Mündigkeit, die Fähigkeit zur Selbsteinschätzung und (Selbst)-Reflexion zu entwickeln.

Feedback ist als partizipatives Setting anzulegen und zielt darauf ab, sich auf ein gemeinsames Verständnis der Situation zu einigen.
Feedback ist zudem nicht nur als Rückmeldung der Lehrenden an die Lernenden zu verstehen, sondern vielmehr ein wechselseitiger Prozess, in dessen Verlauf der Rückmeldeschleife der Lernenden an die Lehrenden für die Qualität von Unterricht besondere Bedeutung zukommt. (Zierer et al. 2019)
Um lernförderliches Feedback zu geben, braucht es ein grundlegendes Vertrauen in die Entwicklungsbereitschaft des Gegenübers, die Ermöglichung von Partizipation und Verantwortungsübernahme für den eigenen Lernprozess. ◂

9.4 Die Bedeutung von Fehlerkultur für Lernen und Unterricht

Im Kontext von Feedback spielt auch die Fehlerkultur eine ausschlaggebende Rolle. Wenn sich durch Lernen bisherige Dispositionen und Kompetenzen verändern sollen, geht es um Umlernen. (Meyer-Drawe, 1986) Oser & Spychiger (2005, 112) sprechen in diesem Zusammenhang von „Conceptual Change". Das „negative Wissen" sei dabei ein wichtiger Aspekt, um auch erkennen zu können, wie etwas *nicht* funktioniert bzw. welche Konsequenzen bestimmte Fehler haben können. Für Schüler:innen sei es laut Oser & Spychiger (ebd., 116) von großer Bedeutung, „aus dem Falschen Schlüsse für das Richtige ziehen zu lernen" und daraus Schutzwissen auszubilden.
Abgesehen von eigenen Fehlern, lässt sich auch stellvertretend aus den Fehlern anderer lernen und Schutzwissen aufbauen. Oser et al. (1999) sehen darin eine Legitimation für die narrative Pädagogik (Erzählungen, Theaterstücke, Filme, Märchen…), die durch Geschichten Handlungsoptionen und deren Konsequenzen aufzeigen. So erfahren wir stellvertretend durch das Theater oder Romanfiguren, welche Folgen es hat, negative (und auch positive) Erfahrungen zu machen (siehe *Kapitel 4.6, Lernen als theatrale Praxis*).
Ein von Oser et al. (1999) charakterisierter Fehlertyp, dem wir in der Schule sehr oft begegnen, wird das „Bermuda-Dreieck der Fehlerkorrektur" genannt. (Oser et al. 1999, 26f.) Folgende Situation verdeutlicht diesen Typus:

Lehrerin: Mika, wie viel ist drei mal fünf?
Mika: Acht.
Lehrerin: Falsch, wer weiß es?
Kaya: Fünfzehn.
Lehrerin: Richtig. Sehr gut Kaya.

In dem beschriebenen kurzen Dialog wird deutlich, wie der Lerneffekt – wie ein Flugzeug im Bermuda-Dreieck – *verloren* geht. Weder Mika noch Kaya lernen dabei. Die Lehrerin bekommt allerdings die Antwort, die sie hören wollte. Mika wird zwar die richtige Antwort vorgelegt, aber nicht der Weg dorthin. Das Kind wird – wie oben beschrieben – weder dazu angeregt, den eigenen Fehler zu verstehen, noch, diesen zu korrigieren. Im schlechtesten Fall fühlt es sich durch diese Situation auch noch bloßgestellt und verunsichert. Kaya wusste die Antwort bereits davor, auch hier findet daher kein Lernprozess statt. Diese Situation, die wir in irgendeiner Form alle kennen, regt kein Lernen aus Fehlern an, sondern eher eine negativ behaftete Anspannung vor der Möglichkeit, etwas Falsches zu sagen, was schließlich auch in Prüfungsangst münden kann. Die Lehrerin geht in diesem Fall dem Konzept des *Lernens als Erledigung* nach (siehe *Kapitel 4.4, Lernen als Erfahrung).* Sie lässt sich nicht *beirren* durch die falsche Antwort von Mika und schafft es durch diese Strategie, ihre Lerninhalte möglichst effizient durchzubringen. Der Fokus liegt auf dem Vorankommen im Unterrichtsstoff und nicht auf der sich durch Mikas fehlerhafte Antwort eröffnenden Lerngelegenheit, die von der Lehrerin nicht aufgegriffen und damit nicht genutzt wird. Oser und Spychiger (2005) geben praktische Hinweise, wie die Entwicklung von so genanntem Schutzwissen, das wesentlich ist, um aus Fehlern zu lernen, durch Lehrpersonen gefördert werden kann. Geht es um die Vermittlung von Sachgebieten, so können Schüler:innen zum Beispiel angeleitet werden, selbst das Richtige aus dem Falschen herauszusuchen – z. B. bei der Lösung von mathematischen Aufgaben. Auf diese Weise würden sie gesichertes Sachwissen erwerben, „weil im Hintergrund quasi stets der Gegenbeweis von etwas steht, und man also immer weiß, warum eine Sache so und nicht auf eine andere mögliche Art (logisch) durchgeführt werden muss.“ (ebd., 116) Dazu führen sie 10 allgemeine Prinzipien an, deren Reihenfolge beim Umgang mit Fehlern (wie ein „offener“ oder „loser“ Algorithmus) möglichst eingehalten werden sollte:

> „1. Fehlerdetektion vornehmen
> 2. Zeit zur Fokussierung nehmen
> 3. Exzessive Kontrastierung von richtig-falsch und deren Begründung stimulieren
> 4. Möglichkeit zur Öffentlichmachung des Fehlers erkennen
> 5. Aufbau von Gedächtnisstützen ermöglichen
> 6. Repetitionsmöglichkeiten schaffen
> 7. Überprüfung und Bewertung des richtigen Verhaltens bewirken (Schutzwissen)
> 8. Aufbau eines tragfähigen Bewertungssystems organisieren
> 9. Flexible Evaluation der individuellen Fehlermechanismen vornehmen
> 10. Langzeitwirkung des Geleisteten wiederholend überprüfen.“
> (Oser & Spychiger 2005, 125)

Um eine solche Fehlerkultur im Rahmen des unterrichtlichen Geschehens entwickeln und zulassen zu können, bedarf es einer vertrauensvollen und wertschätzenden Grundstimmung innerhalb der Klasse. Olaf-Axel Burow (2011) spricht auch von der unbedingten Förderung von Teamfähigkeit als verallgemeinerbares pädagogisches Prinzip:

> „Zentrale Aufgabe von Schule ist es nicht, Schüler/innen zu vereinzeln und individuell abzuprüfen, sondern Beziehungen, soziale Netzwerke zu stiften. Was wir können, inwieweit wir in der Lage sind, unsere Potentiale zu entfalten, ist zum großen Teil Ausdruck der Beziehungsarchitekturen, die wir entwickeln, und der sozialen und kulturellen Umgebungen, in denen wir uns bewegen. Das Miteinander ist entscheidend!“ (Burow 2011, 51)

Trotz der negativen Besetzung von Fehlern im Unterricht, nehmen diese im Schulalltag einen sehr großen, zugleich produktiven und ebenso wichtigen Raum ein, was leider nur selten gesehen wird. Um wegzukommen von einer verunsichernden und bedrohlichen Konnotation des Fehlers, ist es vonnöten, dieses Phänomen neu zu bewerten und aus einem anderen Blickwinkel zu betrachten. Die Schule bietet dazu den sicheren, sozialer Raum, indem eine Kultur des lernförderlichen Umgangs mit Fehlern etabliert werden kann, die fernab der Negativbetrachtung von Fehlern ist. Fehler sollen nicht mit Erniedrigung verbunden werden, sondern als Möglichkeit wahrgenommen werden, einen Lernprozess anzuregen und vertieftes Verstehen zu fördern, denn:

> „Wer scheitert, lernt schneller." (Pépin 2017, 13)

Nach Charles Pépin schärft das Scheitern unseren Charakter. Seine These: Ohne der Erfahrung des Scheiterns sind wir der Gefahr ausgesetzt, hochmütige und narzisstische Züge anzunehmen. Die Erfahrungen mit Fehlern und Scheitern brauchen wir, um „vom hohen Ross" wieder auf den Boden der Realität zurückzukommen. Ist uns der Erfolg in die Wiege gelegt und wachsen wir in Umgebungen auf, in denen wir stets vor allen möglichen Problemen und Gefahren geschützt werden, können wir die wichtige Erfahrung des Scheiterns nicht machen. Wir erwarten dann eine Welt, in der uns die Steine aus dem Weg geräumt werden und wir uns kaum anstrengen müssen.

Das fällt uns auf den Kopf, sobald wir diese Schutzeinheit nicht mehr um uns haben. Aus genau diesem Grund handeln sogenannte „Helikopter-Eltern" kontraproduktiv, wenn sie ihre Kinder zu sehr vor negativen Erfahrungen beschützen möchten. Ebenso lässt sich dies auf bewahrpädagogische Ansätze übertragen, die Schüler:innen vor negativen Einflüssen etwa von Neuen Medien *bewahren* möchten.

Durch die Mechanismen von Enttäuschungen und Fehlern lernen wir, *zu verstehen*. Wie oft müssen Kleinkinder fallen, bevor sie die ersten Schritte laufen können? Wie viele falsche Töne erzeugen wir beim Erlernen eines Musikinstruments, bis wir eine schöne Melodie spielen können? *Nur wer irrt, kann verstehen*, meint Pépin (2017) und gibt Beispiele von berühmten Menschen aus der Welt des Sports, der Wissenschaft oder Wirtschaft, die ohne die immer wieder durchgemachten Enttäuschungen nicht dorthin gekommen wären, wo sie letzten Endes gelandet sind.

Um jedoch aus Fehlern lernen zu können, muss mir erstens der Fehler bewusst sein bzw. bewusst gemacht werden, zweitens muss ich den Fehler verstehen, um erklären zu können, wie er zustande kam und drittens muss ich die Möglichkeit dazu haben, den Fehler zu korrigieren. (Oser et al. 1999) In der Schule sollte sich daher eine *Fehlerkultur* etablieren, in der es erlaubt ist, Fehler machen zu dürfen, um daraus lernen zu können.

> „Um Lernprozesse zu begleiten bzw. nachhaltig abzusichern, bedarf es meiner Meinung nach vor allem genügend Erfahrung – mit der Erlaubnis an sich selbst und durch andere Personen Fehler machen zu dürfen – und einer guten langfristigen Planung." (Lehrer:in in Fokusgruppe)

Nach dem Konzept der „negativen Erfahrung“ von Günter Buck (1998), hängt Erfahrung mit Erwartungen zusammen, die sich aus unserem Vorwissen bilden. Mit diesem Vorwissen gehen wir in für uns unbekannte Situationen mit einem bestimmten Erwartungshorizont. Diese Erwartungen werden schließlich entweder bestätigt, oder aber enttäuscht, wodurch sich unser Horizont wandelt. (Koller 2012) Erst durch die Unsicherheit, die uns vor ein ungewöhnliches Problem stellt, wird ein Lernprozess angeregt. Solche „transformatorischen Bildungsprozesse“ treten dann auf, „wenn Menschen mit neuen Problemlagen konfrontiert werden, für deren Bearbeitung oder Bewältigung ihr bisheriges Welt- und Selbstverhältnis nicht ausreicht“. (Koller 2012, 77)

> „Nichts bleibt, wie es vorher war. In diesem Sinne bedeutet Erfahrung Lernen oder umgekehrt.“ (Meyer-Drawe 2013, 68)

Buck zeigt mit seinem Konzept daher die Relevanz der Negativität als wesentliches Element für den Lernprozess auf. Fehler sind demnach keine zu vermeidenden Missgeschicke, sondern ganz im Gegenteil Chancen und Notwendigkeiten, Lernprozesse in Gang zu setzen. Diese Sicht auf Lernen wird auch von Andrea English geteilt. Im Lernen sieht sie einen „need for struggle“, in dem Diskontinuität und Irritation eine wesentliche Rolle spielen. (English 2013)

Weiterführende Literatur

Burow, O.-A. (2011): Positive Pädagogik. Sieben Wege zu Lernfreude und Schulglück. Weinheim & Basel: Beltz.

Pépin, C. (2017): Die Schönheit des Scheiterns. Kleine Philosophie der Niederlage. München: Carl Hanser.

Oser, F. & Spychiger, M. (2005): Lernen ist schmerzhaft. Zur Theorie des Negativen Wissens und zur Praxis der Fehlerkultur. Weinheim & Basel: Beltz.

Für den Lehrer:innenberuf bedeutet das

Für Lehrer:innen bedeutet das, fernab von jeglichen Beurteilungsschemata eine Sensibilität für *fruchtbare Momente des Lernens* aufzubauen. Wenn Lehrende es schaffen, solche und ähnliche Situationen zu erkennen, in denen ihre Schüler:innen *verwirrt und irritiert* sind, sind sie in der Lage, diese aufzugreifen und diese Verwirrung und Irritation zu lösen, die Schüler:innen zu *ent*täuschen. Das hat jedoch zur Konsequenz, dass sie Fehler und Irrtum nicht nur akzeptieren, sondern positiv konnotieren und aufgreifen müssen.

Ziel ist es, Fehler in einer produktiven Art zu nützen, um die Lernenden zum Lernen anzuregen. Dabei wird jedoch darauf geachtet, dass der Moment des Scheiterns – auch für die Schüler:innen – als Chance und nicht als Risiko und Unsicherheit betrachtet wird. Schließlich „lernen nur diejenigen, Fehler zu *vermeiden*, denen erlaubt wird, auch Fehler zu *begehen*“. (Althof 1999, 8)

10 Kooperation mit Eltern und Erziehungsberechtigung

> „Die Zusammenarbeit mit Eltern ist einer DER Schlüssel zum Erfolg (vor allem bei schwächeren Schüler:innen).“ (Lehrer:in in Interview)

Der Schulerfolg von Kindern und Jugendlichen hängt nach wie vor von den familiären Bedingungen ab, in denen die Kinder aufwachsen (siehe hierzu OECD 2001; Baumert et al. 2001; Sacher 2014b; Sacher et al. 2019). Hattie (2009; 2017), räumt dem Elternhaus neben anderen wesentlichen Einflussfaktoren eine signifikante Rolle im Kontext der schulischen Leistungen ein.

In der Literatur setzen sich zunehmend die Begriffe Eltern/Erziehungsberichtigte durch, da in einer heterogenen Welt die verschiedensten Lebensentwürfe, Lebensformen, Partnerschaften und Familienkonzepte existieren und man nicht mehr davon ausgehen kann, dass ausschließlich die biologischen Eltern für die Kinder verantwortlich sind und juristisch gesehen das Sorgerecht und die Sorgepflicht innehaben. (Medvedev 2020, 26ff.) Eltern und Erziehungsberechtigte nehmen im Schulalltag ihrer Kinder eine wesentliche Rolle ein. Auch wenn sich die Gewichtung im Laufe der kindlichen Entwicklung verändert, bestimmen diese die schulische Laufbahn entscheidend mit. Das kann – von außen betrachtet – als sowohl positiv und unterstützend wie auch negativ und nachteilig wahrgenommen werden. Die Beeinflussung durch die Erwachsenen beginnt mit eigenen Prägungen, grundlegenden Einstellungen und subjektiven Theorien, die auf die nächste Generation übertragen werden und die u. a. aus der eigenen Schulbiographie resultieren und geht von der Wahl des Schulstandorts bis hin zu (Mit-)Entscheidungen schulischer Übergänge und Verläufe.

Sowohl international als auch national wird der partnerschaftlichen Zusammenarbeit von Erziehungsberechtigten und Lehrpersonen, zusehends größere Bedeutung beigemessen, allerdings sind die Effekte von Elternarbeit schwer zu messen und der Forschungsstand zum Thema kritisch zu hinterfragen. (Sacher 2014b) Auch wenn es noch an Langzeitstudien zum Thema fehlt (Medvedev 2020, 10), so kann davon ausgegangen werden, dass eine gelungene Zusammenarbeit zwischen Schüler:innen, Lehrer:innen und Eltern/Erziehungsberechtigten in vielerlei Hinsicht zur Zufriedenheit und zum Schulerfolg beiträgt.

Dass Eltern/Erziehungsberechtigte ein Mitspracherecht an innerschulischen Prozessen haben, ist historisch gesehen ein relativ neues Phänomen. Seit Einführung der Schulpflicht hatten sich diese nicht in schulische Belange einzumischen. Ein literarisches Zeugnis dieses Spannungsverhältnisses beschreibt Friedrich Torberg in seinem Roman *Der Schüler Gerber* auf eindrucksvolle Art,

> „als sie [die Mutter von Kurt Gerber, Anm. d. Verf.], von Angst gepeinigt, in die Schule geschlichen war, um das Resultat einer Versetzungsprüfung, die Kurt an diesem Tag ablegte, zu erfahren. Damals hatte ihr der Professor unfreundlich, von oben herab, bedeutet, das ging sie gar nichts an, sie und ihr „Herr Sohn" – wie gehässig das klang! – würden es noch zur rechten Zeit erfahren, und dann war er ohne Gruß fortgegangen, daß sie nicht ein noch aus wußte vor fremder Scham." (Torberg 1973, 56)

Auch wenn – sowohl auf struktureller wie auch auf individueller Ebene – die Haltung gegenüber der Relevanz von Eltern/Erziehungsberechtigten im Schulkontext in den letzten Jahrzehnten sukzessive an Bedeutung zugenommen hat und sich Lehrkräfte auch im Umgang mit Eltern/Erziehungsberechtigten gezielt kommunikative Kompetenzen aneignen, so können wir nicht davon ausgehen, dass die Partnerschaft stets einvernehmlich und friktionsfrei abläuft. Um aber zum Wohl des Kindes eine gelungene professionelle Beziehung zwischen Schule und Eltern/Erziehungsberechtigten im Sinne eines stabilen und auch belastbaren Arbeitsbündnisses herzustellen, bedarf es weiterer Umbrüche im traditionellen Rollenverständnis von allen an der Schule beteiligten Personen.

Im Folgenden werden zunächst die Begriffe Bildungs- und Erziehungspartnerschaft im Ansatz geklärt, anschließend geht es um Voraussetzungen gelungener Zusammenarbeit und deren möglichen Herausforderungen. Abschließend werden die Potenziale gelungener Partnerschaften skizziert.

Weiterführende Literatur

Killus, D. & Paseka, A. (2020): Kooperation zwischen Eltern und Schule. Eine kritische Einführung in Theorie und Praxis. Weinheim & Basel: Beltz.

10.1 Erziehungs- und Bildungspartnerschaft – Elternkooperation

Unter dem Begriff *Elternarbeit* werden eine Vielzahl verschiedener Herangehensweisen und Konzepte zur Zusammenarbeit mit Eltern/Erziehungsberechtigten subsumiert. Im Kern geht es dabei immer um gelungene kommunikative Handlungen in dem Dreieck Kinder/Schüler:innen – Eltern/Erziehungsberechtigte – Schule/Lehrer:innen. Je nach Perspektive und Ziel kann u. a. von einem Informationsaustausch, einer Beratung, diversen Mitarbeits- und Mitgestaltungsthemen, verschiedenen Möglichkeiten zu Kooperationen und Erziehungspartnerschaften sowie diversen pädagogischen Programmen die Rede sein.

> „Bis zur Volljährigkeit spielen Eltern eine sehr große Rolle, da sie die Verbindung zwischen Schule und Schüler:innen sind, wenn es einmal nicht so gut läuft. Auch als Feedback-Partner sind sie wichtig – was läuft gut, was läuft weniger gut." (Lehrer:in in Interview)

In den letzten Jahren wurde der Begriff Elternarbeit sukzessive durch Begriffe wie Erziehungs- und Bildungspartnerschaften oder auch Elternkooperationen ersetzt, da Eltern/Erziehungsberechtigte in den Fokus u. a. auch von Schulentwicklungsprogrammen gerückt wurden.

> „Der Ersatz des Begriffs „Elternarbeit“ durch „Bildungs- und Erziehungspartnerschaft“ ist keine Umetikettierung, sondern Ausdruck einer inhaltlichen Neubestimmung. Die neue Beziehung stellt klar, dass es um eine Kooperation von Schule und Eltern geht.“ (Oechslein et al. 2016, 3)

Während der Begriff „Elternarbeit“ eher auf strukturelle Formen einseitiger Informationsweitergabe und Berichterstattung schließen lässt, und Erziehungsberechtigte eher als „Objekte der Bearbeitung“ (Killus & Paseka 2020, 13) wahrgenommen werden, zielt der Begriff Erziehungs- und Bildungspartnerschaft auf einen gegenseitigen Austausch von Erfahrungen und partnerschaftlicher Zusammenarbeit. Der Begriff Partnerschaft ist in diesem Kontext als eine Kooperation zu verstehen, bei der ein gemeinsames Ziel im Fokus der Zusammenarbeit steht, nämlich das Wohl des Kindes und dessen bestmögliche Förderung. Die Bezeichnung *Elternkooperation* verweist gleichzeitig auf Aspekte der Freiwilligkeit und Gegenseitigkeit und „entspricht somit in besonderer Weise dem aktivierenden, emanzipierenden und stärkenden Ethos der Unterstützung seitens der Eltern und ihrer Rolle insbesondere bei den für die Lernbiographie eines jeden Kindes wichtigen Übergänge.“ (Medvedev 2020, 24)

10.2 Voraussetzungen für eine gelungene Kooperation

Grundlegende Voraussetzung für eine gelungene Zusammenarbeit aller Schulpartner:innen ist die gegenseitige Wertschätzung. Anlehnend an das von Burow (2011) entwickelte Modell zur *Wertschätzenden Schulentwicklung* gründet wertschätzende Elternkooperation auf der Erkenntnis, dass bei Eltern/Erziehungsberechtigten und Lehrer:innen gleichermaßen ein Wissen darüber vorhanden ist, was eine gelungene Kooperation ausmacht und dieses gemeinsame Wissen das Fundament einer vertrauensvollen und professionellen Beziehung zwischen Eltern/Erziehungsberechtigten und Lehrer:innen ist. So spricht Burow davon, dass es eine Illusion sei zu glauben, „man könne Schule durch Implementierung von isolierten Konzepten, seien sie auch wissenschaftlich fundiert, entwickeln. Erfolgreiche Schule- und Organisationsentwicklung unterliegt dem Paradigma umfassender prozessorientierter Partizipation.“ (Burow 2011, 130) Das gemeinsame Wissen dient demgemäß als Grundlage jeglicher Kooperation.

„Die Etablierung einer Willkommenskultur, d. h. die Gestaltung und Pflege eines Umfeldes, in welchem sich alle Eltern, Schülerinnen und Schüler an der Schule akzeptiert und als Teil der Gemeinschaft fühlen“ (Sacher et al. 2019, 19), stellt eine weitere Voraussetzung dar, innerhalb derer auf Strukturebene die notwendigen Ressourcen zur Verfügung gestellt werden, um eine konstruktive Zusammenarbeit zu ermöglichen. Das beginnt mit freundlich gestalteten Räumlichkeiten und geht bis zu gemeinsamen (Groß-)Veranstaltungen, unter sensibler und inklusiver Einbeziehung möglichst aller Lebensverhältnisse der Eltern/Erziehungsberechtigten. Diese Events können vor allem dazu beitragen eine gemeinsame positive Grundeinstellung zu erzielen.

Eine große Verantwortung betreffend Willkommensstrategien liegt auf Schulleitungsebene. Diese steuert, begleitet und evaluiert Prozesse der Entwicklung einer gemeinsamen Schulkultur im Kontext einer positiven Einstellung gegenüber der Kooperation mit Eltern/Erziehungsberechtigten und fördert die entsprechende Haltung und Einstellung im Kollegium.

Auf interpersonaler Ebene geht es vor allem um die Kooperation zwischen Lehrer:innen und Eltern/Erziehungsberechtigten, die auf möglichst freiwillig basierender Bereitschaft zur Zusammenarbeit aufgebaut ist. Die einzelne Lehrperson trägt die Verantwortung, regelmäßig (und nicht nur zu anlassbedingten Zeitpunkten) Kontakt herzustellen und im Rahmen eines offenen, respekt- und vertrauensvollen Verhältnisses eigene Vorurteile und potenzielle Voreingenommenheit zu reflektieren sowie gemeinsame Ziele zu erstellen und zu verfolgen.

> „Besonders beim Schuleintritt und am Beginn eines neuen Schuljahrs ist es wichtig, solche positiven Beziehungen zu entwickeln und Angebote zu machen, welche die Eingewöhnung und das gegenseitige Kennenlernen erleichtern.“ (Sacher et al. 2019, 20)

> „Es gibt zahlreiche Möglichkeiten mit Eltern und Erziehungsberechtigten zusammenzuarbeiten: Wandertage, Ausflüge, Feste, gemeinsames Kochen, Schüler:innen, Eltern, Lehrer:innen (SEL)-Gespräche oder Elterncafés.“ (Lehrer:in in Interview)

Sacher (2014b) fasst in untenstehender Abbildung jene Standards bzw. Aufgabenbereiche auf individueller und kollektiver Ebene zusammen, die dazu beitragen können, Hemmnissen und Komplikationen in der Zusammenarbeit mit Eltern/Erziehungsberechtigten entgegenzuwirken.

Als eine weitere Möglichkeit der Einbindung von Eltern/Erziehungsberechtigten können Elternvertreter:innen aktiv in ihrer Rolle als Vermittler:innen z. B. an Entscheidungsprozessen beteiligt werden. „Sie sollten vermehrt für ihr Klientel tätig werden, Eltern informieren, die Kommunikation der Eltern untereinander unterstützen […] und sie auf breiter Basis in Entscheidungen einbeziehen.“ (Sacher et al. 2019, 28) Auch so können gegebenenfalls Kontaktbarrieren und mangelnder Informationsfluss überwunden werden.

Mögliche Herausforderungen, mit denen sowohl Eltern/Erziehungsberechtigte wie auch Lehrkräfte zu tun haben, werden im Folgenden kurz umrissen.

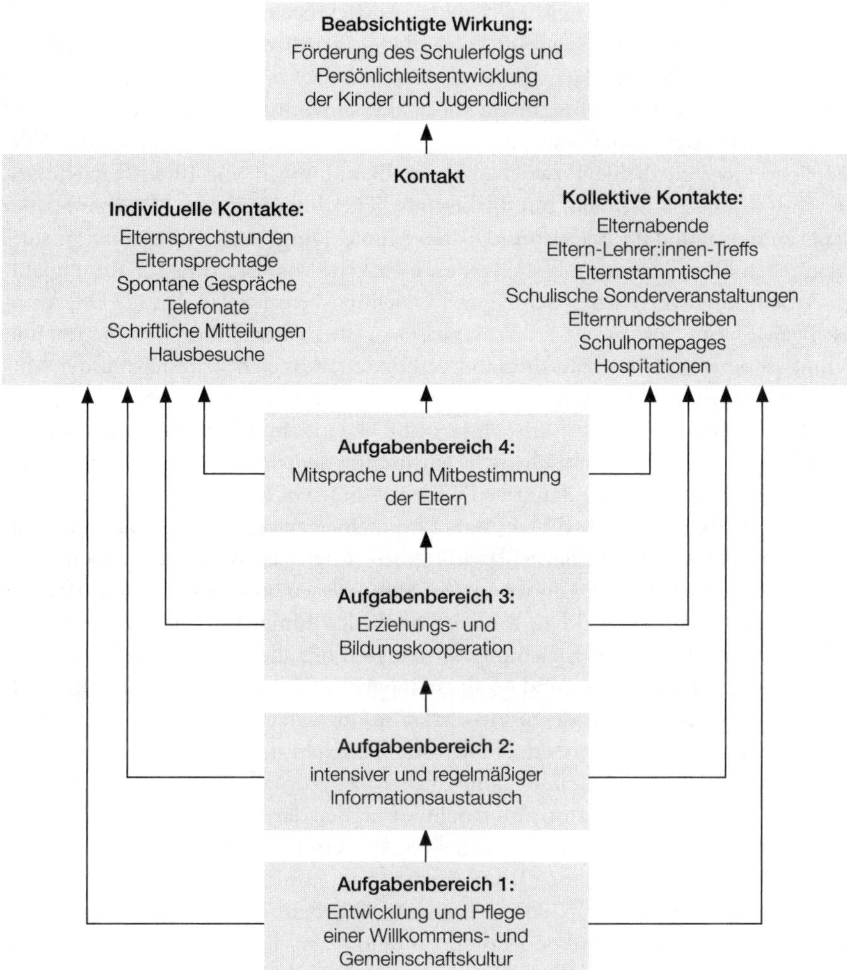

Abb. 13: Modell der Erziehungs- und Bildungspartnerschaften (Weiterentwicklung von Sacher et al. 2019, 17)

10.3 Herausforderungen in der Zusammenarbeit mit Eltern/ Erziehungsberechtigten

Trotz partizipativer Ansätze sehen Dagmar Killus und Angelika Paseka (2020) in der Partnerschaft zwischen Schule bzw. Lehrer:innen und Eltern oder, wie Ulrich Oevermann (2008) es formuliert, dem freiwilligen Arbeitsbündnis zwischen Lehrkräften und Eltern/Erziehungsberechtigten als wichtigsten Faktor im Bildungsprozess der Schüler:innen, nach wie vor folgende Hindernisse und Herausforderungen: (1) Das Hierarchie- und Machtverhältnis zwischen der Organisation Schule bzw. der Selektionsfunktion von Lehrer:innen versus den individuellen Interessen der Eltern als „naturwüchsige Sozialisationsinstanz" (Oevermann 2008, 76) verweist auf die mögliche Gegensätzlichkeit zwischen jenen Bemühungen, die Eltern/Erziehungsberechtigte auf sich nehmen, um die bestmögliche Bildungskarriere für ihre Kinder sicher zu stellen und der Selektionslogik der Schule. Die gelungene Moderation eines eventuellen Konfliktpotenzials stellt eine wesentliche Voraussetzung für ein tragfähiges Arbeitsbündnis zwischen Schule und Erziehungsberechtigten dar. (2) Das historisch gewachsene Spannungsverhältnis zwischen Eltern/Erziehungsberechtigten und Schule ist einerseits mit dem Umstand verbunden, dass sich spätestens in der Mitte des 19. Jahrhunderts der Stand des Gymnasiallehrers als „Träger der Intelligenz" (Blankertz 1982, 157) herauskristallisiert und es seitdem als Statussymbol des Bildungsbürgertums gilt, den Nachwuchs ehrfürchtig der strengen Obhut gymnasialer Bildung zu überlassen. Die damit verbundene Autorität, die Schule bisweilen heute noch ausstrahlt, kann dazu führen, dass Eltern eine gewisse Machtlosigkeit verspüren. Andererseits wurden Eltern/Erziehungsberechtigte seit Beginn der allgemeinen Schulpflicht genötigt, ihre Kinder aus Arbeitsprozessen auszugliedern und darüber hinaus auch noch Schulgeld zu zahlen. Durch den Eingriff des Staates in die Erziehung wurde den Eltern/Erziehungsberechtigten das alleinige Entscheidungsrecht über Ihre Kinder genommen und somit ein mögliches Konkurrenzverhältnis geschaffen. Der Umstand, dass Kinder als Arbeitskräfte eingesetzt werden, ist zum Glück im europäischen Raum weitgehend obsolet, die Ursachen des Unbehagens gegenüber der Macht der Institution Schule, können aber hier ebenfalls ihren Ursprung haben. Demzufolge liegt es an der Institution Schule und den darin arbeitenden Lehrkräften mit größtmöglicher Transparenz überholten Mustern entgegenzuwirken, Vertrauen aufzubauen und zu erhalten. (3) Die mangelnde empirische Evidenz gelungener Elternkooperation ist, laut Killus & Paseka (2020) dem Umstand geschuldet, dass über die Effekte von Elternkooperation bis dato wenig bekannt ist, hier fehlen, so die beiden Autorinnen, große repräsentative Studien. Auch Hattie (2017) verweist zwar auf das Flaxmere-Projekt (2007; 2017), bei dem gezeigt werden konnte, dass eine positive Verbindung von Elternhaus und Schule zu effektiveren Leistungen bei den Kindern beiträgt, ansonsten findet sich in Hatties Überlegungen zu schulischem Lernerfolg wenig über die Korrelation von Schule/Lehrer:innen und Eltern/Erziehungsberechtigten. Hier bedarf es in Zukunft einer sensitiven und evaluativen Haltung sowohl auf Mikro-, wie auch auf Meso- und Makroebenen von Schulentwicklungsprozessen. (4) Eine weitere Herausforderung im Kontext von Kooperation ist die mangelnde Freiwilligkeit des Bündnisses zwischen Lehrer:innen und Eltern/Erziehungsberechtigten, die Oevermann (2008) als inhärentes Merkmal der gesetzlichen Schulpflicht bzw. der formalen Organisation Schule beschreibt. Somit verschließt sich jede Art von freiwilligem Arbeitsbündnis. Demzufolge kann auch nicht von einer gleichwertigen Partnerschaft zwischen Eltern/Erziehungsberechtigten und Lehrer:innen gesprochen werden. Wie im Umgang mit den Schüler:innen, so ist auch in der Zusammenarbeit mit den Eltern/Erziehungsberechtigten „jedes professionalisierte Handeln eine widersprüchliche Einheit von diffusen und spezifischen Beziehungsmomenten". (Oevermann 2008, 69) Während die Familie eine, sowie Oevermann (ebd.), es beschreibt „naturwüchsige Sozialisationsinstanz" ist, haben Lehrer:innen die Aufgabe, mithilfe von wissenschaftlichen Kriterien Entscheidungen über Lernkarrieren zu fällen. In den unterschiedlichen Sichtweisen beider Parteien liegen potenzielle Konflikte. Hier gilt es vor allem von Seiten der Lehrkräfte mit professionellen Kommunikationskompetenzen in Gesprächssituationen zu gehen. (5) Schulische Normierungstendenzen in Bezug auf die „idealen" Eltern/Erziehungsberechtigten sind nicht zielführend, da sich Bilder über ideale Familienstrukturen und familiäre Orientierungsmuster zusehends neu erfinden. Hier bedarf es eines professionellen Blicks auf die heterogenen familiären Lebenswelten (siehe *Kapitel 8, Diversität).* (6) Die Perspektive von Schüler:innen gerät seit geraumer Zeit immer mehr in den Fokus von Lehr- und Lernprozessen, vor allem im Kontext von Feedback (siehe *Kapitel 9.3, Feedback).* Hier stellt sich die Frage inwieweit (vor allem ältere) Schüler:innen die Miteinbeziehung der Eltern/Erziehungsberechtigten als Kontrolle und Einmischung auf ihrem Weg zur Autonomie empfinden. Und last but not least (7) sind es die (fehlenden) Ressourcen und strukturellen Rahmenbedingungen, die sowohl auf formaler wie auch auf informeller Ebene Kooperation ermöglichen bzw. diese erschweren bzw. verschließen. (Killus & Paseka 2020, 20ff.)

> „Es gibt viele unterschiedliche Sichtweisen, manche Eltern meinen, die Schule müsse ihnen Arbeit abnehmen, zum Teil unrealistische Forderungen, die man zurechtrücken muss. Hindernisse sind zum Beispiel, dass der unmittelbare Lernerfolg ihres Kindes am wichtigsten ist, das gemeinsame Ganze wird nicht gesehen, Eltern sehen manchmal nur die Seite ihrer Kinder und wollen gar keine zweite Wahrnehmung erhalten, gerade in Erziehungsfragen gibt es häufig unterschiedliche Wahrnehmungen (zum Beispiel Ahndung von unentschuldigten Fehlstunden, Unpünktlichkeit, etc.), da wird der Lehrer/die Schule auch schon zum Kontrahenten (das tut besonders weh, weil meist eine ehrliche Absicht der Verhaltensänderung dahinter steht!)" (Lehrer:in in Interview)

Es wäre unrealistisch davon auszugehen, dass alle Eltern/Erziehungsberechtigten auch „erreicht" werden wollen oder können. Alexei Medvedev (2020) beschreibt die Problematik einer mitunter fehlenden Bereitschaft von Seiten der Schule, Eltern/Erziehungsberechtigte nach ihren grundlegenden Erwartungen und Wünschen zu fragen und diese von Anfang an in Gestaltungsprozesse miteinzubeziehen. Es gibt allerdings auch Eltern/Erziehungsberechtigte, die aus den unterschiedlichsten Gründen die Kooperation ablehnen.

In Rückgriff auf Bourdieus (1982) Überlegungen zu den verschiedenen Kapitalsorten – soziales, ökonomisches, kulturelles und symbolisches Kapital –, die einen

wesentlichen Beitrag zur Analyse sozialer Ungleichheit leisten und daraus resultierende Habitusformen aufzeigen, ist es zuweilen herausfordernd, die Kooperationsmöglichkeiten so zu gestalten, dass sich möglichst viele Eltern/Erziehungsberechtigte angesprochen fühlen. Laut Bourdieu (1982) ist der Habitus „nicht nur strukturierende, die Praxis wie deren Wahrnehmung organisierende Struktur, sondern auch strukturierte Struktur: das Prinzip der Teilung in logische Klassen, das der Wahrnehmung der sozialen Welt zugrunde liegt" und somit „Produkt der Verinnerlichung der Teilung in soziale Klassen" ist. (Bourdieu 1982, 279)
Martin Gartmeier (2018, 29) spricht in diesem Kontext von einer Elternschaft, „die von einer immensen Heterogenität der Ambitionen und Lebensentwürfe geprägt ist". Versuche einer Typisierung verschiedener Elterngruppen anhand verschiedenster Merkmale machen deutlich, dass die Diversität der Einstellungen, Haltungen und Erwartungen innerhalb der Eltern/Erziehungsberechtigten immens ist, auch wenn prinzipiell davon auszugehen ist, dass das Wohl des Kindes im Vordergrund stehen sollte.

> „Sprache kann eine große Herausforderung sein, wie auch der Mangel an gegenseitigem kulturellem Verständnis. Bei Eltern und Erziehungsberechtigten die in anderen Bildungssystemen beschult wurden, kann auch das österreichische Schulsystem ein Hindernis darstellen. Besonders bei Eltern und Erziehungsberechtigten die selbst wenig Zugang zu Bildung hatten oder selbst negative Erfahrungen mit Lehrer:innen und/oder Schule gemacht haben, ist mit viel Sensibilität vorzugehen." (Lehrer:in in Interview)

Lehrer:innen sind, als Vermittler:innen des Systems Schule und mit den damit verbundenen vielfältigen Anforderungen, die mit einer diversifizierten Elternschaft einhergehen, konfrontiert. Sie haben dabei die Aufgabe auf heterogene Erwartungen von Seiten der Eltern/Erziehungsberechtigten konstruktiv einzugehen und zum Wohl des Kindes gemeinsam mit den Eltern/Erziehungsberechtigten zu entscheiden.
Abgesehen von der Diversität der Eltern/Erziehungsberechtigten auf individueller Ebene lassen sich noch weitere, unten angeführte Asymmetrien zwischen Eltern/Erziehungsberechtigten und Lehrer:innen festmachen. Hierbei scheint es wichtig, „Lehrpersonen über diese Asymmetrien aufzuklären, um sie zu motivieren und zu befähigen, diese Unterschiede zu überbrücken oder sie sogar als Ressourcen zu nutzen". (Gartmeier 2018, 56) Die folgende Tabelle zeigt auf, welche unterschiedlichen Perspektiven im Kontext von Emotionalität, Verantwortung und Wissen das Verhältnis zu den Kindern und Jugendlichen ausmacht bzw. welche Funktion mit der jeweilige Rolle der Akteur:innen im System verbunden sind.

Unteraspekt	Perspektive der Eltern	Perspektive der Lehrperson
Asymmetrie 1: Emotionalität gegenüber der Schüler:innen		
	Hohe Intensität, hohe Identifikation, Kind als Familienmitglied	Niedrige(re) Intensität, Kind als Teil der Schulklasse

Unteraspekt	Perspektive der Eltern	Perspektive der Lehrperson
Asymmetrie 2: Verantwortung für die Schüler:innen		
Art und Ausmaß Zeitlichkeit	Umfassend, über verschiedene Lebensbereiche Zeitlich unscharf begrenzt	Eng umgrenzt (z. B. ein Schulfach) Zeitlich limitiert
Asymmetrie 3: Wissen über die Schüler:innen		
	Umfassend, Fokus auf den privaten Lebensbereich, wechselseitig exklusiv	Partiell, Fokus auf den schulischen Lebensbereich
Asymmetrie 4: Rolle im Schulsystem		
Stellung zum/im Schulsystem Expertenschaft im pädagogisch-didaktischen Bereich	Außenperspektive, Betroffenenrolle, limitierte Partizipation Eigene schulische Erfahrung und Erziehung der Kinder	Innenperspektive, Rolle der Umsetzung von Vorgaben bei ebenfalls limitierter Partizipation Zertifizierte Professionalität, organisierte Effektivität

Abb. 14: Multiple Asymmetrien im Verhältnis von Eltern und Lehrpersonen (Gartmeier 2018, 49)

Eine konstruktive Zusammenarbeit zwischen Schule/Lehrpersonen und Eltern/Erziehungsberechtigten beinhaltet eine kritische Reflexion des eigenen kommunikativen Verhaltens sowie eigener Wert- und Normvorstellungen. Darüber hinaus braucht es professionelle kommunikative Kompetenzen. „Gesprächstechniken [sind] nur ein Aspekt gelingender Gesprächsführung mit Eltern. Neben diesen Techniken spielen die weiteren Aspekte, also Einstellungen und fachliches Wissen der Lehrperson, eine bedeutsame Rolle." (Gartmeier 2018, 74) Neben dem Fachwissen sind Kommunikations- und Beratungskompetenzen Voraussetzung, um auch etwaige Konfliktgespräche professionell zu führen.

Da nicht davon ausgegangen werden kann, dass alle Eltern/Erziehungsberechtigten im Kontext kommunikativer Kompetenzen geschult sind und die eigenen Affekte in problematischen Gesprächssituationen stets unter Kontrolle haben, ist es die Aufgabe der Lehrer:innen, eventuellen Schwierigkeiten und Missverständnissen mit vertrauensbildenden Maßnahmen entgegenzutreten. Größtmögliche Transparenz und unmissverständlicher Informationsfluss kann dazu beitragen, Irrtümern und falschen Annahmen entgegenzutreten. Darüber hinaus kann es hilfreich sein, am Anfang der professionellen Beziehung einen „code of conduct" zu vereinbaren, um eine gemeinsame Gesprächskultur zu fördern, die auf gegenseitigem Respekt und gegenseitiger Wertschätzung aufbaut. Fragen zur Bedeutung eines gemeinsamen Umgangs und den verschiedenen Möglichkeiten gegenseitiger Unterstützung können beispielsweise bei einem ersten Elternabend getroffen werden oder auch in einem größeren Kontext, wie einen von Burow (2011) beschriebenen Schulentwicklungsprozess ausverhandelt werden.

Trotz aller Maßnahmen, die zu einer gelungenen Kooperation zwischen Schule und Eltern/Erziehungsberechtigten beitragen, müssen die verschiedenen Zuständigkeiten und Verantwortungsbereiche von Schule und Elternhaus geklärt sein, auch wenn diese zuweilen verschwommene Grenzen aufweisen. Killus & Paseka (2020) gehen bezugnehmend auf Epstein (2011) von drei Möglichkeiten in der Verteilung der Verantwortlichkeiten aus. (1) Separate responsibility, (2) shared responsibility, (3) sequential responsibility.

> „Ich kann Eltern verstehen, wenn sie Schule auch skeptisch gegenüberstehen; als Mutter von drei Kindern habe ich auch die gesamte Bandbreite von Direktionen, Lehrer:innen und Schulbehörde/n erlebt!" (Lehrer:in in Interview)

Erste Möglichkeit der Verteilung von Verantwortung zeigt auf, dass Schule und Elternhaus zwei voneinander völlig getrennte Sphären darstellen und Kooperation (in Vermeidung eines möglichen Wettbewerbs) nur punktuell stattfinden sollte. Eine zweite Option macht deutlich, dass geteilte und gemeinsame Zuständigkeiten für das Wohl des Kindes sich sowohl auf der Leistungs- wie auch auf der Persönlichkeitsebene günstig auswirken. Mit dem Begriff der sequenziellen Zuständigkeit, wird auf entwicklungsbedingte Ablösungsprozesse hingewiesen. Dem Lebens- und Entwicklungsalter der Kinder und Jugendlichen entsprechend, ändern sich die Verantwortlichkeiten von Familie, Schule und sozialem Umfeld und dementsprechend auch das Mitspracherecht.

Der Beruf Lehrer:in hat letztendlich auch eine prospektive Seite. Bei allen Bemühungen können wir nicht davon ausgehen, dass alle Eltern/Erziehungsberechtigten erreicht werden. Dennoch ist das Ziel, im Sinne der Schüler:innen die Kooperation mit den Eltern/Erziehungsberechtigten positiv zu gestalten.

> „Eltern und Erziehungsberechtigte sind jedoch keine Lehrkräfte. Es darf nicht außer Acht gelassen werden, dass nicht alle Eltern und Erziehungsberechtigten die Kinder/Jugendlichen unterstützen können. Und dies aus unterschiedlichen Gründen – mangelnde Sprachkenntnisse, mangelnde Zeit oder auf Grund des mangelnden Bildungsniveaus. Der schulische (= inhaltliche) Erfolg darf nicht vom Elternhaus abhängen." (Lehrer:in in Interview)

Weiterführende Literatur

Gartmeier, M. (2018): Gespräche zwischen Lehrpersonen und Eltern. Herausforderungen und Strategien der Förderung kommunikativer Kompetenz. Wiesbaden: Springer VS.

10.4 Formen gelungener Kooperation

Killus & Paseka (2020) fassen in folgenden Punkten jene Aspekte zusammen, die zu gelungener Kooperation mit Eltern/Erziehungsberechtigten beitragen können:

1. „Abschaffung von kommunikationsbezogenen Barrieren, u. a. Sprachbarrieren im weitesten Sinne
2. Gestaltung des Schulgebäudes als „elternfreundlicher" Ort

3. Berücksichtigung der zeitlichen Barrieren
4. Beschäftigung mit psychologischen Barrieren individueller Art
5. Diskriminierungskritische Auseinandersetzung mit den sozialen (schichtbezogenen) Barrieren.“ (Killus & Paseka 2020, 43)

> „Der Austausch von Lehrerinnen mit Eltern gibt dem Kind auch Sicherheit. Eltern haben so auch mehr Ahnung und Verständnis für die Schule und können positiv auf ihr Kind einwirken und sind auch uns Lehrerinnen wohlgesonnener.“ (Lehrer:in in Interview)

Medvedev (2020) fasst in Anlehnung an die von Epstein (2011) formulierten sechs Arbeitsfelder der Elternzusammenarbeit – (1) Parenting (2) Communicating (3) Volunteering (4) Learning at home (5) Decision Making (6) Collaborating with Communitiy – vier grundlegende Merkmale zusammen, die das Fundament einer gelungenen Partnerschaft zwischen Schule und Elternhaus ausmachen. Wie bereits erwähnt, trägt die *Willkommenskultur* eines Schulstandorts, aber auch die damit verbundenen Einstellungen und Haltungen der an dem Schulstandort tätigen Lehrer:innen maßgeblich dazu bei, Eltern/Erziehungsberechtigte zu einer positiven Zusammenarbeit zu motivieren (siehe hierzu auch Medvedev 2020, 96). Gelungene *Kommunikationsprozesse* auf vielschichtiger Ebene sind ebenfalls Grundpfeiler konstruktiver Zusammenarbeit. Auch hier gilt es zunächst auf struktureller Ebene barrierefreie Voraussetzungen sowohl in schriftlichen wie auch in mündlichen Kontexten zu schaffen. Auf individueller Ebene verfügen Lehrer:innen über wesentliche Kenntnisse zu Gesprächsführung und Konfliktlösung. Die freiwillige *Kooperation* in Bildungs- und Erziehungsfragen setzt Zeit und Raumressourcen voraus, mithilfe derer Eltern/Erziehungsberechtigte in Schulentwicklungsprozesse aktiv eingebunden werden, diese auch mitevaluieren und konstruktives Feedback geben können (siehe hierzu Checkliste zu Kooperation unten). Medvedev versteht aktive *Partizipation* als „Inanspruchnahme des Rechts auf gleichberechtigte Teilhabe an Entscheidungsprozessen der Schule“. (Medvedev 2020, 107) Diese werden durch Gremienarbeit, wie Elternvertretungen, immer wieder ausverhandelt.

> „Ich sehe die Kooperation im Zuge des Elternvereins oder des Schulgemeinschaftsausschusses (Elternvertreter); in der Situation wie der COVID-Pandemie ein gegenseitiges Aufeinander-Zugehen.“ (Lehrer:in in Interview)

Weiterführende Literatur

Medvedev, A. (2020): Heterogene Eltern. Eine Kooperation von Eltern und Schule neu denken und umsetzen. Weinheim & Basel: Beltz.

Für den Lehrer:innenberuf bedeutet das

Voraussetzung für eine gelungene Kooperation zwischen den Eltern/Erziehungsberechtigten und den Lehrer:innen ist die professionelle Reflexion der eigenen subjektiven Wahrnehmung seitens der Lehrpersonen und die

Bereitschaft zum Perpektivenwechsel. Professionelle kommunikative Grundkennnisse sowie Beratungskompetenzen sind Grundlage gelingender Kooperation. Das bedeutet auch, offen zu sein für diverse Fort- und Weiterbildungsmöglichkeiten zum Thema. Auf struktureller Ebene bedeutet das aber auch, eine elternfreundliche Schulkultur und die damit verbundenen einladenden Strukturen zu gestalten und diese auch gemeinsam zu pflegen.
Checkliste für Schulen und Lehrer:innen zur gelungenen Kooperation (Medvedev 2020, 96)

- Wegweiser und Hinweisschilder sind in der Schule und im Schulgebäude vorhanden.
- Es gibt einen geeigneten, freundlich gestalteten und möglichst einsehbaren Raum für Gespräche.
- Der Prozess der Terminfindung für ein Gespräch ist transparent und unkompliziert.
- Direktor:innen, Klassenvorstände, Lehrer:innen, Projektleitungen, etc. organisieren auch größere Veranstaltungen für Familien, Eltern/Erziehungsberechtigte.
- Bei schulischen Veranstaltungen wird bei Bedarf eine Übersetzung in Gebärdensprache angeboten.
- Mehrsprachigkeit von Eltern/Erziehungsberechtigten wird bei schulischen Veranstaltungen z. B. in Form von u. a. professionellen Dolmetscher:innen, Kultur- und Sprachvermittler:innen, moderierten Sprachentischen und mehrsprachigen Visualisierungen berücksichtigt.
- Die Uhrzeiten von schulischen Veranstaltungen (z. B. Elternabende) kalkulieren diverse Arbeitszeiten der Eltern/Erziehungsberechtigten mit ein.
- Das Kollegium nimmt an internen und externen Fort- und Weiterbildungen zum Thema Elternkooperation teil.
- Die Schulleitung und das Kollegium erachtet Elternkooperation als wichtigen Bestandteil von Schulentwicklung und bindet diese auch aktiv in Entwicklungsprozesse mit ein. ◂

Resümee Teil II: Unterricht gestalten

Im zweiten Teil der vorliegenden Broschüre sind wir auf Basis des aktuellen Forschungsstandes der Lehr- und Lernforschung der Frage nachgegangen, welche Aspekte zu berücksichtigen wären, um Unterricht so zu gestalten, dass den Schüler:innen möglichst viele und reichhaltige Lerngelegenheiten eröffnet werden können.

Der Blick auf das Lernen als Ausgangspunkt
Der Blick auf das Lernen als Ausgangspunkt der Gestaltung von Unterricht bleibt im Zentrum unserer Überlegungen. Die pädagogische Beobachtung der Lernenden und die damit verbundenen diagnostischen Erkenntnisse spielen, wie wir zu zeigen versucht haben, eine zentrale Rolle für die Unterrichtsgestaltung. Eine besondere Aufmerksamkeit für die unterschiedlichen Voraussetzungen, Interessen, Potenziale und Zugangsweisen der Schüler:innen steht demnach im Mittelpunkt aller didaktischen Entscheidungen. Vor diesem Hintergrund wären die hier herausgearbeiteten Kriterien gelingenden Unterrichts laufend auf ihre Stichhaltigkeit zu überprüfen.

Der Blick auf Leistungsbeurteilung und Feedback als Lerngelegenheiten
Auch die Formate der Leistungsbeurteilung und -rückmeldung oder der Umgang mit den Herausforderungen einer zunehmend durch Digitalisierung geprägten Welt, sind – so haben wir versucht zu argumentieren – unter dem Leitmotiv geglückter Lern- und Bildungsprozesse kritisch in den Blick zu nehmen. Förderlich für einen in diesem Sinne erfolgreichen Unterricht ist eine tragfähige Vertrauensbasis zwischen Lehrer:innen und Schüler:innen, durch die eine solide Grundlage für eine offene Fehlerkultur und ein aussagekräftiges, das Lernen unterstützendes Feedback geschaffen wird.

Der Blick auf die Kooperation mit Eltern/Erziehungsberechtigten
Die konstruktive Zusammenarbeit zwischen Lehrer:innen und Eltern/Erziehungsberechtigten ist eine grundlegende Voraussetzung für das Gelingen schulischer Bildungsprozesse. Je nach Alter und Entwicklungsstufe der Schüler:innen verschiebt sich zwar die Gewichtung der wechselseitigen Unterstützung, gegenseitige Anerkennung, Wertschätzung und Solidarität ermöglichen aber die bestmöglichen Lernvoraussetzungen im Sinne des Kindes.

Der Blick auf die Rahmenbedingungen
Die dazu erforderlichen Rahmenbedingungen zu *definieren und zu gestalten*, liegt in der Verantwortung der Lehrer:innen als Expert:innen für Lernen und Lehren. Die

dafür förderlichen Strukturen und Freiräume zu *schaffen*, wäre Aufgabe von Schulleitung, Schulverwaltung und Bildungspolitik.
Bildung stellt eine wesentliche Voraussetzung für eine erfolgreiche gemeinsame Zukunft dar. Gerechte Bildungschancen sind Grundlage für gesellschaftlichen Zusammenhalt, aber auch für Entwicklungsoffenheit und Innovation.

> „Ein ganz starker Motor, um den Lernprozess in Gang zu setzen, ist natürlich immer, Neugier zu wecken. Neugier wecken heißt, es läuft der Motor fast von selber, denn dann interessiert es den Schüler oder die Schülerin, was es da noch gibt und im nächsten Schritt, was dahintersteckt und warum das ist und dann …“ (Lehrer:in in Fokusgruppe)

11 EPILOG: Lehrer:innen sind Expert:innen für Lernen und Lehren

Professionen sind hoch spezialisierte Berufsgruppen, deren Akteur:innen für gesellschaftlich überlebensrelevante Bereiche zuständig sind. Als solche sensiblen Bereiche gelten Gesundheit, Recht und Wissenschaft und in den technologisch hoch entwickelten und sozial ausdifferenzierten Gesellschaften des 21. Jahrhunderts auch Bildung und Erziehung.

Professionelle agieren interventionspraktisch und fallbezogen mit dem Ziel der Hilfe zur Selbsthilfe, und zwar auf Basis ihres Arbeitsbündnisses mit den ihnen anvertrauten Klient:innen. (Oevermann 1996; 2008)

Das pädagogische Arbeitsbündnis unterscheidet sich zwar von anderen professionellen Bereichen wie dem Gesundheits- oder dem Rechtssystem insofern, als es im Rahmen der Schul- bzw. Unterrichtspflicht verhandelt wird und daher nicht im freiwilligen Entscheidungsbereich der betroffenen Klient:innen, nämlich der Schüler:innen bzw. deren Eltern liegt. Auch sind nicht volljährige Schüler:innen (noch) keine kontraktfähigen Klient:innen. Das pädagogische Handlungsfeld und damit auch der Lehrer:innenberuf sind jedoch, abgesehen von diesen Besonderheiten, von derselben typischen Handlungslogik geprägt, die für Professionen bestimmend ist und diese überhaupt erst auf den Plan ruft. Zentrale Aufgabe von Professionen ist nämlich, potenziell auftretende Krisen „fallorientiert" aufzugreifen – Ulrich Oevermann spricht von „stellvertretender Krisenbewältigung" (2008, 56) – und sie in Kooperation mit den Betroffenen in einer Art und Weise zu bearbeiten, die diesen dazu verhilft, zukünftige Krisensituationen zunehmend eigenständig zu meistern.

> „Aus diesem Bestimmungsversuch ergeben sich zentrale Strukturmomente professionalisierten Handelns, die für die hier verfolgte Argumentation von Relevanz sind: erstens die *Signifikanz* der jeweiligen Sachthematik (also etwa Fragen des Rechts oder der Gesundheit), für welche die jeweilige Profession zuständig ist; zweitens die interpretative und interaktive Komponente – es geht nicht um technische Fragen, nicht um bloße Anwendungen von Wissen, sondern darum, einen Bezug zum jeweiligen besonderen und immer einzigartigen *Fall* herzustellen; drittens soll im Vollzug immer auch die Klientin, der Klient ein Stück ihres bzw. seines durch die Problemlage verloren gegangenen oder beeinträchtigten *Autonomiepotenzials* zurück gewinnen." (Schrittesser 2011, 97, Hervorh. i. Orig.)

Im Zuge der „stellvertretenden Krisenbewältigung" (Oevermann 2008, 56) entsteht auf der Grundlage des sich entfaltenden Arbeitsbündnisses jene Beziehung zwischen Professionellen und Klient:innen, die sowohl Anteile einer diffusen, die ganze Person involvierende Beziehung, als auch Anteile einer rollenförmigen, auf einen bestimmten Zuständigkeitsbereich beschränkte Sozialbeziehung aufweist. Wie in den vorangegangenen Kapiteln versucht wurde darzulegen, werden im pädagogischen Handeln in der Schulklasse diese beiden Anteile – etwa, wenn es um einfühlende Beobachtung und um diagnostische Kompetenzen einerseits und um institutionell festgelegte Aufgaben wie Leistungsbeurteilung andererseits geht – immer wieder gleichzeitig und ineinander oft widersprechender Weise virulent. Werner Helsper (1996; 2002) spricht in diesem Kontext von der „antinomischen Struktur pädagogischen Handelns“ und nennt fünf solcher konstitutiven Antinomien, die ihrerseits paradoxe Effekte nach sich ziehen:

1. Nähe versus Distanz
2. Subsumtion versus Rekonstruktion
3. Einheit versus Differenz
4. Organisation versus Interaktion
5. Heteronomie versus Autonomie (Helsper 1996, 530)

Die Antinomie *Nähe versus Distanz* bezieht sich auf die Spannung im Lehrer:innenhandeln zwischen Affektivität und Zuwendung einerseits, geleitet von der Orientierung an der einzelnen Bildungsgeschichte der Heranwachsenden und andererseits vom Anspruch der affektiven Neutralität den Schüler:innen gegenüber. Die Nähe zu den Heranwachsenden ist unerlässlich, will man verstehen, wie jede:r Einzelne individuell adressiert und gefördert werden kann. Gleichzeitig gilt für die Institution Schule das Leitmotiv der universalistischen Gleichbehandlung aller Schüler:innen, das wiederum „durch das Nadelöhr des Selektionscodes hindurchgeführt werden muß“. (Helsper 1996, 531; vgl. dazu auch Dörr & Müller 2007)
Mit der Antinomie von *Subsumtion versus Rekonstruktion* wird auf das so genannte Technologiedefizit professionellen Handelns Bezug genommen, wie es von Luhmann und Schorr (1982) herausgearbeitet wurde:

> „Die Spezifik des Einzelfalls lässt sich keiner abstrakten Regel und keinem technologiesierbaren Procedere unterwerfen, sondern bedarf stets einer fallrekonstruktiven Komponente.“ (Helsper 1996, 532)

Andererseits steht die Lehrperson unter Legitimationsdruck. Jede ihrer Entscheidungen unterliegt einer Begründungsverpflichtung, die ihrerseits in allgemeinen Regeln subsumiert ist.
Mit der Spannung zwischen *Einheit und Differenz* ist die Verpflichtung pädagogischen Handelns gemeint, Schüler:innen an die gemeinhin geltenden gesellschaftlichen Werte heranzuführen bei gleichzeitiger Anerkennung moderner Pluralität, um auf diese Weise „Brückenschläge zu ermöglichen ohne zu entdifferenzieren und Zwangsidentitäten zu stiften.“ (Helsper 1996, 534)

Im Zusammenspiel von *Organisation versus Interaktion* stehen die einschränkenden, aber auch entlastenden Effekte institutionalisierter Routinen – „Zeit-, Raum- und Verfahrensregelungen“ (Helsper 1996, 535) – einer immer wieder neu zu verhandelnden „Interaktionsordnung“ im Klassenraum gegenüber und der damit einhergehenden Ungewissheit des Gelingens dieser Aushandlungen.
Mit der antinomischen Spannung zwischen *Heteronomie und Autonomie* verweist Helsper auf Kants Feststellung, dass eines der größten Probleme der Erziehung sei, „wie man die Unterwerfung unter den gesetzlichen Zwang mit der Fähigkeit, sich seiner Freiheit zu bedienen vereinigen könne. Denn Zwang ist nötig! Wie kultiviere ich die Freiheit bei dem Zwange?“ (Kant 1978, 711; Helsper 1996, 535)

> „Die Ermöglichung der Autonomie, die Erzeugung eines eigenverantworteten Willens, einer distanzierten Sicht auf die verschiedenen Weltbezüge, einer hypothetischen Einstellung zur Welt,“ erläutert Helsper (1996, 536) in diesem Zusammenhang, „bedarf einer Kontrolle und Selbstdisziplinierung.“

Im Anschluss an die von Helsper als konstitutiv bezeichneten Antinomien, ergeben sich im Kontext reflexiver Modernisierungsprozesse vier Paradoxien: das Rationalisierungspradoxon, das Zivilisierungsparadoxon, das Pluralisierungsparadoxon, und das Individualisierungsparadoxon, die ihrerseits den Antinomien zugeordnet werden. Das *Rationalisierungsparadoxon* wird der Antinomie zwischen Organisation und Interaktion zurgerechnet und macht deutlich, dass „die zweckrationalen Organisationsstrukturen in ein immer deutlicheres Spannungsverhältnis zu den kommunikativen professionellen Erfordernissen“ treten. (Helsper 1996, 538) Das *Zivilisierungsparadoxon* verweist auf die Tendenz zur Nähebegrenzung, auf ein „affektiv-distanziertes Unterrichten“, um die Schüler:innen vor einer „Aufdringlichkeitspädagogik“ zu schützen, bei gleichzeitiger Notwendigkeit, eine empathische pädagogische Beziehung zu den Heranwachsenden zu etablieren, die subjektive Individuierungsmöglichkeiten anerkennt und fördert. Das *Pluralisierungsparadoxon* ergibt sich im Anschluss an die Antinomien von Subsumtion versus Rekonstruktion und von Einheit versus Differenz. Offenheit und Unbestimmtheit werden lt. Helsper in der Moderne zu einer umfassenden Erfahrung, in der sich „die Vorstellung eines einheitliches Sinnuniversums“ aufzulösen scheint, zugleich aber würden „Differenzierung und Pluralisierung konterkariert durch Generalisierungs- und Universalisierungstendenzen.“ (Helsper 1996, 541)
Während die „Bandbreite subjektiver Bedeutungen von Lehrinhalten im Kontext soziokultureller Pluralisierungen“ zuzunehmen scheint, sind Lehrpersonen vermehrt mit neuen und generalisierten Wissensbeständen konfrontiert, „die bei Schülern – jenseits des längst gebrochenen Wissensvermittlungsmonopols der Schule – häufig massenmedial eingespeist werden.“ (Helsper 1996, 543)
Das *Individualisierungsparadoxon* hebt lt. Helsper auf die „Verschlingung von Heteronomie und Autonomie und die pädagogische Paradoxie einer Aufforderung zur Autonomie“ ab. Schulen individualisieren durch Differenzieren, ebenso wie – paradoxer Weise – durch Universalisieren, da sie alle Heranwachsenden dem gleichen

Selektionscode unterwerfen und damit aber wiederum Unterschiede erzeugen sowie Risiken des Scheiterns individualisieren.
Resümierend wären, angesichts der vielfältigen antinomischen Verstrickungen und der daraus resultierenden Paradoxien, die enormen Herausforderungen herauszustreichen, mit denen pädagogisches Handeln laufend konfrontiert ist. Die widersprüchlichen Strukturen sind konstitutiv für die pädagogische Praxis. Sie verlangen nach jenen professionellen Kompetenzen, die von Fall zu Fall, von Situation zu Situation – immer auch unter einem gewissen Handlungsdruck und konfrontiert mit einem Moment der Ungewissheit – deren Bewältigung ermöglichen. Vor diesem Hintergrund zeigt sich die Notwendigkeit einer das Lehrer:innenhandeln laufend begleitende, reflexive Aufarbeitung dieser Herausforderungen. Überlegungen, wie eine solche Aufarbeitung zu gestalten wäre und welches Konzept von professionellen Kompetenzen dazu gangbare Wege aufzeigen könnte, werden in der Folge angestellt.
Im folgenden Abschnitt wird exemplarisch ein Modell zur Lehrer:innenprofessionalität präsentiert, das von einer durch das österreichische Bildungsministerium beauftragten Arbeitsgruppe entwickelt wurde und das die Frage der professionellen Kompetenzen von Lehrer:innen verhandelt, wie sie auch in anderen Ländern in den letzten Jahrzehnten in der Diskussion zur Qualität der Lehrer:innenbildung in den Mittelpunkt rückte. (u.a. Darling-Hammond 2001; European Commission 2007; KMK 2004; LCH 2008)

11.1 Das EPIK-Modell. 5 Domänen von Lehrer:innenprofessionalität

Das EPIK-Modell (Entwicklung von Professionalität im internationalen Kontext) basiert auf der Überlegung, dass individuelle Handlungen und systemische Strukturen als dialektisch aufeinander bezogene Aspekte zu denken sind. Die Vorstellungen von professionellem Handeln und die institutionelle und organisationale bzw. strukturelle Verfasstheit des Lehrer:innenberufs bedingen einander und sind folglich in ihrer wechselseitigen Verschränkung wahrzunehmen. Auf Subjektebene sind alle Personengruppen angesprochen, die innerhalb des Schulsystems beteiligt sind, wobei der Fokus auf den Lehrkräften liegt. Auf Strukturebene geht es um organisationale Rahmenbedingungen, die von der Schulleitung bis zu den Behörden festgelegt werden und die jeweils ihrer eigenen Funktionslogik folgen. (Paseka, Schratz & Schrittesser 2011, 20f.)
Um die Verschränkung der beiden Perspektiven Subjekt und Struktur zu verdeutlichen, wurde der Domänenbegriff eingeführt, vor allem um zu betonen, dass es nicht nur um die individuellen Kompetenzen von einzelnen Lehrkräften geht, sondern immer auch der Blick auf die Strukturen gewährleistet sein muss. Die fünf Domänen sind als Ausdruck professioneller Handlungskompetenzen zu verstehen und verweisen nicht nur auf das Zusammenspiel von Handlung (agency) und Struktur (structure) mit Bezug auf Anthony Giddens' (1995) handlungstheoretischer Grundlegung, sondern auch auf die doppelte Bedeutung von Kompetenz im Sinne von Fähigkeit

und Können einerseits und Zuständigkeit andererseits. Die Kompetenzen sind zwar von der einzelnen Lehrperson zu erwerben, zu ihrer vollen Entfaltung bedarf es jedoch nicht bloß individuellen Lernens, sondern entsprechender Rahmenbedingungen sowie schließlich Entwicklungsschübe des gesamten Systems.

Die fünf Domänen von Professionalität liefern Impulse und inhaltliche Bausteine, die vom Lernen aller Beteiligten leben. Sie beschreiben zum einen individuelle Kompetenzen, verlangen entsprechende Haltungen, Wissen und Können von den Lehrer:innen, setzen aber gleichzeitig Strukturen voraus, in denen diese Kompetenzen entstehen, wachsen und sich weiter entwickeln können. Sie sind Ausdruck eines professionellen Habitus von Lehrer:innen, unabhängig davon, in welchem Bildungsbereich sie tätig sind. Sie stellen damit eine Art „verbindliche Klammer“ dar, die über alle Schultypen hinweg die Professionalität von Lehrer:innen ausmacht.

Die in den fünf Domänen erfassten Kompetenzen müssen zwar von den Subjekten angeeignet und weiterentwickelt werden, können sich jedoch nur dann voll entfalten, wenn neben individuellen Lernprozessen auch höher stufige Prozesse und Entwicklungsschübe im Sinne von „next practice“ des gesamten Systems stattfinden. Sie eröffnen somit auch vielfältige Anknüpfungspunkte für Überlegungen zur Schulentwicklung, zur Weiterentwicklung der Aus- und Fortbildung der Lehrer:innen und für solche pädagogischen Konzepte, die die Vielfalt der Kinder und Jugendlichen in den Mittelpunkt stellen.

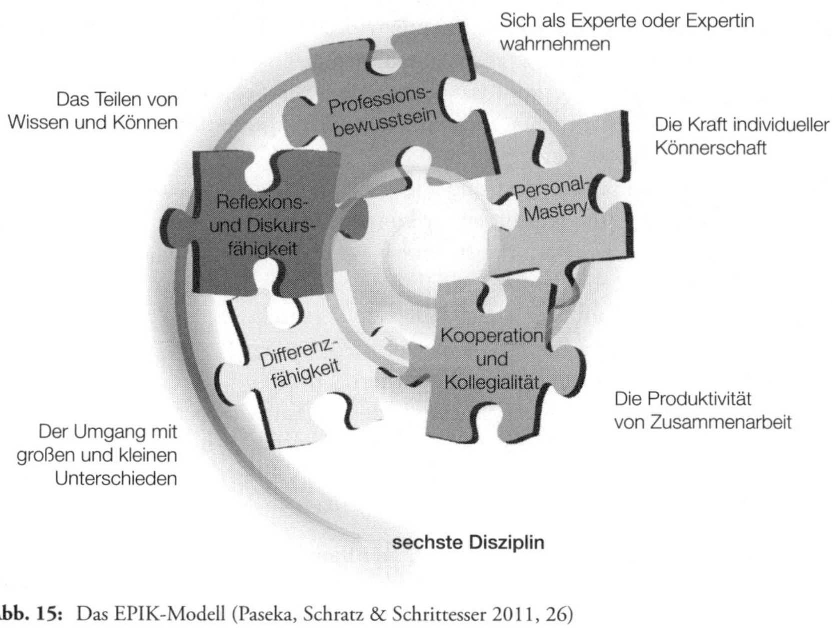

Abb. 15: Das EPIK-Modell (Paseka, Schratz & Schrittesser 2011, 26)

Ausdruck von *Reflexions- und Diskursfähigkeit* ist die Bereitschaft sich mit den eigenen pädagogischen Kompetenzen kritisch, in systematischer Form und auf Basis unterschiedlicher theoretischer Zugänge zu befassen. Des Weiteren ist es von elementarer Bedeutung bereit zu sein, sich an dem öffentlichen Diskurs auf reflektierte und wissensbasierte Art und Weise zu beteiligen und eine offene und konstruktive Diskussion unter Nutzung einer geeigneten Fachsprache zu unterstützen.
Ausdruck von *Professionsbewusstsein* ist, unter Bezugnahme professionstheoretischer Überlegungen, die Thematisierung und Organisation des eigenen Berufsstandes auf Systemebene. Dazu gehören die Erarbeitung von Konzepten und Erfordernissen, welche die Arbeitsbedingungen definiert und Qualitätssicherung betreibt. Darüber hinaus werden aktiv Vorschläge zum Bildungswesen gemacht.
Kooperation und Kollegialität meint, dass Lehrpersonen in einen intensiven und offenen Dialog mit allen am Bildungsprozess beteiligten Personen treten und so Orte der Kommunikation schaffen. „Kollegiale Zusammenarbeit stellt das wichtige – wenn nicht das wichtigste – Verbindungglied zwischen den Einzelaktivitäten der Lehrerinnen und Lehrer im Klassenzimmer und den Bemühungen um die Entwicklung der gesamten Schule dar." (Paseka, Schratz & Schrittesser 2011, 31) Für Schüler:innen ist die Kooperation unter den Lehrer:innen ein wichtiges Indiz für einen respektvollen und wertschätzenden Umgang auch mit den Schüler:innen. (Köhler 2011, 268)
Differenzfähigkeit ist wie bereits im Kapitel zum Umgang mit Diversität beschrieben, eine grundlegende Voraussetzung für professionellen Unterricht. Das Wissen und die Bereitschaft, sich auf die Vielfalt der Voraussetzungen der Schüler:innen einzulassen und diese als Ressource für eine wirksame Förderung der individuellen und kollektiven Entwicklung zu nutzen, eröffnen positive Selbstwirksamkeitsüberzeugungen und reflexive Lernpotenziale der Schüler:innen und vermitteln gleichzeitig die Perspektivität jeglichen menschlichen Weltzugangs inklusive der Perspektivität wissenschaftlicher Zugänge.
Personal Mastery meint, Visionen und Ziele für die eigene pädagogische Arbeit zu haben und argumentativ begründen zu können. Das professionelle Wissen kann situationsadäquat in Können transformiert werden. „Individuelle Könnerschaft braucht Kreativität, Querdenken und Professionalität, Mut zum Erproben von Neuem, Gelassenheit und Zeit zur Reflexion." (Paseka, Schratz & Schrittesser 2011, 37) Voraussetzung hierfür ist die Aufmerksamkeit für die eigenen Bedürfnisse und ein hohes Maß an kritischer Selbsterkenntnis.
Die *sechste Disziplin* symbolisiert kontextspezifische Kriterien der unterschiedlichen Bereiche von Schule. Der Fokus wird auf charakteristische Bedingungen der verschiedenen Schularten, Fächer, etc. gelegt. Hierbei gilt es ein besonderes Augenmerk auf Gemeinsamkeiten und Unterschiedlichkeiten zu richten.

> „Die Domänenstruktur bietet ein robustes, international abgebildetes Professionskonzept, das sich zunächst an Schlüsselkompetenzen über die gesamte Profession – auf allen Ebenen und im berufsbiographischen Kontinuum – orientiert, diese aber nicht – etwa über

> verhaltensgeleitete Standardisierung – auf den Handlungsaspekt reduziert. Vielmehr umfasst das Professionskonzept auch strukturelle Aspekte beruflichen Handelns im verlässlichen Rahmen bildungspolitischer Steuerung, in der sich Lehrpersonen positionieren und behaupten müssen." (Schratz 2011, 91)

Das Konzept der fünf Domänen von Professionalität eignet sich auch besonders gut dafür, Unterrichtsbeobachtungen (siehe *Kapitel 7, Lernen beobachten)* systematisch zu begleiten, damit Studierende dazu angeregt werden, aus ihrem Alltagsverständnis herauszutreten und Schule und Unterricht aus einer neuen – professionellen – Perspektive zu sehen.

Weiterführende Literatur

Paseka, A., Schratz, M. & Schrittesser, I. (2011): Professionstheoretische Grundlagen und thematische Annäherung. Eine Einführung. In: M. Schratz, A. Paseka & I. Schrittesser (Hrsg.): Pädagogische Professionalität: quer denken – umdenken – neu denken. Impulse für next practice im Lehrberuf. Wien: facultas.wuv, 8-45.

Schratz, M. (2011): Professionalität und Professionalisierung von Lehrerinnen und Lehrern in internationaler Perspektive. In: M. Schratz, A. Paseka & I. Schrittesser (Hrsg.): Pädagogische Professionalität: quer denken – umdenken – neu denken. Impulse für next practice im Lehrberuf. Wien: facultas.wuv, 46-94.

11.2 Professionalisierung – eine besondere Form des Lernens? Einige abschließende Überlegungen zum Theorie-Praxisverhältnis in der Lehrer:innenbildung

Der Stellenwert der Theorie in der Lehrer:innenbildung und im Lehrer:innenhandeln ist immer wieder Gegenstand intensiver Diskussion. Oft wird die Vermutung ausgesprochen, dass vor allem praktische Erfahrung die Essenz pädagogischer Professionalität ausmacht. Dem hält unter anderem die Forschung zur Lehrer:innenexpertise entgegen, dass das Sammeln von Erfahrung nicht unbedingt zur Entfaltung jener Kompetenzen führen muss, die für gelingenden Unterricht erforderlich sind (vgl. dazu die Ausführungen von Berliner 2004). Vielmehr stellt erst eine an theoretischer Rahmung orientierte, auf kontinuierliche Weiterentwicklung fokussierte Auseinandersetzung mit dem professionellen Handlungsfeld die Voraussetzung für gelingende Professionalisierungsprozesse dar. In der Forschung zur Entwicklung von Expertise ist in diesem Zusammenhang von „deliberate practice" die Rede (Ericsson et al. 1993; Ericsson 2006; vgl. auch die Ausführungen dazu im Prolog des vorliegenden Bandes). Der Ruf nach ausgedehnten Praktika in der Lehrer:innenbildung und der besondere Stellenwert, den praktische Erfahrung in der Überzeugung von Lehrpersonen einnimmt, stehen daher der Frage gegenüber, an welchem Orientierungsrahmen sich professionelles Lehrer:innenhandeln denn ausrichten soll, wenn dessen theoretischer Rahmung nicht ausreichend Beachtung geschenkt wird. Zu bedenken ist in diesem Zusammenhang, dass Lehrer:innen als Professionelle einer doppelten Verpflichtung unterliegen – der Verpflichtung gegenüber den Schüler:innen, diesen bestmögliche Lerngelegenheiten und damit zukunftsträchtige Bildungschancen zu eröffnen, und auch der Verpflichtung gegenüber der Gesellschaft, den Erziehungsberechtigten und insgesamt der Öffentlichkeit eine solide, nachvollziehbare und auf dem neuesten fachlichen, fachdidaktischen und pädagogischen Wissensstand beruhende Begründung ihres Handelns vorzulegen. Das bedeutet, dass Praxis eine theoretische und in diesem Zusammenhang auch evidenzbasierte Grundlegung braucht, denn wie sonst lassen sich die getroffenen Entscheidungen, die gesetzten Handlungen, die angestrebten Entwicklungen fundiert argumentieren und begründen? Allerdings können theoretische Erkenntnisse und Evidenzen nicht ohne Weiteres linear in praktisches Handeln übersetzt werden.

Die Frage wieviel Theorie die Praxis braucht und wieviel Resonanz aus der Praxis für die Theorieentwicklung unerlässlich ist, stellt ein zentrales Thema in allen professionellen Handlungsfeldern und daher auch für das pädagogische Handeln in Unterricht und Schule dar. Jean-Luc Patry konzipiert in diesem Kontext wissenschaftliche Theorien als Aussagesysteme, die bestimmten systematischen Kriterien unterliegen, deskriptiv oder präskriptiv angelegt sein können und deren Thesen intersubjektiv überprüfbar sein müssen. (Patry 2014, 31ff.) Demgegenüber ist Praxis als situatives Handeln, als konkretes und sinnstrukturiertes Tun aufzufassen.

Im Zuge dieser Debatte wird zuweilen übersehen, dass die Gegenüberstellung von Theorie hier und Praxis dort ein im Grunde unzureichendes Verständnis beider Sphären darstellt. Arbeit an der Theorie und die Entwicklung und Erfassung evidenzbasierter Erkenntnisse finden nicht abgelöst von Praxis statt, sondern stellen selbst eine Praxis dar, nämlich die Praxis des Forschens, des Analysierens, des Erschließens, des Ordnens, Evaluierens und Schlussfolgerns, des nachvollziehbaren Argumentierens, evidenzbasierten Begründens und Diskutierens der gewonnenen Erkenntnisse. Auch diese Praxis setzt solide praktische Fertigkeiten voraus. Zudem besteht eine Aufgabe von Theoriearbeit auch darin, eine enge Anbindung an die ihr nahestehenden Praxisfelder zu suchen, ohne jedoch ganz in diesen aufzugehen. Das gilt auch und besonders für den Lehrer:innenberuf. Was nun die Praxis täglichen Lehrer:innenhandelns betrifft, kann auch diese nicht isoliert von aller Theorie existieren, auch wenn Praktiker:innen theoretischen Erkenntnissen vielfach skeptisch begegnen. Erstens geht es um die bereits erwähnte Begründungsverpflichtung des professionellen Handels der Lehrkräfte. Diese kommt nicht ohne theoretische Fundierung aus und ist konstitutiver Teil pädagogischer Arbeit. Und zweitens ist praktisches Tun in handlungsleitende Orientierungen verstrickt. Diese Orientierungen wiederum werden, wie wir aus der Forschung zum Lehrer:innenberuf wissen, durch individuelle Überzeugungen und subjektive Theorien *(beliefs)* genährt, die auf einem Konglomerat an erworbenem Wissen, gemachten Erfahrungen und im Zuge des Professionalisierungsprozesses erworbenen wissenschaftlichen Kenntnissen beruhen. Sie stellen einen festen Bestandteil dieser handlungsleitenden Orientierungen dar. Dies führt zu dem Schluss, dass zwar ein lineares Übersetzen von Theorie in Praxis nicht möglich ist, dennoch werden Brücken geschlagen, die sich allerdings immer wieder bewähren und als tragfähig erweisen müssen. Zwischen Theorie und Praxis besteht somit ein wechselseitiges Verhältnis der Reflexion und der gegenseitigen Überprüfung. (Helsper 2004)

In diesem Kontext kommen *Fallarbeit* und pädagogische *Kasuistik* als Prototypen einer möglichen Bearbeitung des Theorie-Praxisverhältnisses ins Spiel. Die hier synonym gebrauchten Begriffe der Fallarbeit und der Kasuistik decken ein breites Spektrum an Interpretationen des Konzepts ab. Handelt es sich dabei um Fall*darstellung* z. B. in Form einer Fallbeschreibung, Fallvignette, Fallskizze, einer Fallgeschichte, Fallillustration, eines Fallberichts oder geht es um Fall*studien* in Gestalt von Fall*rekonstruktionen* oder einer *dichten Beschreibung*? Jeder einzelne der Begriffe ruft einen eigenen Bedeutungshorizont auf. Andreas Wernet argumentiert zum Beispiel, dass die wesentliche Unterscheidung der Zugänge zur pädagogischen Kasuistik darin besteht, ob es sich um illustrative bzw. literarische oder um rekonstruktive Ansätze handelt. Bei ersteren gibt es einen Erzähler bzw. eine Erzählerin und ein Narrativ. Dieses Narrativ sei bereits als eine erste Interpretation zu werten, denn eine „Fallschilderung im Sinne der Beschreibung einer beobachteten Wirklichkeit ist ohne Interpretation nicht möglich." (Wernet 2006, 88) Eine andere Ausgangslage besteht lt. Wernet, wenn mit „technisch vermittelten" Protokollen von Wirklichkeit, d. h. mit auditiven und visuellen Aufnahmetechniken gearbeitet werden kann (ebd., 109). Dass der Akt der Falldokumentation keine interpretative Dimension aufweist, ist zwar zu relativieren, da auch Film- und Audioaufnahmen eine perspektivisch bedingte Sortierung und damit auch schon vorweg eine interpretativ wirkende Selektion des Datenmaterials aufweisen. Es macht ja einen Unterschied, wo die Kamera oder das Mikro positioniert sind oder ob eine, zwei oder mehrere Aufnahmegeräte eingesetzt werden und welche Perspektiven gewählt werden. Ungeachtet dieser Relativierung ist jedoch zu unterstreichen, dass im Sinne Wernets strikt zwischen dem Protokoll einer Handlungspraxis und dessen Interpretation, Analyse oder Rekonstruktion zu unterscheiden ist. Die Arbeit an und mit technisch vermittelten Wirklichkeitsprotokollen ordnet sich gemäß Wernets Verständnis der Methode der kasuistischenn Fall*rekonstruktion* zu. Sie beruht auf einem methodisch streng kontrollierten, sequenzierten Akt der Analyse des protokollierten Falls – also etwa der videografierten oder auf einem Audiogerät festgehaltenen und transkribierten Unterrichtsszene. Demgegenüber sind die illustrativen, literarischen Formate von Fallarbeit als Formen einer *„dichten Beschreibung"* (Geertz 1983) zu verstehen, anhand derer pädagogische Erfahrungen illustriert und erzählerisch verarbeitet werden.

Katharina Kunze unterscheidet in ihrem Systematisierungsversuch zwischen Fallarbeit im Modus des Verstehens – hier rechnet sie die kasuistischen Ansätze zu, die unter dem Primat der Daten operieren – und Fallarbeit im Modus des Erklärens, wie sie etwa im videobasierten Lernen betrieben werden, die von einem theoretischen Modell ausgehend die Daten beleuchten und bewerten. Während erstere ein kommunikativ offenes Setting darstellen und den Fall als Analyse- und Reflexionsgegenstand betrachten, wird bei zweiteren der Fall zum Gegenstand der Theorieanwendung. Darüber hinaus seien noch innerhalb der kasuistischen Ansätze die forschungsorientierten Zugänge von den praxisreflexiven zu unterscheiden. Die forschungsorientierte Kasuistik rekurriere, so Kunze, auf konstitutions- und gegenstandstheoretische Bezüge – etwa in der erziehungswissenschaftlichen Forschung. Die praxisreflexive Fallarbeit begreift den Fall als Interpretationsbasis für praxisrelevante Fragen, etwa Fragen der Angemessenheit des pädagogischen Handelns. (Kunze 2020, 683ff.)

Friederike Heinzel wiederum unternimmt einen weiteren Ordnungsversuch, indem sie als Kriterium die Verhältnisbestimmung von Theorie und Empirie heranzieht und wie Kunze unterscheidet, ob die Fallanalysen von Theorien und Modellen *angeleitet* werden oder ob theoretische Motive aus dem Fallmaterial erst *herausgearbeitet* werden. Im kompetenztheoretischen Ansatz der Lehrer:innenbildung und auch im fallbasierten Lernen, das sich auf kognitionspsychologische Theorien bezieht, wird lt. Heinzel, die Kunzes Analyseversuch aufgreift, Fallarbeit „als Medium der Theorieanwendung" (Kunze 2018, 195) verstanden. Der Fall wird auf einen vorliegenden theoretischen Rahmen bezogen (z. B. auf Kriterien gelingenden Unterrichts, siehe dazu *Kapitel 6* im vorliegenden Band) und dazu genutzt, den Fall kritisch zu beleuchten, schul- und unterrichtstheoretische Themen zu konkretisieren, illustrativ anzureichern und auf Basis vorliegender Erkenntnisse und Modelle nach tragfähigen Lösungen für die sich stellenden Probleme der Praxis zu suchen (Heinzel 2021, 46).

Demgegenüber geht es in den sozialwissenschaftlich-hermeneutischen Ansätzen, wie sie unter anderem von Wernet (u. a. 2006) und Helsper (u. a. 2004; 2021) vertreten werden, um eine pädagogische Kasuistik, die darauf abzielt, die latenten Sinnstrukturen und die Strukturlogik des Feldes schulischer Wirklichkeit und deren Wirken auf das Handeln der in diese Wirklichkeit involvierten Akteur:innen aufzusuchen und zu rekonstruieren. Auch in praxistheoretisch-ethnographischen Fallanalysen wie wir sie etwa in den Forschungsarbeiten von Georg Breidenstein (u. a. 2012a; Breidenstein et al. 2013) vorfinden – hier lässt sich z. B. die teilnehmende Unterrichtsbeobachtung einordnen – geht es um den Fokus auf Praktiken, die sich in den Verhaltensweisen von Schüler:innen- und Lehrer:innen zeigen, um das den Praktiken inhärente Wissen, die darin eingeschriebenen schulischen Ordnungs- und Interaktionssysteme und darum, deren zugrunde liegende Normen zu erschließen.

Alle genannten Ansätze und Versuche der Systematisierung von Fallarbeit beziehen sich auf die Betrachtung professionellen Handelns (etwa in Hinblick auf Handlungsalternativen), institutioneller Strukturen (etwa mit Blick auf typische Verfahrensregeln von Unterricht und Schule) oder unterrichtlicher Interaktionsformen (etwa die unterrichtsspezifische Kommunikation). Jede Form der Fallarbeit – ob

illustrativ, in teilnehmender Beobachtung und dichter Beschreibung, ob als Theorieanwendung oder im Modus der Rekonstruktion sozialer Sinngestalten – kann sich als fruchtbar und gewinnbringend für den Prozess der Professionalisierung erweisen, sofern sowohl in der Erfassung der Daten und der Bestimmung des Falls als auch in der Analyse und Interpretation sorgfältig und methodisch kontrolliert gearbeitet wird. Jeder Fall ist ein Fall von etwas, zeigt daher im Besonderen einen Aspekt des Allgemeinen, Typischen auf, der den fremden Blick auf Unterricht und Schule ermöglicht und damit Möglichkeiten eröffnet, scheinbar Selbstverständliches auch anders sehen, Routinen auf ihre Sinnhaftigkeit überprüfen und Handlungsoptionen eröffnen zu können, die vielleicht zunächst nicht greifbar waren.
Unterschiedliche Formate von Fallarbeit verlangen nach unterschiedlichen Methoden, eröffnen damit unterschiedliche Lerngelegenheiten und verfolgen unterschiedliche Ziele. Ein Format von Fallarbeit wird etwa im Folgenden beschrieben:

> „Nach der Konfrontation mit dem Unterrichtsfall werden Informationen zu diesem gesammelt und erschlossen (Theorieverknüpfung) und anschließend alternative Falllösungen diskutiert (z. B. in Kleingruppen). Auf Basis dieser Diskussion wird eine Entscheidung über eine Lösungsvariante getroffen, die dann wiederum in größerer Runde (z. B. Plenum) verteidigt und diskutiert wird, bis es einen abschließenden Vergleich der Lösungsvarianten mit der im Fall getroffenen Entscheidung gibt." (Syring u. a. 2016, 91)

Dieses Format von Fallarbeit dient der Einübung in kriterienorientierte Analysekompetenz und damit dem Aufbau und der Festigung von professionsrelevantem kanonischem Wissens, zählt also zu jenen Formaten, die theoretische Konzepte anleitend einsetzen.
Anders wird mit Fällen in der sozialwissenschaftlich-hermeneutischen Fallrekonstruktion bzw. der praxistheoretisch-ethnogaphischen Fallanalyse umgegangen. Hier wird das verschriftlichte Fallmaterial – etwa als Transkription von videografierten Unterrichtsszenen, als Dokumentation von teilnehmender Unterrichtsbeobachtung u.dergl. – mit Methoden qualitativ-rekostruktiver Sozialforschung (der Objektiven Hermeneutik, der Dokumentarischen Methode, der Ethnographie) – Sequenz für Sequenz analysiert und interpretiert. Diese Ansätze zielen auf die Entfaltung eines qualitativ-diagnostischen, entdeckend-forschenden Blicks und einer habitusbildenden Reflexivität ab.
Beide Zugänge, das sei hier betont, stärken die professionelle Diskursfähigkeit, da die entwickelten Lösungen bzw. die gemachten Entdeckungen von den Beteiligten schlüssig argumentiert und intersubjektiv nachvollziehbar begründet werden müssen. Der kasuistischen, fallreskonstruktiven Forschungspraxis schreibt Werner Helsper (2021) darüber hinaus das besondere Potenzial zu, „drei zentrale bildende Erfahrungen" zu ermöglichen: erstens durch den Vorgang der Bestimmung des Falls, in dessen Verlauf der Fall überhaupt erst hergestellt wird und der verdeutlicht „wie der Fall als Ergebnis selektiver Prozesse entsteht, was in den Blick kommt und was nicht." Zweitens wird im Rahmen des nächsten Schrittes, der Fallanalyse und

Interpretation deutlich, dass diese „immer nur als Prozess widerstreitender und auf Geltungsüberprüfung setzender Konkurrenz von Lesarten zu haben ist“, es also nicht die „einzig zutreffende“ Lesart geben kann. Der dritte Schritt, schließlich, der in Versuchen der Verallgemeinerung und Klassifizierung besteht, sensibilisiert für „die darin implizierte Gefahr der subsumtiven Zurichtung des Einzelfalles.“ (Helsper 2021, 166)

Diese drei in der fallrekonstruktiven Forschungspraxis sich ergebenden Spannungsfelder und die sich dabei anbietenden Lerngelegenheiten würden, so Helsper, wesentlich zur Herausbildung eines erkenntniskritisch-forschenden Habitus beitragen, der wiederum die Grundlage professioneller Handlungskompetenzen bildet. Im Zuge der Fallbearbeitung wird nämlich die Spannung unmittelbar erfahrbar, die sich zwischen der Rekonstruktion des Einzelfalls einerseits und dessen (subsumtive) Einordnung in eine verallgemeinerte Erkenntnis andererseits – als „ein Fall von etwas“ – ergibt, wobei immer auch das Risiko mitschwingt, dem Einzelfall nicht gerecht zu werden. Die dabei gemachte Erfahrung könne, so Helsper, wesentlich vor einem „objektiv-identifizierenden Blick“ schützen (Helsper 2021, 166). Berufspraktisch sei dies lt. Helsper von zentraler Bedeutung.

> „Denn Lehrkräfte kommen einerseits nicht ohne subsumtive Zuordnungen in ihrem hoch komplexen Unterrichtsalltag aus. Sie müssen aber über die Möglichkeit verfügen, das Konkrete verstehend zu erschließen und ihre subsumtiven Einordnungen (selbst-)kritisch zu reflektieren.“ (Helsper 2021, 165)

Aus diesen Überlegungen Helspers kann der Schluss gezogen werden, dass mit Blick auf die Theorie-Praxisproblematik der universitären Lehre und auch der Lehrer:innenfort- und weiterbildung die Aufgabe zukommt, das Spannungsfeld zwischen Subsumtion und Rekonstruktion in der Fallarbeit erlebbar zu machen und damit Möglichkeiten zu eröffnen, den Umgang mit diesem Spannungsfeld reflexiv handhaben zu lernen. Hier zeichnet sich das Potenzial von Fallarbeit ab, in der Lehrer:innenbildung einen doppelten Anspruch zu erfüllen, nämlich die Ausbildung sowohl eines praktisch-pädagogischen als auch eines wissenschaftlich-reflexiven Habitus zu fördern. (Helsper 2001)

Wirft man einen Blick auf mögliche *Dokumentationsformen des Falls*, so präsentieren sich diese in einem vielfältigen Spektrum von Formaten. Von dokumentierten Unterrichtsbeobachtungen war bereits die Rede, ebenso wurden videografierte oder mit Audiotechnik festgehaltene Unterrichtsszenen schon erwähnt. Dokumente von Fällen können aber auch (auto)biographische Erzählungen, Lern- und Bildungsgeschichten, Interviews mit Lehrer:innen und/oder Schüler:innen, Dokumentationen von Fokusgruppen, Dokumente von Schule und Unterricht (z. B. Stundenplanungen, Zeugnisse, Websites von Schulen, Schulprogramme u.dergl.) bis hin zu Dokumentar- und Spielfilmen oder auch graphische Darstellungen, wie etwa Zeichnungen von Schüler:innen werden. Eigene Fälle (d. h. selbst erlebte Erfahrun-

gen der eigenen Schulzeit, im Praktikum, aus dem eigenen Unterricht, im Rahmen von kollegialer Fallbesprechung) können ebenso wie fremde, etwa aus einem Fallarchiv herangezogene Fälle zum Gegenstand der Analyse und Reflexion werden.
In diesem Kontext ist auf besonders interessante Fallarchive aufmerksam zu machen, in denen ein vielfältiges Angebot an einschlägigen Texten und Materialien zur Verfügung gestellt wird, die sich für kasuistisches Arbeiten bestens eignen. Eines der ältesten und größten textbasierten Fallarchive ist das Archiv für pädagogische Kasusistik der Universität Frankfurt (ApaeK), gegründet von Andreas Gruschka, in dem sich eine Datensammlung qualitativer erziehungswissenschaftlicher Forschung mit dem Fokus auf Schul- und Unterrichtsforschung findet. Auch das von Friederike Heinzel initiierte Fallarchiv Schulpädagogik der Universität Kassel verfügt über eine bereits seit 2005 gepflegte Datensammlung, die der fallbasierten Auseinandersetzung mit Unterricht und Schule dient.
Weitere Portale sind in den letzten Jahren an mehreren Universitäten entstanden. Dazu zählen die Kasuistische Fallsammlung KASUS der Universität Hannover, das Fallportal Kasuistik in der Lehrer*innenbildung (KALEI) der Universität Halle oder das Fallarchiv für Lehrer:innenbildung der Universität Mainz. Ebenso entstehen zunehmend Archive, die Videomaterialien sammeln. Dazu gehören die Videosammlung der Universität Kassel, das Videoarchiv HILDEonline der Universität Hildesheim, die Videosammlung des Projekts VIU: Early Science – Videobasierte Unterrichtsanalyse (KOVIU) der Universität Münster, das Portal unterrichtsvideos.ch der Universität Zürich und der pädagogischen Hochschule Schwyz. (Heinzel 2021, 50; ausführlich dazu auch: Krasemann 2021) Einige Videomaterialien werden eigens für Lehrzwecke produziert, so etwa die Videosammlung zu Gesprächen mit Erziehungsberechtigten von Martin Gartmeier an der Technischen Universität München (Gartmeier 2014). Auch eine Meta-Datenbank, befindet sich im Aufbau, die eine frei zugängliche, übergreifende Suche von Unterrichtsvideos aus bestehenden Portalen ermöglichen soll [abrufbar unter: https://unterrichtsvideos.net/metaportal/].

Die hier versuchte Darstellung von Fallarbeit und pädagogischer Kasuistik erhebt nicht den Anspruch der Vollständigkeit. Vielmehr gibt sie einen ersten Einblick in das breite Spektrum an möglichen Methoden und Dokumenten, deren Ziel darin besteht, das Handlungsrepertoire angehender oder auch im Beruf stehender Pädagog:innen zu erweitern und den kritischen, diagnostischen Blick auf Schule und Unterricht anzuregen und zu schulen. Da pädagogische Berufe als „fallbearbeitende, fallbehandelnde Berufe“ (Wernet 2006, 114) verstanden werden können, kann Fallarbeit jedenfalls als gangbarer Weg zur Vertiefung und Erweiterung professioneller Kompetenz betrachtet werden und – indem sie Konkretisierungen des Theorie-Praxisverhältnisses greifbar macht – die Basis für eine reflektierte Auseinandersetzung mit dem komplexen sozialen Feld von Schule und Unterricht darstellen. Vor allem besteht die Chance, durch die in den unterschiedlichen Zugängen zur Fallarbeit eingesetzten Methoden habitualisierte Handlungsstrukturen, die angehende und auch bereits in der Praxis stehende Lehrpersonen auf Grund ihrer durch viele tausende Stunden an Schulerfahrung als Schüler:in, als Praktikant:in und schließlich als Praktiker:in inkorporiert haben, aus ihrer Selbstverständlichkeit und Routinehaftigkeit zu lösen und einer Überprüfung zu unterziehen.

Weiterführende Literatur

Schelle, C., Rabenstein, K. & Reh, S. (2010): Unterricht als Interaktion. Ein Fallbuch für die Lehrerbildung. Bad Heilbrunn: Klinkhardt.

12 Kinderrechtliches im Kontext von Lernen und Unterricht

Zum Abschluss, last but not least, geben wir einen Überblick über die Rechtslage, deren Kenntnis für jede Lehrperson unerlässlich ist.
Am 20.11.1989 wurde die UN-Konvention der Kinderrechte (CRC, United Nations 1989) unterzeichnet. Im Vorfeld des 25-Jahrjubiläums wurde Österreich seitens des Kinderrechteausschusses in einigen wesentlichen Punkten ermahnt, seine Bemühungen zur Achtung der Kinderrechte dort auszubauen, wo diese nicht ausreichend sichergestellt sind.
Einige wichtige Daten zur Kinderrechtskonvention – Children's Rights Convention:

- 1989: 194 Staaten – darunter auch Österreich – bekennen sich zur Respektierung und Einhaltung der Rechte des Kindes.
- 2011: In Österreich werden die zentralen Rechte in 8 Artikeln des Bundesverfassungsgesetzes am 16.02.2011 durch den österreichischen Nationalrat in Verfassungsrang gehoben.
- 2014: Jubiläumsjahr für die 25 Jahre zurückliegende Übereinkunft über die Rechte des Kindes, kurz: UN-Kinderrechtskonvention.

Ermahnung Österreichs durch die UN u. a. zu folgenden Punkten mit Fokus auf Kinderrechte in Kindergarten und Schule:

1. Benachteiligung von Schüler:innenpopulationen, z. B. von Kindern mit Migrationshintergrund, wie man im Rahmen der PISA-Studien feststellen konnte
2. Vererbungscharakter von Bildungskarrieren in Österreich
3. Ausbaufähige Bestrebungen zur Inklusion
4. Reduzierte Partizipationsmöglichkeiten von Kindern im schulischen Bereich, z. B. wäre mehr (altersgemäße) Einbindung der Kinder in Entscheidungsprozesse wünschenswert
5. Lückenhaftes Angebot an frühpädagogischen Einrichtungen

Wie kann mit unterschiedlichen Adressat:innen und Situationen so umgegangen werden, dass die Kinderrechte als Verfassungsrecht beachtet werden?

12.1 Kindeswohlvorrangigkeitsprinzip

Alle Entscheidungen, die getroffen werden, sollen „in the best interest of the child“ (CRC 1989), d.h. unter dem Leitmotiv des Kindeswohls getroffen werden.
Drei große Themenblöcke strukturieren die Kinderrechte:

1. Protection – Schutzrechte: z.B. Diskriminierungsverbot, Kindeswohl
2. Provision – Förderrechte: z.B. das Recht auf Bildung und Entwicklung
3. Participation – Teilhaberechte: z.B. Berücksichtigung der eigenen Meinung

12.2 Einige wesentliche Artikel der Kinderrechte

- **Artikel 1:** Die Kinderrechtekonvention gilt für alle, die das 18. Lebensjahr noch nicht vollendet haben.
- **Artikel 2: Diskriminierungsverbot:** Kein Kind darf benachteiligt werden. Alle Kinder sind gleich. Niemand darf auf Grund von Geschlecht, Hautfarbe, Sprache, Religion, Weltanschauung, ethnischer Herkunft, Behinderung usw. benachteiligt werden.
  - Dieser Artikel hat weitreichende Konsequenzen: Allen Kindern sollen die gleichen Chancen zuteilwerden. Kein Kind darf gegenüber anderen benachteiligt oder diskriminiert werden.
- **Artikel 3: Vorrang des Kindeswohls:** Bei allen Maßnahmen muss immer genau überlegt werden, was für das Kind am besten ist (Frage nach *the best interest of the child).*
- **Artikel 4: Der Staat muss Kinderrechte durchsetzen.** Mit aller Kraft und all seinen Möglichkeiten (Gesetze, Ausbildung von Lehrer:innen) muss darauf geachtet werden, dass die Kinderrechte im Alltag von Kindern umgesetzt werden.
  - In der Praxis bedeutet das, dass Kinderrechte im Alltag und in der Schule umgesetzt und gelebt werden.
- **Artikel 6: Recht auf Leben und Entwicklung:** Jedes Kind hat ein Recht auf Leben. Der Staat muss das Überleben und die bestmögliche Entwicklung des Kindes sicherstellen.
- **Artikel 7: Recht auf Namen, Staatsangehörigkeit und Eltern:** Jedes Kind hat das Recht, dass seine Geburt in ein Register eingetragen wird, auf einen Namen und auf Staatsangehörigkeit. Es hat das Recht, seine Eltern zu kennen und von diesen betreut zu werden, soweit das möglich ist.
- **Artikel 12: Die Meinung von Kindern muss berücksichtigt werden.** Kinder und Jugendliche haben das Recht, ihre Meinung in allen Angelegenheiten und Fragen, die sie betreffen, zu äußern. Ihre Meinung muss nicht nur gehört, sondern auch angemessen berücksichtigt werden.
  - Das bedeutet auch, Kindern Unterstützung angedeihen zu lassen und Gelegenheiten zu eröffnen, sich äußern zu können.

- **Artikel 13: Recht auf Informationen und freie Meinung:** Alle Kinder und Jugendlichen haben das Recht, sich auf unterschiedlichste Weise Informationen zu beschaffen und diese auch weiterzugeben sowie ihre Meinung frei zu äußern. Niemand (weder Kinder, Jugendliche noch Erwachsene) dürfen dabei die Rechte von Mitschüler:innen und anderen Menschen (z. B. auf Facebook, WhatsApp etc.) verletzen.
  - Der pädagogische Auftrag wäre, dass Kindern die Möglichkeit eröffnet wird, nicht nur ihre Meinung frei zu äußern, sondern auch respektvoll mit den Meinungsäußerungen ihrer Mitschüler:innen und anderer Menschen umzugehen.
- **Artikel 23: Das Recht auf Betreuung bei Behinderung:** Jedes Kind hat das Recht auf ein gutes Leben. Wenn es behindert ist, hat es das Recht auf zusätzliche Unterstützung und Hilfe. „Die Vertragsstaaten erkennen an, dass ein geistig oder körperlich behindertes Kind ein erfülltes und menschenwürdiges Leben unter Bedingungen führen soll, welche die Würde des Kindes wahren, seine Selbständigkeit fördern und seine aktive Teilnahme am Leben der Gemeinschaft erleichtern." (BMFJ 2014, 38)
  - In der Schule braucht es dazu angemessene Rahmenbedingungen und eine inklusive Orientierung, um dieses Recht verwirklichen zu können.
- **Artikel 28: Recht auf Bildung:** Kinder und Jugendliche haben das Recht auf Bildung. Allgemeine und berufsbezogene Bildung ist vom Staat so gut wie möglich zu fördern und muss allen Kindern unabhängig von ihrer Herkunft zugänglich gemacht werden. Wenn Lehrpersonen für Ruhe und Ordnung im Schulunterricht sorgen, dürfen keine Methoden angewendet werden, durch welche die Menschenwürde der Schüler:innen verletzt wird.
- **Artikel 29: Klare Bildungsziele**: Die Vertragsstaaten stimmen darin überein, dass die Bildung des Kindes, die Entfaltung der Persönlichkeit, der Talente und der geistigen und körperlichen Fähigkeiten ermöglicht und die Kinder und Jugendlichen auf ein aktives Erwachsenenleben vorbereitet.
  - „Dem Kind ist die Achtung vor den Menschenrechten und Grundfreiheiten und den in der Charta der Vereinten Nationen verankerten Grundsätzen zu vermitteln." (BMFJ 2014, 46)
  - Zentrale Aufgabe der Schule wäre demnach, eine Vielfalt von Interessen anzuregen und die ganz unterschiedlichen Potenziale von Kindern zu erkennen und zu fördern.

Weiterführende Literatur

BMFJ (Bundesministerium für Familien und Jugend) (2014): Die Rechte von Kindern und Jugendlichen. Die Kinderrechtekonvention im Wortlaut & verständlich formuliert. Wien: bmfj. Verfügbar unter: https://www.familienberatung.gv.at/fileadmin/familienberatung/documents/Die_Rechte_von_Kindern_und_Jugendlichen_25_Jahre_KRK.PDF [20.08.2021].

Verzeichnisse

Literaturverzeichnis

Alkemeyer, T. (2006): Lernen und seine Körper. Habitusformungen und -umformungen in Bildungspraktiken. In: B. Friebertshäuser, M. Rieger-Ladich & L. Wigger (Hrsg.): Reflexive Erziehungswissenschaft. Forschungsperspektiven im Anschluss an Pierre Bourdieu. Wiesbaden: Springer VS, 119-141.

Althof, W. (1999): Fehlerwelten. Vom Fehlermachen und Lernen aus Fehlern. Beiträge und Nachträge zu einem interdisziplinären Symposium aus Anlaß des 60. Geburtstags von Fritz Oser. Opladen: Leske & Budrich.

Anselm, S. & Werani, A. (2017): Kommunikation in Lehr-Lernkontexten. Bad Heilbrunn: Julius Klinkhardt.

Bandura, A. (1977): Social learning theory. Englewood Cliffs: Prentice Hall.

Barthes, R. (1964): Mythen des Alltags. Frankfurt a. M.: Suhrkamp.

Bastian, J. (2010): Feedbackarbeit in Lehr-Lern-Prozessen. Gespräche über die Entwicklung von Unterricht und Schule gestalten. In: Gruppendynamik & Organisationsberatung 41 (1), 21-37.

Bauer, J. (2008): Lob der Schule. Sieben Perspektiven für Schüler, Lehrer und Eltern. München: Heyne.

Baumert, J., Artelt, C., Klieme, E., Neubrand, M., Prenzel, M., Schäfele, U., Schneider, W., Schümer, G., Stanat, P., Tillmann, K.-J. & Weiß, M. (Hrsg.) (2001): PISA 2000. Zusammenfassung zentraler Befunde. Berlin: Max Planck Institut für Bildungsforschung.

Becker, N. (2006): Von der Hirnforschung lernen? Ansichten über die pädagogische Relevanz neurowissenschaftlicher Erkenntnisse. In: Zeitschrift für Erziehungswissenschaft. Beiheft 5. Wiesbaden: Springer VS, 177-200.

Becker, N. (2014): Mehr verstehen, besser handeln? Zum Verhältnis von Pädagogik und Neurowissenschaften. In: R. Fatke & J. Oelkers (Hrsg.): Das Selbstverständnis der Erziehungswissenschaft: Geschichte und Gegenwart. Zeitschrift für Pädagogik, Beiheft 60, Weinheim u. a.: Beltz Juventa, 208-225.

Bennett, R. E. (2011): Formative assessment: a critical review. In: Assessment in Education: Principles, Policy & Practice 18 (1), 5-25.

Bennewitz, H. (2012): Der Blick auf Lehrer/-innen. In: H. De Boer & S. Reh (Hrsg.): Beobachtung in der Schule – Beobachtung lernen. Wiesbaden: Springer VS, 203-214.

Biewer, G., Böhm, E. T. & Schütz, S. (2015): Inklusive Pädagogik als Herausforderung und Chance für die Sekundarstufe. In: G. Biewer, E. T. Böhm & S. Schütz (Hrsg.): Inklusive Pädagogik in der Sekundarstufe, 11-24. Stuttgart: Kohlhammer.

Biewer, G., Proyer, M. & Kremsner, G. (2019): Inklusive Schule und Vielfalt. Stuttgart: Kohlhammer.

Black, P. J. & William, D. (1998a): Assessment and Classroom Learning. In: Assessment in Education: Principles, Policy & Practice 5 (1), 7-74.

Black, P. J. & William, D. (1998b): Inside the black box: raising standards through classroom assessment. In: Phi Delta Kappan 80 (2), 139-148.

Blankertz, H. (1975 [1969]): Theorien und Modelle der Didaktik, 9. überarb. u. erw. Aufl. München: Juventa.

Blankertz, H. (1982): Geschichte der Pädagogik. Von der Aufklärung bis zur Gegenwart. Wetzlar: Büchse der Pandora.

BMFJ (Bundesministerium für Familien und Jugend) (2014): Die Rechte von Kindern und Jugendlichen. Die Kinderrechtekonvention im Wortlaut & verständlich formuliert. Wien: bmfj. Verfügbar unter: https://www.familienberatung.gv.at/fileadmin/familienberatung/documents/Die_Rechte_von_Kindern_und_Jugendlichen_25_Jahre_KRK.PDF [22.11.2021].

Booth, T. & Ainscow, M. (2019): Index für Inklusion. Ein Leitfaden für Schulentwicklung. Weinheim & Basel: Beltz.

Borland, J. (2005): Gifted Education Without Gifted Children. The Case for No Conception of Giftedness. In: R.J. Sternberg & J.E. Davidson (Hrsg.): Conceptions of Giftedness. 2. Aufl. Cambridge, UK: Cambridge University Press, 1-19.

Bourdieu, Pierre (1982): Die feinen Unterschiede. Kritik der gesellschaftlichen Urteilskraft, 24. Aufl. 2014. Frankfurt a.M.: Suhrkamp.

Bourdieu, P. (1983): Ökonomisches Kapital, kulturelles Kapital, soziales Kapital. In: R. Kreckel (Hrsg.): Soziale Ungleichheiten. Göttingen: Schwartz, 183-198.

Bourdieu, P. (1987): Sozialer Sinn. Kritik der theoretischen Vernunft, 8. Aufl. 2014. Frank-furt/Main: Suhrkamp.

Bourdieu, P. (1990): Was heißt sprechen? Zur Ökonomie des sprachlichen Tausches, 2., erw.u. überarb. Aufl., unveränd. Nachdr. 2015. Wien: New Academic Press.

Bourdieu, Pierre (2001): Wie die Kultur zum Bauern kommt. Hamburg: VSA.

Bourdieu, P. & Passeron, J.-C. (2007): Die Erben. Studenten, Bildung und Kultur. Konstanz: UVK.

Braat, M., Engelen, J., van Gemert, T. & Verhaegh, S. (2020): The rise and fall of behaviorism: The narrative and the numbers. History of Psychology, 23 (3), 252-280. https://doi.org/10.1037/hop0000146

Brand, M. & Markowitsch, H.J. (2006): Was weiß die Hirnforschung über Lernen? In: Zeitschrift für Erziehungswissenschaft. Beiheft 5. Wiesbaden: Springer VS, 21-42.

Breidenstein, G. (2010): Einen neuen Blick auf schulischen Unterricht entwickeln: Strategien der Befremdung. In: F. Heinzel, W. Thole, P. Cloos & P. Köngeter (Hrsg.), Auf unsicherem Terrain". Ethnographische Forschung im Kontext des Bildungs- und Sozialwesens. Wiesbaden: Springer VS, 205-216.

Breidenstein, G. (2012a): Ethnografisches Beobachten. In: H. De Boer & S. Reh (Hrsg.): Beobachtung in der Schule – Beobachtung lernen. Wiesbaden: Springer VS, 27-44.

Breidenstein, G. (2012b): Zeugnisnotenbesprechung. Zur Analyse der Praxis schulischer Leistungsbewertung. Leverkusen & Opladen: Barbara Budrich.

Breidenstein, G., Hirschauer, S., Kalthoff, H. & Nieswand, B. (2013): Ethnografie – Die Praxis der Feldforschung. Konstanz: UTB.

Breinbauer, I.M. (2008): Nachhaltiges Lernen. Über die Unmöglichkeit, Prozess und Ergebnis mit dem gleichen Begriff zu verhandeln. In: K. Mitgutsch, E. Sattler, K. Westphal & I.M. Breinbauer (Hrsg.): Dem Lernen auf der Spur. Die pädagogische Perspektive. Stuttgart: Klett-Cotta, 51-64.

Broadfoot, P.M., Daugherty, R., Gardner, J., Harlen, W., James, M. & Stobart, G. (2002): Assessment for learning: 10 principles. Cambridge, UK: University, School of Education.

Bromme, R. (2014): Der Lehrer als Experte: Zur Psychologie des professionellen Wissens. Standardwerke aus Psychologie und Pädagogik – Reprints. Bd. 7. Münster: Waxmann.

Bruneforth, M., Eder, F., Krainer, K., Schreiner, C., Seel, A. & Spiel, Ch. (2015): Nationaler Bildungsbericht Österreich 2015. Bd. 2. Graz: Leykam.

Bruner, J.S. (19658): The Process of Education. Cambridge, MA: Harvard University Press.

Bruner, J.S. (1996): The Culture of Education. Cambridge, MA: Harvard University Press.

Buck, G. (1989): Lernen und Erfahrung – Epagogik: Zum Begriff der didaktischen Induktion, 3. Aufl. Darmstadt: Wissenschaftliche Buchgesellschaft.

Burow, O.-A. (2011): Positive Pädagogik. Sieben Wege zu Lernfreude und Schulglück. Weinheim & Basel: Beltz.

Büsch, A. (2017): Digital Natives und Digital Immigrants. Medienwelten und Medienkompetenz heutiger Schüler-, Lehrer- und Elterngenerationen. In: C. Fischer (Hrsg.): Pädagogischer Mehrwert? Digitale Medien in Schule und Unterricht. Münster & New York: Waxmann, 59-84.

Calderhead, J. (1996): Teachers: Beliefs and knowledge. In: D. C. Berliner, R. C. Calfee (Hrsg.), Handbook of educational psychology. New York: Macmillan, 709-725.

Chappuis, J. (2012): „How am I doing?" In: Educational Leadership 69 (6), 36-40.

Copei, F. (1966/1930): Der fruchtbare Moment im Lernprozess, 8. Aufl. Heidelberg: Quelle & Meyer.

Crooks, T. J. (1988): The impact of classroom evaluation practices on students. In: Review of Educational Research, 58 (4), 438-481.

Csíkszentmihályi, M. (1975): Flow. Das Geheimnis des Glücks. Stuttgart: Klett-Cotta.

De Boer, H. (2012a): Pädagogische Beobachtung. In: H. De Boer & S. Reh (Hrsg.): Beobachtung in der Schule – Beobachtung lernen. Wiesbaden: Springer VS, 65-82.

De Boer, H. (2012b): Der Blick auf sich selbst. In: H. De Boer & S. Reh (Hrsg.): Beobachtung in der Schule – Beobachtung lernen. Wiesbaden: Springer VS, 215-226.

De Boer, H. & Reh, S. (Hrsg.) (2012): Beobachtung in der Schule – Beobachtung lernen. Wiesbaden: Springer VS.

Deci, E. L. (1992): The Relation of Interest to the Motivation of Behavior. A Self-Determination Perspective. In: K. A. Renninger, S. Hidi & E. Krapp (Hrsg.): The role of interest in learning and development. Hillsdale, NJ: Erlbaum, 43-70.

Deci, E. L. & Ryan, R. M. (1993): Die Selbstbestimmungstheorie der Motivation und ihre Bedeutung für die Pädagogik. In: Zeitschrift für Pädagogik 39 (2), 223-238.

Deci, E. L. & Ryan, R. M. (2012): Motivation, personality, and development within embedded social contexts: An overview of self-determination theory. In: R. M. Ryan (Hrsg.): Oxford Handbook of Human Motivation. Oxford, UK: Oxford University Press, 85-107.

Degeling, M. (2019): Feedback im Unterricht. Warum lernförderliches Feedback zu geben, eine hohe Kunst ist und wie sie sich in der Praxissemestervorbereitung und -begleitung anbahnen lässt. Vorschläge zur Diskussion. In: M. Degeling, N. Franken, S. Freund, S. Greiten, D. Neuhaus & J. Schellenbach-Zell (Hrsg.): Herausforderung Kohärenz: Praxisphasen in der universitären Lehrerbildung. Bildungswissenschaftliche und fachdidaktische Perspektiven. Bad Heilbrunn: Julius Klinkhardt 2019, 312-326.

De Corte, E. (2010): Historical developments in the understanding of learning. In: D. Istance, H. Dumont & F. Benavides (Hrsg.): The Nature of Learning: Using Research to Inspire Practice. Paris OECD Publication, 35-66.

Dumont, H. & Istance, D. (2010): Analysing and designing learning environments for the 21st century. In: D. Istance, H. Dumont & F. Benavides (Hrsg.): The Nature of Learning: Using Research to Inspire Practice. Paris OECD Publication, 19-34.

Ditton, H. & Müller, A. (Hrsg.) (2014): Feedback und Rückmeldungen: Theoretische Grundlagen, empirische Befunde, praktische Anwendungsfelder. Münster: Waxmann.

Dörr, M. & Müller, B. (Hrsg.) (2007): Nähe und Distanz. Ein Spannungsfeld pädagogischer Professionalität, 2. Aufl. Weinheim & München: Juventa.

Eder, F., Neuweg, G. H. & Thonhauser, J. (2009): Leistungsfeststellung und Leistungsbeurteilung. In: W. Specht (Hrsg.): Nationaler Bildungsbericht Österreich 2009. Fokussierte Analysen bildungspolitischer Schwerpunktthemen, Bd. 2. Graz: Leykam, 245-267.

El-Mafaalani, A. (2020): Mythos Bildung. Die ungerechte Gesellschaft, ihr Bildungssystem und seine Zukunft. Köln: Kiepenhauer & Witsch.

Engelbrecht, H. (2008): Verhaltenssteuerung und Leistungsbeurteilung in der Schule: von den Anfängen bis zur Gegenwart auf dem Boden des heutigen Österreich. Wien: Jugend & Volk.

English, A. (2013): Discontinuity in Learning. Dewey, Herbart, and Education as Transformation. Cambridge, UK: Cambridge University Press.

Epstein, J. L. (2011): School, Family and Community Partnerships. Preparing Educators and Improving Schools. Boulder: Westview Press.

Ericsson, K. A. (2006): The Influence of Deliberate Practice on the Development of Superior Expert Performance. In: K. A. Ericsson, N. Charness, P. J. Feltovich & R. R. Hoffmann (Hrsg.): The Cambridge Handbook of Expertise. Expertise and Expert Performance. Cambridge: University Press, 685-705.

Ericsson, K. A., Krampe, R. T. & Tesch-Römer, C. (1993): The Role of Deliberate Practice in the Acquisition of Expert Performance. In: Psychological Review 100 (3), 363-406.

Ericsson, K. A., Roring, R. W. & Nandagopal, K. (2007): Giftedness and evidence for reproducibly superior performance: an account based on the expert performance framework. In: High Ability Studies 18 (1), 3-57.

European Charter for Media Literacy (o. J.): Verfügbar unter: https://euromedialiteracy.eu [22.11.2021].

Feilke, H. (2012): Bildungssprachliche Kompetenzen – fördern und entwickeln. Praxis Deutsch 39, 4-13.

Fend, H. (1980): Theorie der Schule. München: Urban & Schwarzenberg.

Fend, H. (2006): Neue Theorie der Schule. Einführung in das Verstehen von Bildungssystemen. Wiesbaden: Springer VS.

Fischer, C. (Hrsg.) (2017): Pädagogischer Mehrwert? Digitale Medien in Schule und Unterricht. Münster & New York: Waxmann.

Flaxmere-Project (2007): Verfügbar unter: https://www.educationcounts.govt.nz/__data/assets/pdf_file/0008/10007/Evaluation_Flaxmere.pdf [22.11.2021].

Fürstenau, S. & Niedrig, H. (2011): Die kultursoziologische Perspektive Pierre Bourdieus: Schule als sprachlicher Markt. In: M. Gomolla & S. Fürstenau (Hrsg.): Migration und schulischer Wandel: Mehrsprachigkeit. Wiesbaden: Springer VS, 69.87.

Gardenswartz, L. and Rowe, A. (2003): Diverse Teams at Work. capitalizing on the power of diversity. Alexandria, Virginia: Society for Human Resource Management.

Gartmeier, M. (2014): Fiktionale Videofälle in der Lehrerinnen- und Lehrerbildung. In: Beiträge zur Lehrerinnen- und Lehrerbildung 32 (2), 235-246.

Gartmeier, M. (2018): Gespräche zwischen Lehrpersonen und Eltern. Herausforderungen und Strategien der Förderung kommunikativer Kompetenz. Wiesbaden: Springer VS.

Geertz, C. (1983): Dichte Beschreibung. Beiträge zum Verstehen kultureller Systeme. Frankfurt a. M.: Suhrkamp.

Giddens, A. (1995): Die Konstitution von Gesellschaft. Frankfurt a. M. & New York: Campus.

Glasersfeld von, E. (1997): Wege des Wissens. Konstruktivistische Erkundungen durch unser Denken. Heidelberg: Carl-Auer.

Goffman, E. (1983): The interaction order. American Sociological Review 48 (1), 1-17.

Gogolin, I. & Lange, I. (2011): Bildungssprache und durchgängige Sprachbildung. In: M. Gomolla & S. Fürstenau (Hrsg.): Migration und schulischer Wandel: Mehrsprachigkeit. Wiesbaden: Springer VS, 107-127.

Good, T. L. & Brophy, J. E. (1978): Looking in Classrooms. New York et al.: Harper & Row Publishers.

Gordon, Th. (2011): Lehrer-Schüler-Konferenz. Wie man Konflikte in der Schule löst. München : Heyne.

Göhlich, M. & Zirfas, J. (2007): Lernen. Ein pädagogischer Grundbegriff. Stuttgart: Kohlhammer.

Gruschka, A. (2002): Didaktik. Das Kreuz mit der Vermittlung. Elf Einsprüche gegen den didaktischen Betrieb. Wetzlar: Büchse der Pandora.

Gruschka, A. (2005): Auf dem Weg zu einer Theorie des Unterrichtens. Die widersprüchliche Einheit von Didaktik und Bildung in der allgemeinbildenden Schule. Frankfurter Beiträge zur Erziehungswissenschaft. Frankfurt a. M.: Goethe-Universität.

Gruschka, A. (2011): Verstehen lehren. Ein Plädoyer für guten Unterricht. Stuttgart: Reclam.

Habermas, J. (1977): Umgangssprache, Wissenschaftssprache, Bildungssprache. In: Jahrbuch der Max-Planck-Gesellschaft zur Förderung der Wissenschaften, 36-51.

Hattie, J. (2012): Visible Learning for Teachers: Maximizing Impact on Learning. London: Routledge.

Hattie, J. (2014): Lernen sichtbar machen, 2. korr. Aufl. Baltmannsweiler: Schneider Verlag Hohengehren.

Hattie, J. (2017): Lernen sichtbar machen für Lehrpersonen, 3. Aufl. Baltmannsweiler: Schneider Verlag Hohengehren.

Heinemann, U. (2017): Bewegter Stillstand. Die paradoxe Geschichte der Schule nach PISA. Weinheim & Basel: Beltz.

Heinzel, F. (2012): Der Blick auf die Kinder. In: H. De Boer & S. Reh (Hrsg.): Beobachtung in der Schule – Beobachtung lernen. Wiesbaden: Springer VS, 173-188.

Heinzel, F. (2021): Der Fall aus der Perspektive von Schulpädagogik und Lehrer*innenbildung. Ein Ordnungsversuch. In: D. Wittek, Doris, T. Rabe & M. Ritter (Hrsg.): Kasuistik in Forschung und Lehre. Erziehungswissenschaftliche und fachdidaktische Ordnungsversuche. Bad Heilbrunn: Julius Klinkhardt, 41-64.

Helmke, A. (2009): Unterrichtsqualität und Lehrerprofessionalität: Diagnose, Evaluation und Verbesserung des Unterrichts. Seelze-Velber: Klett-Kallmeyer.

Helmke, A. & Weinert, F.E. (1997): Bedingungsfaktoren schulischer Leistungen. In: F.E. Weinert (Hrsg.): Psychologie des Unterrichts und der Schule. Enzyklopädie der Psychologie. Pädagogische Psychologie, Bd. 3. Göttingen: Hogrefe, 71-176.

Helsper, W. (1996): Antinomien des Lehrerhandelns in modernisierten pädagogischen Kulturen. Paradoxe Verwendungsweisen von Autonomie und Selbstverantwortlichkeit. In: A. Combe & W. Helsper (Hrsg.): Pädagogische Professionalität. Untersuchungen zum Typus pädagogischen Handelns. Frankfurt a.M.: Suhrkamp, 521-569.

Helsper, W. (2001): Praxis und Reflexion. Die Notwendigkeit einer „doppelten Professionalisierung" des Lehrers. Journal für Lehrerinnen- und Lehrerbildung, Heft 3, 7-15.

Helsper, W. (2002): Pädagogisches Handeln in den Antinomien der Moderne. In: H.H. Krüger & W. Helsper (Hrsg.): Einführung in die Grundbegriffe und Grundfragen der Erziehungswissenschaft. Opladen: Leske + Budrich, 15-34.

Helsper, W. (2004): Antinomien, Widersprüche, Paradoxien. In: B. Koch-Priewe, F.-U. Kolbe & J. Wildt (Hrsg.): Grundlagenforschung und mikrodidaktische Reformansätze zur Lehrerbildung. Bad Heilbrunn: Julius Klinkhardt, 49-97.

Hemetsberger, B. (2015): Nicht Genügend ... Setzen! Zur Geschichte der Notengebung in Österreich. Berlin, u.a.: LIT.

Hemetsberger, B. (2019): Peripetien der Ziffernnoten. In: Journal für LehrerInnenbildung 19 (1), 80-88.

Hertsch, H. & Schneider F.M. (2018): Kommunikationskompetenz von Lehrkräften an Schulen. In: I.C. Vogel (Hrsg.): Kommunikation in der Schule, 2. Aufl. Bad Heilbrunn: Julius Klinkhardt, 75-100.

Holzkamp, K. (1991): Lehren als Lernbehinderung. In: Forum Kritische Psychologie, 27. Jg., 5-22. Verfügbar unter: https://www.kritische-psychologie.de/files/FKP_27_Klaus_Holzkamp_1.pdf [22.11.2021].

Holzkamp, K. (1993): Lernen. Subjektwissenschaftliche Grundlegung. Frankfurt a.M.: Campus.

Holzmayer, M. (2019): Dem Spiel der Kultur und Bildung entrinnt keiner! – Pierre Bourdieus Konzept der rationalen Pädagogik als Chance für mehr Bildungsgerechtigkeit. Schulheft 175, 32-42.

Holzmayer, M. & Sattlberger, E. (2022, im Erscheinen): Fallanalysen als Kern hochwertiger und professioneller Lehrer*innenbildung. Überlegungen zum „Theorie-Praxis-Problem" am Beispiel der Leistungsfeststellung und -beurteilung. In: T. Krobath, T. Mikusch, T. Plotz & K. Schmid-Hönig (Hrsg.): Transformative Bildung. SDGs in Lehrer*innenbildung und Hochschulentwicklung. Wien: LIT.

Hopmann, S., Brinek, G. & Retzl, M. (Hrsg.) (2007): PISA zufolge PISA – PISA According to PISA. Hält PISA, was es verspricht? – Does PISA keep, what it promises? Schulpädagogik und pädagogische Psychologie, Bd. 6. Wien: LIT.

Ingenkamp, K. (Hrsg.) (1971): Die Fragwürdigkeit der Zensurengebung. Texte und Untersuchungsberichte, 2. Aufl. Weinheim u. a.: Beltz.

Kant, I. (1978 [1787]): Über Pädagogik. In: Ders.: Schriften zur Anthropologie, Geschichtsphilosophie, Politik und Pädagogik, 2. Werkausgabe, Band XII. Frankfurt a. M.: Suhrkamp, 695-767.

Kayali, F. (2019): Digitale Bildung im Rahmen von Unterricht. In: I. Schrittesser, J. Köhler & M. Holzmayer: Lernen verstehen – Unterricht gestalten. Lernen und Unterrichten aus pädagogischer Perspektive, Handreichung, 52-55. Verfügbar unter: https://www.schulpsychologie.at/fileadmin/user_upload/190304_Lernen_verstehen-Unterricht_gestalten-final.pdf [22.11.2021].

Kergel, D. & Heidkamp-Kergel, B. (Hrsg.) (2019): Praxishandbuch Habitussensibilität und Diversität in der Hochschullehre. Wiesbaden: Springer VS.

Kerres, M. (2017): Digitalisierung als Herausforderung für die Medienpädagogik: „Bildung in einer digital geprägten Welt". In: C. Fischer (Hrsg.): Pädagogischer Mehrwert? Digitale Medien in Schule und Unterricht. Münster & New York: Waxmann, 85-103.

Killus, D. & Paseka, A. (2020): Kooperation zwischen Eltern und Schule. Eine kritische Einführung in Theorie und Praxis. Weinheim & Basel: Beltz.

Klafki, W. (1963): Studien zur Bildungstheorie und Didaktik. Weinheim & Basel: Beltz.

Klafki, W. (1996 [1985]): Neue Studien zur Bildungstheorie und Didaktik. Zeitgemäße Allgemeinbildung und kritisch-konstruktive Didaktik, 5. Aufl. Weinheim & Basel: Beltz.

Klepacki, L. & Zirfas, J. (2013): Theatrale Didaktik. Ein pädagogischer Grundriss des schulischen Theaterunterrichts. Weinheim & Basel: Beltz Juventa.

Knaus, T. (2018): [Me]nsch – Werkzeug – [I]nteraktion. Theoretisch-konzeptionelle Analysen zur «Digitalen Bildung» und zur Bedeutung der Medienpädagogik in der nächsten Gesellschaft. MedienPädagogik 31, 1-35. https://doi.org /10.21240/mpaed/31/2018.03.26.X.

Kounin, J. S. (1970): Discipline and Group Management in Classrooms. New York: Holt, Rinehart & Winston.

Kounin, J. S. (2006): Techniken der Klassenführung. Standardwerke aus Psychologie und Pädagogik. Reprints. München: Waxmann.

Köhler, J. (2011): „Es soll sich endlich hier was ändern!" Empirische Befunde zur Professionalität von Lehrerinnen und Lehrern aus der Sicht von Schülerinnen und Schülern. In: M. Schratz, A. Paseka & I. Schrittesser (Hrsg.): Pädagogische Professionalität: quer denken – umdenken – neu denken. Impulse für next practice im Lehrberuf. Wien: facultas.wuv, 253-274.

Köhler, J. (2017): Theatrale Wege in der Lehrer/innenbildung. Theaterpädagogische Theorie und Praxis in der Ausbildung von Lehramtsstudierenden. München: kopaed.

Koller, H.-C. (2006): Grundbegriffe, Theorien und Methoden der Erziehungswissenschaft, 2. Aufl. Stuttgart: Kohlhammer.

Koller, H.-C. (2012): Bildung anders denken. Einführung in die Theorie transformatorischer Bildungsprozesse. Stuttgart: Kohlhammer.

Kramer, R.-T. & Helsper, W. (2011): Kulturelle Passung und Bildungsungleichheit – Potenziale einer an Bourdieu orientierten Analyse der Bildungsungleichheit. In: H.-H. Krüger, U. Rabe-Kleberg, R.-T. Kramer & J. Budde (Hrsg.): Bildungsungleichheit revisited. Wiesbaden: Springer VS, 103-125.

Krasemann, B. (2021): Zur Archivierung von Fällen. In: D. Wittek, T. Rabe & M. Ritter (Hrsg.): Kasuistik in Forschung und Lehre. Erziehungswissenschaftliche und fachdidaktische Ordnungsversuche. Bad Heilbrunn: Julius Klinkhardt, 245-258.

Kunze, K. (2018): Erziehungswissenschaft Lehrerinnen- und Lehrerbildung – Kasuistik. Verhältnisbestimmungen im Widerstreit. In: J. Böhme, C. Bressler & C. Cramer (Hrsg.): Erziehungswissenschaft und Lehrerbildung im Widerstreit!? Verhältnisbestimmungen, Herausforderungen und Perspektiven. Bad Heilbrunn: Klinkhardt, 186-200.

Kunze, K. (2021): Kasuistische Lehrerinnen- und Lehrerbildung. In: C. Cramer, J. König, M. Rothland & S. Blömeke (Hrsg.): Handbuch Lehrerinnen- und Lehrerbildung. Bad Heilbrunn: Julius Klinkhardt, 681-690.

Künkler, T. (2011): Lernen in Beziehung. Zum Verhältnis von Subjektivität und Relationalität in Lernprozessen. Bielefeld: transcript.

Lachner, A., Scheiter, K. & Stürmer, K. (2020): Digitalisierung und Lernen mit digitalen Medien als Gegenstand der Lehrerinnen- und Lehrerbildung. In: C. Cramer, J. König, M. Rothland & S. Blömeke (Hrsg.): Handbuch Lehrerinnen- und Lehrerbildung. Bad Heilbrunn: Julius Klinkhardt, 67-75.

Landwehr, N. (2013): Grundlagen zum Aufbau einer Feedbackkultur. Konzepte, Verfahren und Instrumente zur Einführung von lernwirksamen Feedbackprozessen. Bildung.Medien.Kommunikation. Bern: hep.

Lave, J. & Wenger, E. (1991): Situated Learning: Legitimate Peripheral Participation. New York: Cambridge University Press.

LBVO (2019): Leistungsbeurteilungsverordnung BGBl. Nr. 371/1974. Verfügbar unter: https://www.ris.bka.gv.at/GeltendeFassung.wxe?Abfrage=Bundesnormen&Gesetzesnummer=10009375 [22.11.2021].

Lehrplan der Volksschule, BGBl. Nr. 134/1963 (2012). Verfügbar unter: https://www.bmbwf.gv.at/Themen/schule/schulpraxis/lp/lp_vs.html [22.11.2021].

Leisen, J. (2013): Handbuch Sprachförderung im Fach. Sprachsensibler Fachunterricht in der Praxis. Grundlagenwissen, Anregungen und Beispiele für die Unterstützung von sprachschwachen Lernern und Lernern mit Zuwanderungsgeschichte beim Sprechen, Lesen, Schreiben und Üben im Fach. Stuttgart: Klett.

Liebau, E. (2009): Theatrale Bildung. Produktions- und rezeptionsästhetische Perspektiven der darstellenden Künste. In: W. Schneider (Hrsg.): Theater und Schule. Ein Handbuch zur kulturellen Bildung. Bielefeld: transcript, 53-64.

Liessmann, K. P. (2008): Theorie der Unbildung. Die Irrtümer der Wissensgesellschaft. München: Piper.

Lipowsky, F. (2006): Auf den Lehrer kommt es an – Empirische Evidenzen für Zusammenhänge zwischen Lehrerkompetenzen, Lehrerhandeln und dem Lernen der Schüler. In: Zeitschrift für Pädagogik, Beiheft 51, 47-70.

Lipowsky, F. (2007): Was wissen wir über guten Unterricht. Im Fokus: die fachliche Lernentwicklung. In: Friedrich Jahresheft, 25. Jg., 26-29.

Lipowsky, F. (2020): Unterricht. In: J. Möller & E. Wild (2021): Pädagogische Psychologie, 3. vollst. überarb. u. aktual. Aufl., Wiesbaden: Springer VS, 70-118.

Luhmann, N. & Schorr, K. E. (1982): Das Technologiedefizit der Erziehung und Pädagogik. In: Dies. (Hrsg.): Zwischen Technologie und Selbstreferenz. Fragen an die Pädagogik. Frankfurt a. M.: Suhrkamp.

Mägdefrau, J. (2013): Erziehung in Schule und Unterricht. In: L. Haag, S. Rahm, H. J. Apel & W. Sacher (Hrsg.): Studienbuch Schulpädagogik, 5. Aufl. Bad Heilbrunn: Julius Klinkhardt, 345-366.

Maier, U. (2010): Formative Assessment – ein erfolgversprechendes Konzept zur Reform von Unterricht und Leistungsmessung? Zeitschrift für Erziehungswissenschaft, 13, 298-308.

Mandl, H., Prenzel, M. & Gräsel, C. (1992): Das Problem des Lerntransfers in der betrieblichen Weiterbildung. In: Unterrichtswissenschaft, 20. Jg., 126-143.

Martinak, E. (1900): Psychologische Untersuchungen über das Prüfen und Classificieren. Wien: Hölder.

Mecheril, P. (2010): Migrationspädagogik. Hinführung zu einer Perspektive. In: P. Mecheril, M. do Mar Castro Varela, İ. Dirim, Y. Karakasoglu & C. Melter (Hrsg.): Migrationspädagogik. Weinheim & Basel: Beltz, 7-22.

Medvedev, A. (2020): Heterogene Eltern. Die Kooperation von Eltern und Schule neu denken und umsetzen. Weinheim & Basel: Beltz.

Meyer, H. (2008): Was ist guter Unterricht? Berlin: Cornelsen.

Meyer-Drawe, K. (1986): Lernen als Umlernen. Zur Negativität des Lernprozesses. In: W. Lippitz & K. Meyer-Drawe (Hrsg.): Lernen und seine Horizonte. Frankfurt a. M.: Scriptor, 19-45.

Meyer-Drawe, K. (2005): Die Anfänge des Lernens. In: D. Benner (Hrsg.): Erziehung – Bildung – Negativität, Zeitschrift für Pädagogik, Beiheft 49, 24-37.

Meyer-Drawe, K. (2012a): Diskurse des Lernens, 2., durchges. u. korr. Aufl. Paderborn: Wilhelm Fink.

Meyer-Drawe, K. (2012b): Feuer und Flamme: von der Liebe zum Wissen. In: S. Däschler-Seiler (Hrsg.): Hermeneutik, Ästhetik, Anthropologie: Beiträge zur philosophischen Pädagogik, Transfer 6. Baltmannsweiler: Schneider Verlag Hohengehren, 35-50.

Meyer-Drawe, K. (2013): Lernen und Leiden. Eine bildungsphilosophische Reflexion. In: D. Nittel & A. Seltrecht: Krankheit: Lernen im Ausnahmezustand? Brustkrebs und Herzinfarkt aus interdisziplinärer Perspektive. Berlin & Heidelberg: Springer VS, 68-76.

Meyer-Drawe, K. (2015): Lernen und Bildung als Erfahrung. Zur Rolle der Herkunft in Subjektivationsvollzügen. In: E. Christof & E. Ribolits (Hrsg.): Bildung und Macht. Eine kritische Bestandsaufnahme. Wien: Löcker, 115-132.

Mitgutsch, K., Sattler, E., Westphal, K. & Breinbauer I. M. (Hrsg.) (2008): Dem Lernen auf der Spur. Die pädagogische Perspektive. Stuttgart: Klett-Cotta.

Mühlhausen, U. (2008): Abenteuer Unterricht. Wie Lehrer/innen mit überraschenden Unterrichtssituationen umgehen. Baltmannsweiler: Schneider Verlag Hohengehren.

Neuweg, G. H. (2014): Schulische Leistungsbeurteilung, 5. akt. u. erw. Aufl. Linz: Trauner.

OECD (2001): Lernen für das Leben. Erste Ergebnisse der internationalen Schulleistungsstudie PISA 2000. OECD Publishing, Paris. Verfügbar unter: https://www.oecd.org/education/school/programmeforinternationalstudentassessmentpisa/33691612.pdf [22.11.2021].

OECD (2021): PISA-Programme for International Student Assessment. Verfügbar unter: https://www.oecd.org/pisa/ [22.11.2021].

Oechslein, K., Englisch, U., Glatter, C., Volz, T., Weigert, K. & Winter, R. (Hrsg.) (2016): Handbuch schulische Elternarbeit. Praxisratgeber für Schulleitungen, Lehrkräfte und Eltern zur gemeinsamen Gestaltung von Schule. Köln & Kronach: Carl Link.

Oevermann, U. (1996): Theoretische Skizze einer revidierten Theorie professionalisierten Handelns. In: A. Combe & W. Helsper (Hrsg.): Pädagogische Professionalität. Untersuchungen zum Typus professionellen Handelns. Frankfurt a. M.: Suhrkamp, 70-183.

Oevermann, U. (2008): Profession contra Organisation? Strukturtheoretische Perspektiven zum Verhältnis von Organisation und Profession in der Schule. In: W. Helsper, S. Busse, M. Hummrich & R.-T. Kramer (Hrsg.): Pädagogische Professionalität in Organisationen. Neue Verhältnisbestimmungen am Beispiel der Schule. Wiesbaden: Springer VS, 55-77.

Ophardt, D. & Thiel, F. (2013): Klassenmanagement. Ein Handbuch für Studium und Praxis. Stuttgart: Kohlhammer.

Oser, F. & Spychiger, M. (2005): Lernen ist schmerzhaft. Zur Theorie des Negativen Wissens und zur Praxis der Fehlerkultur. Weinheim & Basel: Beltz.

Oser, F., Hascher T. & Spychiger M. (1999): Lernen aus Fehlern. Zur Psychologie des „negativen" Wissens. In: W. Althof (Hrsg.): Fehlerwelten. Vom Fehlermachen und Lernen aus Fehlern. Beiträge und Nachträge zu einem interdisziplinären Symposium aus Anlass des 60. Geburtstags von Fritz Oser. Opladen: Leske + Budrich, 11-41.

Paseka, A. (2008): Über Unsicherheiten und schwankende Böden. Erfahrungen von Berufsanfängern mit der Organisation Schule. In: W. Helsper, S. Busse, M. Hummrich & R.-T. Kramer (Hrsg.): Pädagogische Professionalität in Organisationen. Neue Verhältnisbestimmungen am Beispiel der Schule. Wiesbaden: Springer VS, 245-262.

Paseka, A., Schratz, M. & Schrittesser, I. (2011): Professionstheoretische Grundlagen und thematische Annäherung. In: M. Schratz, A. Paseka & I. Schrittesser (2011): Pädagogische Professionalität quer denken – umdenken – neu denken. Impulse für next practice im Lehrerberuf. Wien: facultas.wuv, 8-45.

Patry, J.-L. (2014): Theoretische Grundlagen des Theorie-Praxis-Problems in der Lehrer/innenbildung. In: K.-H. Arnold, A. Gröschner & T. Hascher (Hrsg.): Schulpraktika in der Lehrerbildung. Münster u. a.: Waxmann, 30-44.

Peier, N., Felder, M. & Slamanig, E. (2019): Jeder Schritt ein Auftritt. Übungen und Reflexionen zur Vermittlung von Auftrittskompetenz. Bern: hep.

Pépin, C. (2017): Die Schönheit des Scheiterns. Kleine Philosophie der Niederlage. München: Carl Hanser.

Phillips, D. C. (1995): The Good, the Bad and the Ugly. The Many Faces of Constructivism. In: Educational Researcher, 24 (7), 5-12.

Piaget, J. (2003): Meine Theorie der geistigen Entwicklung. Weinheim, Basel & Berlin: Beltz.

Pietraß, M. (2018): Medienbildung. In: R. Tippelt & B. Schmidt-Hertha (Hrsg.): Handbuch Bildungsforschung, 4. Aufl. Wiesbaden: Springer VS, 607-624.

Platon (1982): Der Staat. Stuttgart: Reclam.

Plessner, H. (1965): Die Stufen des Organischen und der Mensch. Berlin: Walter de Gruyter.

Plessner, H. (1982): Gesammelte Schriften. VII. Ausdruck und menschliche Natur. Frankfurt a. M.: Suhrkamp.

Popham, W. J. (2009): Assessment Literacy for Teachers: Faddish oder Fundamental? In: Theory into Practice 48 (1), 4-11.

Popham, W. J. (2011): Classroom assessment: What teachers need to know. Boston, MA: Allyn & Bacon.

Pörksen, B. (2014): Konstruktivismus. Medienethische Konsequenzen einer Theorieperspektive. Wiesbaden: Springer Essentials.

Prange, K. (2015): Formen des Erziehens in Geschichte und Gegenwart. In: G. Mertens, W. Böhm, U. Frost & V. Ladenthin (Hrsg.): Handbuch der Erziehungswissenschaft. Paderborn: Schöningh, 939-955.

Prange, K. & Strobel-Eisele, G. (2006): Die Formen des pädagogischen Handelns. Eine Einführung. Stuttgart: Kohlhammer.

Prengel, A. (2019 [1993]): Pädagogik der Vielfalt. Verschiedenheit und Gleichberechtigung in Interkultureller, Feministischer und Integrativer Pädagogik. Wiesbaden: Springer VS.

Prengel, A. (2004): Spannungsfelder, nicht Wahrheiten. Heterogenität in pädagogisch-didaktischer Perspektive. In: Friedrich Jahresheft, 22. Jg., Heterogenität – Unterschiede nutzen – Gemeinsamkeiten stärken, 44-46.

Prengel, A. (2006): Pädagogik der Vielfalt. Verschiedenheit und Gleichberechtigung in Interkultureller, Feministischer und Integrativer Pädagogik. Wiesbaden: Juventa.

Prengel, A. & Winklhofer, U. (Hrsg.) (2014): Kinderrechte in pädagogischen Beziehungen. Opladen, Berlin & Toronto: Barbara Budrich.

Prensky, Marc (2001): Digital Natives, Digital Immigrants. MCB University Press, Bd. 9 (5).

Prenzel, M., Sälzer, C., Klieme, E. & Köller, O. (Hrsg.) (2013): PISA 2012: Fortschritte und Herausforderungen in Deutschland. Münster: Waxmann.

Reich, K. (2014): Inklusive Didaktik. Bausteine für eine inklusive Schule. Weinheim & Basel: Beltz.

Rabenstein, K. & Schrittesser, I. (Hrsg.) (2014): Beobachten. Journal für LehrerInnenbildung 2014 (1).

Rittelmeyer, C. (2014): Bildende Wirkung künstlerischer Tätigkeiten? Methodologische Perspektive einer anspruchsvollen Forschung. In: E. Liebau, B. Jörissen & L. Klepacki (Hrsg.): Forschung zur kulturellen Bildung. Grundlagenreflexionen und empirische Befunde. München: kopead, 29-44.

Rosenberg, M. B. (2016): Gewaltfreie Kommunikation. Eine Sprache des Lebens. Aus dem Amerikanischen von Ingrid Holler. 12., überarb. und erw. Aufl. Paderborn: Jungfermann Verlag.

Roth, G. (2001): Das Gehirn und seine Wirklichkeit. Kognitive Neurobiologie und ihre philosophischen Konsequenzen, 6. Aufl. Frankfurt a. M.: Suhrkamp.

Rumpf, H. (2008): Lernen als Vollzug und als Erledigung. In: K. Mitgutsch, E. Sattler, K. Westphal & I. M. Breinbauer (Hrsg.): Dem Lernen auf der Spur. Die pädagogische Perspektive. Stuttgart: Klett-Cotta, 21-32.

Ryan, R.M. & Deci, E.L. (2000): Intrinsic and Extrinsic Motivation. Classic Definitions and New Directions. In: Contemporary Educational Psychology, 25. Jg., 54-67. Verfügbar unter: http://www.selfdeterminationtheory.org/theory [22.11.2021].

Ryan, R.M. & Deci, E.L. (2017): Self-Determination Theory. Basic Psychological Needs in Motivation, Development, Wellness. New York & London: The Guilford Press.

Sacher, W. (2014a): Leistungen entwickeln, überprüfen und beurteilen. Bewährte und neue Wege für die Primar- und Sekundarstufe, 6. überarb. u. erw. Aufl. Bad Heilbrunn: Julius Klinkhardt.

Sacher, W. (2014b): Elternarbeit als Erziehungs- und Bildungspartnerschaft. Grundlagen und Gestaltungsvorschläge für alle Schularten. Bad Heilbrunn: Julius Klinkhardt.

Sacher, W., Berger, F. & Guerrini, F. (2019): Schule und Eltern – eine schwierige Partnerschaft. Wie Zusammenarbeit gelingt. Stuttgart: Kohlhammer.

Sander, T. (Hrsg.) (2014): Habitussensibilität. Neue Anforderungen an professionelles Handeln. Wiesbaden: Springer VS.

Sawyer, R.K. (Hrsg.) (2006): The Cambridge Handbook of the Learning Sciences. Cambridge, UK: Cambridge University Press.

Sawyer, K.R. (2008): Optimising Learning: Implications of Learning Sciences Research. In: Centre for Educational Research and Innovation (Hrsg.): Innovating to Learn, Learning to Innovate. Paris: OECD Publishing, 45-65.

Schelle, C., Rabenstein, K. & Reh, S. (2010): Unterricht als Interaktion. Ein Fallbuch für die Lehrerbildung. Bad Heilbrunn: Klinkhardt.

Schmidinger, E., Hofmann, F. & Stern, T. (2016): Leistungsbeurteilung unter Berücksichtigung ihrer formativen Funktion. In: Nationaler Bildungsbericht Österreich 2015. Graz: Leykam, 59-94.

Scholz, G, (2008): Der Sprung über die Bank. In: K. Mitgutsch, E. Sattler, K. Westphal & I.M. Breinbauer (Hrsg.): Dem Lernen auf der Spur. Stuttgart: Klett-Cotta, 78-96.

Schratz, M. (2011): Professionalität und Professionalisierung im Lehrerberuf in internationaler Perspektive. In: M. Schratz, A. Paseka & I. Schrittesser (2011): Pädagogische Professionalität quer denken – umdenken – neu denken. Impulse für next practice im Lehrerberuf. Wien: facultas. wuv, 46-94.

Schratz, M., Paseka, A. & Schrittesser, I. (2011): Pädagogische Professionalität quer denken – umdenken – neu denken. Impulse für next practice im Lehrerberuf. Wien: facultas.wuv.

Schrittesser, I. (2011): Professionelle Kompetenzen: Systematische und empirische Annäherungen. M. Schratz, A. Paseka & I. Schrittesser (Hrsg.): Pädagogische Professionalität quer denken – umdenken – neu denken. Impulse für next practice im Lehrerberuf. Wien: facultas.wuv, 95-123.

Schrittesser, I. (2012): Lernen pädagogisch gewendet. Annäherungsversuche mit Nebenwirkungen. In: I. Schrittesser, A. Fraundorfer & M. Krainz-Dürr (Hrsg.): Innovative Learning Environments, Fallstudien zu pädagogischen Innovationsprozessen. Wien: facultas.wuv, 25-57.

Schrittesser, I. (2019): Auf der Suche nach dem Phänomen Begabung. Von der Begabungsförderung zu den fruchtbaren Momenten des Lernens. In: I. Schrittesser (Hrsg.): Begabungsförderung Revisited. Begabungsförderung als Kinderrecht im Kontext von Diversität. Bad Heilbrunn: Julius Klinkhardt, 43-68.

Schrittesser, I. & Schuchart, C. (2019): Feedback. Journal für LehrerInnenbildung 19 (1). Bad Heilbrunn: Julius Klinkhardt.

Schrittesser, I., Fraundorfer, A. & Krainz-Dürr, M. (Hrsg.) (2012): Innovative Learning Environments – Fallstudien zu pädagogischen Innovationsprozessen. Wien: facultas.wuv.

Schulz von Thun, F. (2010): Miteinander reden (1). Störungen und Klärungen, 48. Aufl. Reinbek: Rowohlt.

Scriven, M. (1991): Evaluation Thesaurus, 4. Aufl. Newbury Park: Sage.

SDGs (2021): Sustainable Development Goals. Verfügbar unter: https://sdgs.un.org/goals [22.11.201].

Seidl, T. (2021): Klassenführung. In: J. Möller & E. Wild (2021): Pädagogische Psychologie, 3. vollst. überarb. u. aktual. Aufl. Wiesbaden: Springer VS, 119-132.

Shayer, M. (2003): Not just Piaget; not just Vygotsky, and certainly not Vygotsky as alternative to Piaget. In: Learning and Instruction, 13. Jg., 465-468. Verfügbar unter: https://www.sciencedirect.com/science/article/pii/S0959475203001130 [22.11.2021].

Skinner, B. F. (1953): Science and Human Behavior. New York: MacMillan.

Spanhel, D. (2017): Mediale Bildungsräume – Spielräume der Freiheit für Bildungsprozesse in realen und virtuellen Lebenswelten? MedienPädagogik: Zeitschrift für Theorie und Praxis der Medienbildung, 1-18.

Stegmann, K., Wecker, C., Mandl, H. & Fischer, F. (2018): Lehren und Lernen mit digitalen Medien. In: R. Tippelt & B. Schmidt-Hertha (Hrsg.): Handbuch Bildungsforschung, 4. Aufl. Wiesbaden: Springer VS, 967-988.

Strübing, J., Hirschauer, S., Ayaß, R., Krähnke, U. & Scheffer, T. (2018): Gütekriterien qualitativer Sozialforschung. Ein Diskussionsanstoß. Zeitschrift für Soziologie, 47 (2), 83-100.

Sturm, T. (2013): Lehrbuch Heterogenität in der Schule. München: Ernst Reinhardt.

Süss, D., Lampert C. & Wijnen, C.W. (2018): Medienpädagogik. Ein Studienbuch zur Einführung, 3. Aufl. Wiesbaden: Springer VS.

Syring, M., Bohl, T., Kleinknecht, M., Kuntze, S., Rehm, S. & Schneider, J. (2015): Videos oder Texte in der fallbasierten Lehrerbildung? Effekte unterschiedlicher Medien auf die kognitive Belastung und die motivational-emotionalen Prozesse beim Lernen mit Fällen. In: Zeitschrift für Erziehungswissenschaft 18 (4), 667-685.

Tajmel, T. (2017): Naturwissenschaftliche Bildung in der Migrationsgesellschaft. Grundzüge einer Reflexiven Physikdidaktik und kritisch-sprachbewussten Praxis. Wiesbaden: Springer VS.

Thiel, F. (2016): Interaktion im Unterricht – Ordnungsmechanismen und Störungsdynamiken. Opladen & Toronto: Barbara Budrich.

Tippelt, R. & Schmidt-Hertha, B. (Hrsg.) (2018): Handbuch Bildungsforschung, 4. Aufl. Wiesbaden: Springer VS.

Tillmann, K.-J. (2008): Die homogene Lerngruppe – oder: System jagt Fiktion. In: H.-U. Otto & T. Rauschenbach (Hrsg.): Die andere Seite der Bildung. Zum Verhältnis von formellen und informellen Bildungsprozessen, 2. Aufl. Wiesbaden: Springer VS, 33-39.

Trautmann, M. & Wischer, B. (2011): Heterogenität in der Schule. Eine kritische Einführung. Wiesbaden: Springer VS.

Torberg, F. (1978): Der Schüler Gerber, 5. Aufl. München: DTV.

Turner, J.C. & Patrick, H. (2004): Motivational Influences on Student Participation in Classroom Learning Activities. Teachers College Record, 106 (9), 1759-1785.

Waldenfels, B. (2002): Bruchlinien der Erfahrung. Phänomenologie – Psychoanalyse – Phänomenotechnik. Frankfurt a. M.: Suhrkamp.

Watson, J. B. (1924): Behaviorism. New York: People's Institute Publishing Company.

Watzlawick, P., Beavin, J. H. & Jackson, D. D. (1969/2017): Menschliche Kommunikation. Formen, Störungen, Paradoxien, 13.unveränd. Aufl. Bern: Hogrefe.

Weinert, F. E. (2002): Vergleichende Leistungsmessung in Schulen – eine umstrittene Selbstverständlichkeit. In: F. E. Weinert (Hrsg.): Leistungsmessungen in Schulen. Weinheim & Basel: Beltz, 17-33.

Wernet, A. (2006): Hermeneutik – Kasuistik – Fallverstehen. Eine Einführung. Stuttgart: Kohlhammer.

Wiese, H.-J., Günther, M. & Ruping, B. (2006): Theatrales Lernen als philosophische Praxis in Schule und Freizeit. Berlin, Milow & Strasburg: Schibri.

Willingham, D.T. (2009): Why Don't Students Like School? A cognitive scientist answers questions about how the mind works and what it means for the classroom. San Francisco: Jossey Bass.

Willingham, D.T., Hughes, E.M. & Dobolyi, D.G. (2015): The Scientific Status of Learning Styles Theories. In: Teaching of Psychology 42 (3), 266-271. Verfügbar unter: https://journals.sagepub.com/doi/pdf/10.1177/0098628315589505 [22.11.2021].

Winter, F. (2015): Lerndialog statt Noten. Neue Formen der Leistungsbeurteilung. Weinheim & Basel: Beltz.

Wittek, D., Rabe, T. & Ritter, M. (Hrsg.) (2021): Kasuistik in Forschung und Lehre. Erziehungswissenschaftliche und fachdidaktische Ordnungsversuche. Bad Heilbrunn: Julius Klinkhardt.

Wolf, D. P. (1993): Assessment as an episode of learning. In: R. E. Bennett & W. C. Ward (Eds.): Construction versus choice in cognitive measurement: Issues in constructed response, performance testing, and portfolio assessment. Lawrence Erlbaum Associates, Inc., 213-240.

Wulf, C. (2007): Mimetisches Lernen. In: M. Göhlich, C. Wulf & J. Zirfas (Hrsg.): Pädagogische Theorien des Lernens. Weinheim & Basel: Beltz, 91-101.

Wulf, C. (2014): Mimesis. In: C. Wulf & J. Zirfas (Hrsg.): Handbuch Pädagogische Anthropologie. Wiesbaden: Springer VS, 247-257.

Zierer, K., Wisniewski, B., Schatz, C., Weckend, D. & Helmke A. (2019): Wie kann Feedback der Lernenden die Unterrichtsqualität verbessern? In: Journal für LehrerInnenbildung 19 (1), 26-40.

Abschließend möchten wir auf den Lehramtskompass hinweisen, der im Rahmen des Verbunds Nord-Ost im Zentrum für Lehrer:innenbildung an der Universität Wien entstanden ist.
Der Lehramtskompass bietet in erster Linie Studierenden des Lehramts die Möglichkeit, ihren Stand im Studium zu reflektieren und mit Tipps und Tricks im Studium gut voranzukommen. Der Zugang zum Online-Tool ist aber für alle offen und kann auch anonym bearbeitet werden:
https://lehramt-ost.at/lehramtskompass/

Abbildungsverzeichnis

Abb. 1: Behaviorismus 20
Abb. 2: Kognitivismus 23
Abb. 3: Konstruktivismus 29
Abb. 4: Die blinden Menschen und der Elefant 30
Abb. 5: Lernsettings und Lernkulturen nach Sawyer (2008) 31
Abb. 6: Analyse der Hinterbühne. In Anlehnung an Gruschka (2002, 87ff.) 56
Abb. 7: Qualität von Unterricht, Lipowsky (2006, 48) 65
Abb. 8: Chronologischer Überblick zu den Kommunikationsmodellen aus: Anselm und Werani (2017, 17) 68
Abb. 9: *Das Diversitätsrad im Kontext der Schule* 89
Abb. 10: PISA-Schwerpunktthemen nach OECD (2021) 98
Abb. 11: Pädagogische und gesellschaftliche Funktionen von Leistungsbeurteilung 100
Abb. 12: Die drei Feedback-Fragen nach Hattie (2017, 132) 107
Abb. 13: Modell der Erziehungs- und Bildungspartnerschaften (Weiterentwicklung von Sacher et al. 2019, 17) 117
Abb. 14: Multiple Asymmetrien im Verhältnis von Eltern und Lehrpersonen (Gartmeier 2018, 49) 121
Abb. 15: Das EPIK-Modell (Paseka, Schratz & Schrittesser 2011, 26) 131

Über die Autor:innen

Ilse Schrittesser ist Professorin für Schulforschung und Lehrer*innenbildung am Zentrum für Lehrer*innenbildung und an der Fakultät für Philosophie und Bildungswissenschaft der Universität Wien. In ihrer Forschung und Lehre beschäftigt sie sich mit Fragen der Unterrichtsforschung, mit Lehr- und Lerntheorien und mit Professionalisierungsprozessen in der Lehrer:innenbildung.

Julia Köhler ist Senior Lecturer am Zentrum für Lehrer*innenbildung der Universität Wien. Sie forscht und lehrt in den Bereichen Pädagogische Professionalität, Kulturelle Bildung und Theaterpädagogik.

Michael Holzmayer ist Hochschullehrender an der Kirchlichen Pädagogischen Hochschule Wien/Krems. Schwerpunkte seiner Forschung bzw. Lehre liegen in den Feldern Bildungssoziologie, Berufswahl, Soziale Ungleichheit und Professionalisierung.